TAC税理士講座 編

第7版

税理士 財務諸表論 計算問題の解き方

はじめに

本書は、税理士試験合格を目指し財務諸表論を勉強中の受験生に対し、「計算問題をどう解いたらいいのか」ということに応えるために書かれたものである。

財務諸表論を勉強する受験生からの質問はいつも決まっていて、「個別問題は解けるが総合問題になると解けない」「総合問題の解き方を教えてほしい」「金額の集計のやり方を教えてほしい」「注記に何を書いたらいいのかわからない」というものである。

本書では、プロの現役講師が計算問題をどのように解いているのかを紹介することにより、「計算問題の解き方」をレクチャーすることを意図している。

講師がどのように計算問題を解いているのかというのは、受験生にとって大いに興味がある点だと思う。

講師の解き方は受験生とは違うのか？

あるいは大して違わないのか？

違うとしたら何が違うのか？

これらを知ってもらうために、本書では下記のような画期的な試みを行っており、これが本書の最大の特長となっている。

特長１ 講師が問題を解く際に、実際に行った問題への書込み、計算用紙の使い方をありのままに紹介している。

特長２ 講師がどのような解答手順、思考過程で問題を解いているのかを解説している。その際、なぜそのように解くのか、そしてどんなふうに感じたのか、またどんなミスをしたのかについてもありのままに説明している。さらに、どこにどれくらい時間を使ったかについても明らかにしている。

これらにより、講師がどのように計算問題を解いているのかが実感できるようになっている。

講師の解き方を知ることにより、自分の解き方の欠点を発見したり、逆に自分の解き方が間違っていないことを再確認して大いに自信を深めることになるかもしれない。いずれにせよ、受験生それぞれの立場、視点で参考にしてほしい。

本書が「計算問題の解き方」で悩んでいる受験生のひとつの道しるべになることを願っている。

ＴＡＣ税理士講座

本書の構成と利用方法

1　本書の構成

本書は第１部の「アプローチ編」と、第２部の「トレーニング編」に分かれている。

(1)　アプローチ編

　アプローチ編では、「総合問題を解くために必要な基礎能力」「注記への対応」など、計算問題を解くにあたって、前提となる知識や注意点などについて解説してある。

(2)　トレーニング編

　トレーニング編は、「基本問題」「応用問題」「本試験問題」の３つに分かれている。これにより基礎から本試験問題までの演習ができるようになっている。

　各問題の構成は、以下のとおりである。

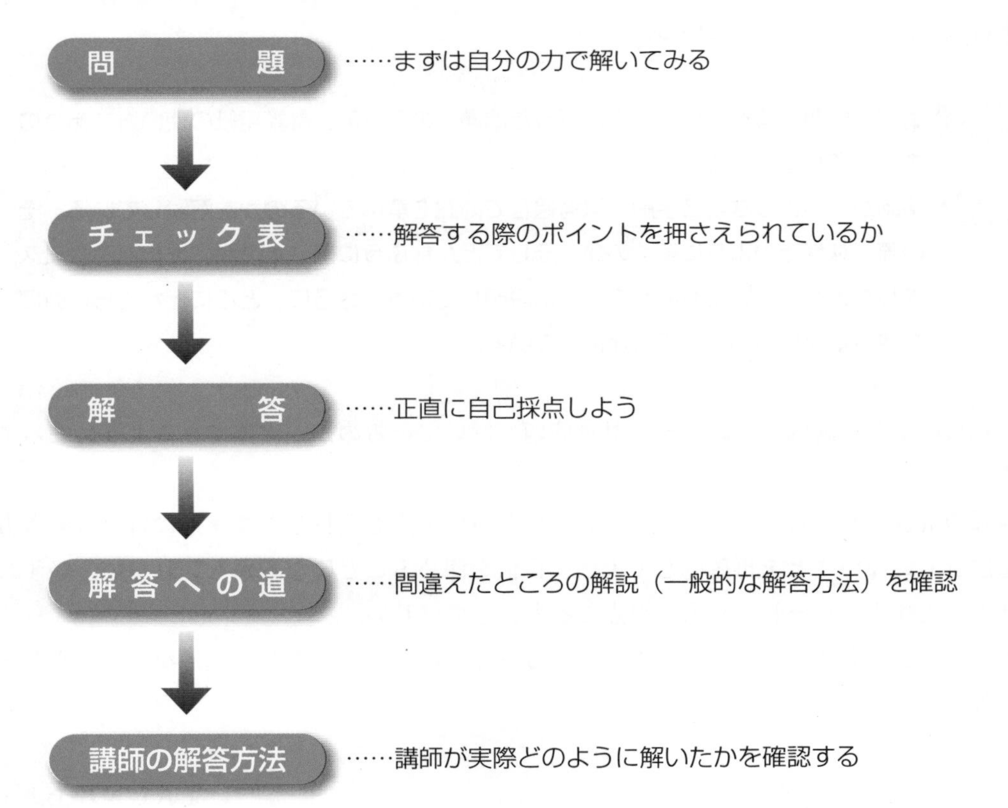
問　題
……まずは自分の力で解いてみる
チェック表
……解答する際のポイントを押さえられているか
解　答
……正直に自己採点しよう
解答への道
……間違えたところの解説（一般的な解答方法）を確認
講師の解答方法
……講師が実際どのように解いたかを確認する

2　本書の利用方法

アプローチ編

……最初にアプローチ編を読む。勉強を始めたばかりの人にはよくわからない部分もあるかもしれないが、本当に大切なことだけをまとめてあるので、勉強が進むにつれて書かれていることの意味がよくわかってくるはずである。

トレーニング編

……(1)　**時間を計って問題を解く**

問題を解く際は、制限時間を守って問題を解かなければいけない。終わらないからといって制限時間を超えて解いてはいけない。

(2)　**チェック表に○×をつける**

解答する際の重要ポイントを実行できたか、○×でチェックする。常に意識することが大切である。

(3)　**解き終わったら採点を行う**

すべての問題について配点を付してある。解き終わったら採点し、間違えたところは「解答への道」で確認する。

(4)　**講師の解答方法を読み、検討を行う**

「講師の解答方法」を読み、問題への書き込み、計算用紙の使い方、解答手順、思考過程を自分のものと比較して、使えるものはまねをし、欠点があれば修正するなど、今後の解き方の参考にする。

アプローチ編

……トレーニング編が終了したら（すべて終了する前でもかまわない)、再びアプローチ編に戻り、「答案作成力の強化方法」「取捨選択の判断基準」などを再読し、今後の勉強方針、計算問題の解き方について再検討する。

トレーニング編

……再検討をふまえて再度問題を解く。財務諸表論の問題は１回解くだけでは意味がない。数回解いてこそ本当の実力が身に付く。

講師が問題を解く際に、実際に行った書込みをありのままに紹介

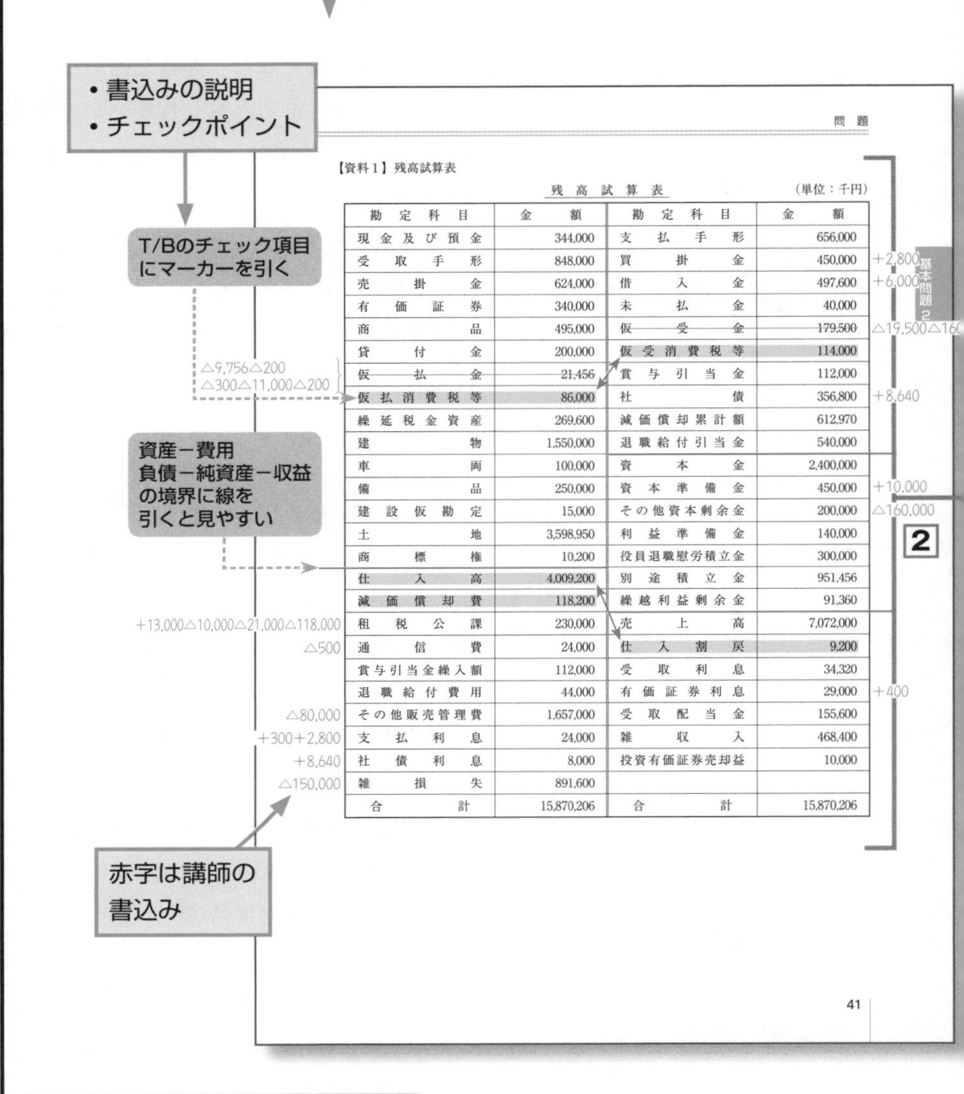
問題

【資料1】残高試算表

残高試算表 （単位：千円）

勘定科目	金額	勘定科目	金額
現金及び預金	344,000	支払手形	656,000
受取手形	848,000	買掛金	450,000
売掛金	624,000	借入金	497,600
有価証券	340,000	未払金	40,000
商品	495,000	仮受金	179,500
貸付金	200,000	仮受消費税等	114,000
仮払金	21,456	賞与引当金	112,000
仮払消費税等	86,000	社債	356,800
繰延税金資産	269,600	減価償却累計額	612,970
建物	1,550,000	退職給付引当金	540,000
車両	100,000	資本金	2,400,000
備品	250,000	資本準備金	450,000
建設仮勘定	15,000	その他資本剰余金	200,000
土地	3,598,950	利益準備金	140,000
商標権	10,200	役員退職慰労積立金	300,000
仕入高	4,009,200	別途積立金	951,456
減価償却費	118,200	繰越利益剰余金	91,360
租税公課	230,000	売上高	7,072,000
通信費	24,000	仕入割戻	9,200
賞与引当金繰入額	112,000	受取利息	34,320
退職給付費用	44,000	有価証券利息	29,000
その他販売管理費	1,657,000	受取配当金	155,600
支払利息	24,000	雑収入	468,400
社債利息	8,000	投資有価証券売却益	10,000
雑損失	891,600		
合計	15,870,206	合計	15,870,206

41

	問題において
（網掛け）	解答に直結する事項
（下線）	注意すべき事項
（波線）	注記関連事項

64

講師がどのような解答手順、思考過程で問題を解いているかを解説

解答手順

2 残高試算表のチェック

決算整理の作業に入る前に以下の作業を行った。

(1) 資産・費用の境界線、負債・純資産・収益の境界線に線を引いた。

(2) 残高試算表のチェック（基本問題１解説2参照）をして、該当する科目があれば答案用紙にすぐ転記する。

① 仕入高から仕入割戻を控除 ⇨ 当期商品仕入高4,000,000千円を転記

② 仮受消費税等から仮払消費税等を控除した28,000千円

（符号が＋なので未払消費税等（流動負債）に転記する。）

③ 減価償却費118,200千円

ただし、この後の修正も考えられる。そこで答案用紙の枠の真ん中に金額や科目を書くのではなく、左側（もしくは右側）に寄せて記入した。

3 集計表の作成（→ p.83）

思考過程と作業内容の詳細

目　次

第1部　アプローチ編

第2部　トレーニング編

第１章　基本問題

第２章　応用問題

第３章　本試験問題

第1部

アプローチ編

1 総合問題を解くために必要な基礎能力

財務諸表論の受験生から、「総合問題でなかなか得点が伸びない」「総合問題の効果的な解き方がわからない」という声をよく耳にする。

確かに、積み重ねの要素が強い計算学習において、すぐに得点が伸びる「特効薬」が存在するわけではない。しかし、効果的に得点を稼ぐための方法を理解することにより、ただ漠然と総合問題を解くだけの学習方法に比べて飛躍的に得点を伸ばすことは十分可能である。そのためには、総合問題を解答するにあたって、どのような能力が必要かをしっかりと把握し、その能力を伸ばしていくことが重要である。

では、効果的に得点を稼ぐためにはどのような能力が必要なのだろうか？

具体的には、以下の５つである。

- **1 個別論点の処理能力**
- **2 集計力**
- **3 取捨選択の見極め**
- **4 構造論点への対応力**
- **5 表示科目・注記への対応力**

1 個別論点の処理能力

総合問題といっても、それは個別論点の集合体に過ぎない。したがって、個々の論点の仕訳が理解できていることが総合問題を解くうえでの出発点になる。

ところが、総合問題を苦手にしている受験生の多くが実はこの部分でつまずいている。つまり、**総合問題を解答する以前に個別論点がしっかりマスターできていない**のである。

このような状態でいくら総合問題を解き続けても、その努力に見合った成果を得ることは難しい。「どんなに難しく複雑な問題であっても、個別論点として正確に仕訳さえ切れれば確実に正解できる」。このことは総合問題を解く際に常に念頭に置いておく必要がある。

総合問題も、まずは１つ１つの仕訳をマスターすることが出発点となる

2 集計力

集計力は、総合問題に強く要求される能力であるため、個別論点のマスターとはまた別に訓練を要する。「個別論点は自信がついてきたけれど、集計方法がわからない」「集計作業でのミスが多くて得点が伸びない」という悩みを持つ受験生は意外に多い。

集計力を上げるためには、まず自分に合った集計方法を見つけることが求められる。

というのも、**集計方法には唯一絶対的な方法は存在せず、総合問題を解く中で自分なりの方**

法を確立させていく必要があるからである。我々講師も、決算整理前残高試算表（以下、「前T/B」）に記載されている項目に加減算していく方法をベースとしつつ、集計が多い項目（現金及び預金、金銭債権、有形固定資産など）についてはT字勘定や集計表を使うなど、独自の集計方法を編み出しているのである。

詳しくはトレーニング編を参照して自分に合った集計方法を見つけてほしい。

自分に合った集計方法の発見・確立　⇨　集計力の向上

3　取捨選択の見極め

120分で行われる本試験において計算に充てることができる時間は概ね75分～80分である。しかし、本試験ではこの時間内では解答しきれない分量の問題が出題されることもある。

したがって、**限られた時間内で合格点を勝ち取るためには、取りどころ・捨てどころの判断を正確に行うことが求められる**。

この判断がうまくできないと、ボリュームの多さに圧倒され、**どこから解いたらよいかわからずにパニック状態に陥り、結果として基本論点でのケアレスミスが増えるといった悪循環に陥ってしまう**。

なお、取捨選択の判断基準は、個別問題の有無、資料のボリューム、論点ごとの難易度などさまざまである。たとえば、「独立した個別問題（たとえば、規定の穴埋めなど）は集計の手間がない分、総合問題に比べ短時間で解答できそうだから積極的に解答してみよう」「この資料は文章が長くて読解に苦労しそうだから、とりあえず後回しにしよう」といった具合である。

正確な取捨選択　⇨　ボリュームの多い問題の効果的な解答

4　構造論点への対応力

財務諸表論の総合問題では、オーソドックスな商業会計の他に、以下のような構造論点を含んだ問題が出題されることもある。

(1)　製造業会計

基本的な解答プロセスは商業会計と同じであるが、原価集計が絡むことから商業会計よりも集計に手間がかかるのが特徴である。

原価集計にどれだけ時間をかけるかは、3で紹介した取捨選択の見極めと関わるところでもあり、製造業会計の大きなポイントとなるところである。

具体的には、製造原価報告書が内訳を示すパターンであれば内訳に配点が置かれる可能性が高いので多めに時間をかける、逆に内訳を示さないパターンであれば材料費だけは正確に集計するといった具合である。

(2)　株主資本等変動計算書

貸借対照表・損益計算書の他に株主資本等変動計算書も同時に作成していくパターンの問

題である。

株主資本等変動計算書は、貸借対照表の純資産の部の金額の変動を基本的に各項目ごとに明らかにする書類であるため、主に純資産の部に関連する資料をあらかじめピック・アップし、貸借対照表の純資産の部の集計と同時並行的に作成していくことで、効果的な解答が可能となる。

このように、構造論点は**商業会計の総合問題以上に集計方法や解答手順に特別な配慮を要することから、計算学習の「最終目標」と位置づけられるところである。**

したがって、商業会計の総合問題がある程度解けるレベルに到達した時点でチャレンジしてみるとよい。

集計方法や解答手順の確立
⇨　製造原価報告書や株主資本等変動計算書の作成がスムーズに行えるようになる

5 表示科目・注記への対応力

同じ会計科目である簿記論の第三問（総合問題）との違いに、表示科目と注記がある。

(1) 表示科目

表示科目とは、財務諸表に記載する際に用いる科目のことであるが、その中には仕訳を切る際に用いる勘定科目とは異なるものが存在する。

たとえば、仕訳の際には「現金」と「当座預金」を区別するが、表示上は一括して「現金及び預金」と表示する。

勘定科目と表示科目が異なるものは、受験上は数が限られているため、出てきたつど覚えていくことが望ましい。

勘定科目と表示科目のズレは、そのつど覚えていくことが望ましい

(2) 注　記

注記とは、財務諸表に記載されている事項に関する補足情報のことである。

本試験において得点源となる項目であるが、その攻略方法に四苦八苦している受験生は意外に多い。

注記は大きく**「注記すべき項目を押さえることで対応できる項目」**と**「計算を要する項目」**に大別される。後述する「注記への対応」を参考に注記を得点源にするための勉強方法を確立させてほしい。

2 答案作成力の強化方法

1 個別論点を強化する

総合問題は個別論点の集合体である以上、まずはしっかりと個別論点を強化することが出発点となる。「簿記（計算）は習うより慣れろ」という言葉があるが、この言葉に象徴されるように計算力は練習量で決まると言っても過言ではない。問題を見てしばらく仕訳を考えてしまうようでは、まだまだ練習不足といえる。問題を見た瞬間に仕訳が頭に浮かぶレベルまで粘り強くトレーニングを続けることで確固たる総合問題の土台が築き上げられていくのである。

また、個別論点を繰り返し解くことが最終的にスピードアップにもつながる。本試験ではボリュームの多い問題が出題されることもあるため、スピードも合格点確保のためには重要な要素となる。地道な努力によってのみスピードは向上する、ということを常に意識しておこう。

個別論点の強化　⇨　①総合問題の土台の確立＋②スピードアップ

2 総合問題をたくさん解く

集計力や取捨選択を見極める能力は、総合問題を解くことによってのみ向上する。これらは、実際にボリュームの多い問題に触れることでしか練習ができないため、個別論点を強化するだけでは身につけることはできない。

集計力については、先述したように自分に合った集計方法を早く確立することがポイントであるため、まずは失敗を恐れずいろいろな集計方法をドンドン試してほしい。試行錯誤を繰り返す中で「これだ」と思う方法を見つけ、その集計方法の精度を高めていくことが合格への近道となる。

また、取捨選択の見極めについては、その重要性を理解したうえで経験を重ねることが必要である。そうすることで、「現金及び預金は、仕訳自体が比較的シンプルだから、得点を狙いやすい」「有形固定資産は、複雑な仕訳が絡むケースが多いから、とりあえず後回しにしたほうが無難だ」といった練習量に裏づけられた自分なりの見極めを行えるようになる。

総合問題の反復　⇨　①集計力の向上＋②取捨選択の正確な見極め

3 総合問題の解答手順

総合問題を効果的に解き進めるためには、あらかじめ解答手順を決めておくことが重要である。

具体的には、以下の３つの手順を踏むことになる。

【手順１】問題の全体像を把握する
【手順２】決算整理事項を解答する
【手順３】自分の解答を整える

1 【手順１】 問題の全体像を把握する

(1) 答案用紙をチェックする

まずは、答案用紙をチェックし、以下の事項を確認しておく。

①　解答要求事項を把握する
　i　作成すべき計算書類
　ii　注記事項の有無・種類
　iii　個別問題の有無　　　など
②　貸借対照表における表示方法を把握する
　i　貸倒引当金の表示方法
　ii　減価償却累計額の表示方法　　　など
③　損益計算書における表示方法を把握する
　i　売上原価の内訳の有無
　ii　販売費及び一般管理費の明細の有無　　　など

①　解答要求事項の把握

まず、作成すべき計算書類の確認については、特に製造原価報告書の有無（製造業が絡むか否かの判断材料になる）や株主資本等変動計算書の有無（解答手順に影響する）に注意しよう。

また、注記事項の有無・種類を確認することで、「重要な会計方針が問われているから、転記の時間を多く要するな」「損益計算書に関する注記が問われているから、関係会社に注意しながら問題を読み進めよう」といった判断を前もって行うことが可能になる。

さらに、個別問題の有無を確認することで「独立した個別問題は積極的に解答しよう」「総合問題に関連する個別問題の解答にあたって、関連する資料にはあらかじめ印を付けておこう」といった判断も行うことが可能である。

② 貸借対照表における表示方法の把握

貸倒引当金や減価償却累計額は、貸借対照表の表示方法によって集計すべき金額が異なるため、あらかじめ確認しておく必要がある。

また、「科目別間接控除法だから部分点が狙えるぞ」「一括間接控除法だから後回しが無難だろう」といった解答戦略にも影響する。

③ 損益計算書における表示方法の把握

売上原価や販売費及び一般管理費は、それらの内訳や明細を示す必要があるかどうかによって集計に要する労力が異なるため、その有無をあらかじめ確認しておく必要がある。

また、上記②と同様に「販売費及び一般管理費の明細が求められていない場合には、費用対効果が悪いので、集計は時間が余ったら最後にやろう」といった解答戦略に影響する点にも留意する必要がある。

(2) 問題用紙をチェックする

次に、問題から以下の事項を確認する。

① 計算にあたっての基礎情報を把握する

i 会社名　ii 当期が何期か　iii 会計期間　iv 翌期末

v 端数処理　vi 会計処理方法および表示方法　など

② 前T/Bの確認

① 計算にあたっての基礎情報の把握

問題から上記の事項をあらかじめ把握しておくことで、見落としがちな自己株式の存在に気づくことができ、また問題の随所に存在する1年基準の判断も瞬時に行うことができる。

本試験問題は、決算整理事項が数ページにもわたっているため、上記の事項を探すために多くの時間を要する。したがって、これらの事項を**計算用紙にメモ書きしておく**あるいは**ラインマーカーでラインを引いておき、チェックしたことが視覚的にわかるようにしておく**とよいだろう。

② 前T/Bの確認

前T/Bを確認する際に最も注意しなければならないことは、**仕入割引や仕入値引など前T/B上で処理することが可能な項目の有無**である。

これらの項目は計上漏れや集計漏れを防ぐためにも、前T/Bを確認した時点で直ちにP/Lに転記したり当期商品仕入高から控除しておくことが望ましい。

2 【手順2】 決算整理事項を解答する

(1) 有価証券の資料を読み取り、関係会社を把握する

(2) 上記(1)以外の資料を解答する

計算書類を作成する際には、関係会社に対する金銭債権債務や関係会社との取引などについて特別な手当て（表示方法や注記）をすることが必要になる。したがって、**決算整理事項を解答するにあたっては、あらかじめ関係会社を把握しておく必要がある。**

そのうえで、後述する「取捨選択の判断基準」を参考に、効果的に解答できる項目から、ドンドン解答していこう。

3 【手順3】 自分の解答を整える

先述したように、本試験で計算に充てることができる時間は概ね75分～80分である。このような限られた時間の中でも、特に最後の5分～10分の使い方が重要になってくる。

ここでの時間の使い方には以下のような2つの方法が考えられる。

(1) **転記ミスや集計漏れがないかの確認など、見直し時間に充てる**
(2) **後回しにした問題にチャレンジする**

(1)の方法は、本試験という極度の緊張感の中で問題を解くということを考えると非常に合理的であるといえる。この方法は比較的ケアレスミスが多いという方に特にお薦めである。なぜなら、税理士試験のような難易度の高い試験では1つのケアレスミスが命取りとなるケースもあるからである。

一方、(2)の方法は貪欲に得点を狙っていくうえで重要な姿勢である。たとえば、後回しにした問題の中にも解答可能な論点が含まれている可能性がある。こうした論点を地道に拾っていくことで、より合格点に近づくことができるのである。この方法は計算力に自信を持っている方、とりわけ会計処理の正確性に自信のある方にお薦めである。

4 取捨選択の判断基準

1 解答要求に着目した判断

総合問題といっても、その出題内容は「総合問題」のみならず「独立した個別問題」や「総合問題に関連する個別問題（注記事項や株主資本等変動計算書など）」など多岐にわたっているのが現状である。

以下、これらの問題へのアプローチを紹介する。

(1) 独立した個別問題

独立した個別問題は短時間で解答できる場合が多く、効果的に得点が確保できるため、積極的に解答すべきである。

ただし、個別問題がすべて簡単ということではない。**難問である場合には後回しにするという戦略は、個別問題であっても同じである。**

(2) 総合問題に関連する個別問題

総合問題に関連する個別問題は、総合問題と並行して解答することが望ましい。

なぜなら、総合問題と総合問題に関連する個別問題は同じ資料をベースに解答していくことになるため、**同じ資料に何度も目を通すことによるタイムロスを防止することができるからである。**

これらを勘案すると、基本的には次のような手順で解答することが望ましいといえる。

独立した個別問題 ⇨ 総合問題 ⇨ 総合問題に関連する個別問題 の順に解答する

2 資料のボリュームに着目した判断

総合問題では、例年、明らかに難しそうであったり手間のかかりそうな資料がいくつか出題されている。

したがって、**資料のボリュームや見た目を判断基準として解答手順を決定する**ことも有効な手段であるといえる。

ここで、具体的な判断基準は以下のとおりである。

A（易しい資料）　：資料の行数が５行以下または見た目から平易な資料
B（やや難しい資料）：A、C以外の資料
C（難しい資料）　：資料の行数が10行以上または見た目から難解な資料

一般的には、A⇨B⇨Cの順序で解答すべきである。総合問題における決算整理事項をボリュームおよび難易度に応じて効果的に解答するためには「ボリュームの少ないもの」を優先的に解答し、一方で「ボリュームの多いもの」は後回しにしながら解答することが必要と考えられるためである。

なお、Cと判断したものについては、最後に自分の解答を整える際に**「見直しをする」とした場合には捨てる**、逆に**「後回しにした資料を解く」とした場合には得点に繋がりそうな項目だけを部分的に解答する**ことになる。

3 問題の難易度に着目した判断

(1) 難問の判断基準

会計処理面から難易度を判断する基準としては、**問題文を読んで仕訳を2、3回考えても答えが浮かばない論点は難問である**と決めて、次の論点に取り掛かるとよいだろう。

具体的には、次のようにアプローチしてみるとよい。

① まずは、頭の中だけで仕訳を考えてみる。
② 頭の中で仕訳が浮かばない場合には、やや複雑な問題である可能性がある。そのため、印などを付けながら問題文を丁寧に読み仕訳を書いてみる。
③ 最後に、問題の読み間違い等がないかを確認するため、再度問題文に目を通してみる。

(2) 資料のボリュームに着目した判断との関係

上記2が見た目上の基準で判断するものであるのに対して、これは実際に問題に触れた上で判断する基準である。したがって、両者はある意味真逆の判断基準であるといえるが、これらをうまく使い分けることによって取捨選択の精度がグッと高まる。

というのも、資料のボリュームと問題の難易度は必ずしも比例するものではない。たとえば、有価証券の資料は比較的ボリュームが多くなる傾向にあるが、会計処理が難しいかといえば必ずしもそうではないだろう。

この2つの基準を使い分ける一般的なステップを示すと、以下のようになる。

① 資料のボリュームが少ない場合

まずは積極的に解答してみる。ここで、スムーズに仕訳が切れない場合は難問と判断し、とりあえず後回しにする。

② 資料のボリュームが多い場合

有価証券のように、資料のボリュームの割に比較的解答しやすいものは別として、とりあえずは後回しにしてみる。そして一通り解き終わって戻ってきたときに、スムーズに仕訳を切れるものからドンドン解答していく。

③ ①および②以外の場合

他の資料との兼ね合いで、その資料が相対的にボリュームが少ない場合には①に準じたステップで、逆に相対的にボリュームが多い場合には②に準じたステップで解答していく。

5 注記への対応

一概に注記といっても、その内容はさまざまであり単に文例を覚えているだけでは正解を導き出せない項目も多く存在する。そこで、それぞれの注記事項に見合った対策を講じていくことが求められる。

1 試験上重要な注記グループとその対策

(1) **重要な会計方針に係る事項に関する注記（会計方針の変更に関する注記を含む）**
(2) **貸借対照表等に関する注記**
(3) **損益計算書に関する注記**
(4) **株主資本等変動計算書に関する注記**
(5) **税効果会計に関する注記**
(6) **１株当たり情報に関する注記**

本試験では、「貸借対照表等に関する注記を記載しなさい」のように注記グループごとの出題が想定される。

したがって、まずはこの６つのグループを押さえ、各グループにどのような注記事項があるかをマスターしたうえで、スムーズに解答を導き出すための対策を講じることが有効である。

(1) 重要な会計方針に係る事項に関する注記（会計方針の変更に関する注記を含む）

「重要な会計方針に係る事項に関する注記」では、「有形固定資産の減価償却方法」や「繰延資産の処理方法」等を注記することが要求される。また、会計方針の変更に関する注記では、「棚卸資産の評価方法を変更した場合」等に注記することが要求される。これらの事項は、問題を解くうえで必ず必要な資料となる。なぜなら、「有形固定資産の償却は定額法と定率法のどちらで行うのか」「繰延資産は費用処理か資産計上か」といった判断は、当然のことながら問題の指示に従うことになるからである。

したがって、これらの事項は、いわば解答そのものが資料として問題文に記載されている状態であることから、**どの項目を重要な会計方針として注記すべきかを押さえておくことが重要であり、注記の文例を細かく暗記することは重要性が乏しいといえる。**

重要な会計方針に係る事項に関する注記は、注記すべき項目を押さえておくことで対応できる

(2) 貸借対照表等に関する注記

「貸借対照表等に関する注記」では、貸借対照表等に記載される数値や項目について補足的な財務情報を記載することを要求している。

当該注記は、**注記にあたって計算を要する注記事項**と上記(1)と同様に**注記すべき項目を押**

さえておくことで対応できる注記事項に分類できる。

①　計算を要する注記事項

ⅰ　資産に係る引当金を直接控除した場合、各資産の資産項目別の引当金の金額 ⅱ　資産に係る減価償却累計額を直接控除した場合、各資産の資産項目別の減価償却累計額 ⅲ　資産に係る減損損失累計額を減価償却累計額に合算して減価償却累計額をもって表示した場合、減価償却累計額に減損損失累計額が含まれている旨 ⅳ　関係会社に対する金銭債権債務について、他の金銭債権債務と区分して表示していない場合、当該関係会社に対する金銭債権または金銭債権の項目別金額または２以上の項目について一括した金額 ⅴ　圧縮記帳の表示方法につき、直接控除法により表示している場合、有形固定資産から控除されている旨

上記の注記事項については、解答留意事項等において注記する旨の指示が示されることから、**注記すべき項目を押さえること以上に、金銭債権や有形固定資産といった個別論点の精度を高めておくことが重要である。**

また、解答戦略面では特にⅰ～ⅲについて注記に関連する項目の集計に手間がかかる傾向があることから、注記といえども後回しにすべき論点になり得ることは意識しておこう。

注記に関連する論点が煩雑な場合には、たとえ注記であっても後回しにすること

②　項目を押さえておくことで対応できる注記事項

ⅰ　資産が担保に供されている場合に、その旨 ⅱ　保証債務、手形遡及債務、重要な係争事件に係る損害賠償義務その他これらに準ずる債務（負債の部に計上したものを除く）の内容および金額 ⅲ　取締役、監査役および執行役に対する金銭債権債務がある場合、金銭債権または金銭債務ごとの総額 ⅳ　親会社株式の各表示区分別の金額

上記の注記事項は、注記にあたって特に計算を要しない。したがって、「貸借対照表等に関する注記」が問われた場合には、**これら４つの項目をあらかじめ念頭に置いた上で問題文を読み進めると効果的である**。これにより「受取手形の資料では、割引や裏書に注意しよう」「役員に対して貸付金はないか」といった視点で問題を読み進めることが可能となる。

注記事項を意識した読解　⇨　注記事項のスムーズな発見

⑶　損益計算書に関する注記

「損益計算書に関する注記」では、関係会社との間で何らかの取引（物品売買や金銭の貸借に伴う利息の受払など）があった場合に、営業取引と営業取引以外の取引を区別したうえでその取引の総額を注記することを要求している。

したがって、**関係会社をあらかじめ把握したうえで当該関係会社との取引に注意しながら問題を読み進める**ことが必要となる。

関係会社の正確な把握　⇨　当該関係会社との物品売買や金銭の貸借等に注意

⑷　株主資本等変動計算書に関する注記

「株主資本等変動計算書に関する注記」では、大きく**株式数に関する情報**と**配当に関する情報**を注記していくことになる。

以下、総合問題に関連する個別問題として出題された場合を想定して解答へのアプローチを考えていくこととする。

①　株式数に関する情報

i　当該事業年度の末日における発行済株式の種類と数
ii　当該事業年度の末日における自己株式の種類と数
iii　当該事業年度の末日における当該株式会社が発行している新株予約権の目的となる当該株式会社の株式の数

「当社が何株発行しているか」「当社は自己株式を所有しているか」といった情報は基本的に問題文に記載されていることから、上記⑴と同様に**注記すべき項目を押さえておくことで得点が望める**。

しかし、期中に増資をしたり、あるいは自己株式を処分・消却していることも想定されることから、株式数の集計を要する場合もある点には注意を要する。

期中の増資や自己株式の処分・消却を踏まえて株式数を集計するケースも想定される

②　配当に関する情報

i　当該事業年度中に行った剰余金の配当に関する事項
ii　当該事業年度末日後に行う剰余金の配当に関する事項

「当社がいくら配当をしたか」という情報は、「仮払金の内訳」や「剰余金の処分に関する事項」などとして独立した資料が与えられることから、**配当に関する処理・集計を行い、同時に注記を転記する**のが効果的な解法といえる。

この際、1株あたりの配当額が与えられた場合には、株式数の正確な集計が当該注記事項を得点していく前提条件になる点には注意を要する。

配当に関する処理・集計　⇨　直ちに注記

⑸　税効果会計に関する注記

「税効果会計に関する注記」では、繰延税金資産または繰延税金負債の発生原因別の主な内訳を注記することとなる。つまり、会計と税務で取扱いが異なる項目（その他有価証券や貸倒引当金、退職給付引当金など）を発生原因として列挙し、それぞれの原因ごとに金額を算定していくこととなる。

したがって、税効果会計が絡む個別論点の正確性を向上させることが「税効果会計に関する注記」で得点を稼ぐうえでの最大のポイントである。

税効果会計が絡む個別論点の正確性の向上　⇨　注記での得点が可能

また、解答戦略面では同じ税効果会計の絡む項目であっても、**未払事業税や賞与引当金のように基本的に容易に解答することができる項目に係る注記は積極的に解答し、貸倒引当金や退職給付引当金のように解答に手間がかかる項目に係る注記は後回しにする**といった対応が求められる。

⑹　１株当たり情報に関する注記

「１株当たり情報に関する注記」は個別問題での出題が想定される。そのため、「早く正確に」正解が導き出せるレベルまで繰り返し練習を積んでおくことが求められる。

「１株当たり情報に関する注記」には、以下の２つの項目がある。

①　１株当たり純資産額

１株当たり純資産額は、普通株主に帰属する期末の純資産額を、期末普通株式の発行済株式数から自己株式数を控除した株式数で除して計算することになる。

解答上の注意点としては、**新株式申込証拠金と新株予約権を分子から控除する**点である。

新株式申込証拠金および新株予約権は期末純資産の額から控除する

〈参考：１株当たり純資産額〉

$$\frac{\text{純資産の部の合計額}-\text{新株式申込証拠金}-\text{新株予約権}}{\text{期末発行済株式数}-\text{期末保有自己株式数}}$$
（円未満３位以下切捨て）

②　１株当たり当期純利益または当期純損失の額

１株当たり当期純利益または当期純損失の額は、普通株主に帰属する当期純利益または当期純損失の額を普通株式の期中平均株式数で除して計算することになる。

ここでは、期中平均株式数の算定上、**期中の増資や自己株式の増減を考慮するところが最大のポイント**となる。計算が煩雑になるところであるが、「覚えていればできる項目」であるため、繰り返し練習を行い得点源にしてほしい。

期中平均株式数は、期中の増資や自己株式の増減に注意して慎重に算定すること

〈参考：１株当たり当期純利益または当期純損失の額〉

$$\frac{\text{当期純利益（または当期純損失）}}{\text{普通株式の期中平均発行済株式数}-\text{普通株式の期中平均自己株式数}}$$

（円未満３位以下切捨て）

2 効果的に得点を稼ぐために

1で述べたように、「重要な会計方針に係る事項に関する注記」や「貸借対照表等に関する注記」さらには「損益計算書に関する注記」の多くは、注記すべき項目を押さえることがポイントとなる。

しかし、単に項目を押さえるだけでは効果的に得点に結びつけることはできない。なぜなら、膨大な総合問題の資料の中に混在しているこれらの注記事項を**「探し出す」**作業が必要になるからだ。

この「探し出す」作業を効果的に行うためには、実は先述した集計方法の確立や取捨選択の正確な見極め同様に、総合問題を数多く解くことが求められる。なぜなら**総合問題を解くことで、はじめて注記事項を探し出す感覚が養われるからである。**

この感覚は、たとえば、受取手形の資料を前にして「ここで手形を割引いたり裏書したら貸借対照表等に関する注記が必要になるな」であるとか、関係会社が登場した場面で「この会社と何か取引を行っていたら、損益計算書に関する注記が必要になるぞ」というように、**注記の存在をある程度先読みできる**ということである。

総合問題の反復 ⇨ 注記を見つけ出す感覚の向上

注記を効果的に見つけ出すことができるようになれば、得点アップはもちろんスピードアップも期待できる。総合問題本体に比べると地味な項目ではあるが、**本試験で確実に合格点を確保するには注記で得点できるかどうかが鍵となると言っても過言ではない。**

ここで示したポイントを参考にしながら、是非とも「注記で得点が稼げる受験生」になって頂きたい。

第2部

トレーニング編

第1章

基本問題

基本問題 1

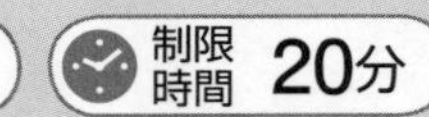

株式会社ＴＷ（以下、「当社」という。）は、工業用機械部品の製造業を営み、単一製品の製造、販売を行っている。

当社の第31期（自×21年４月１日　至×22年３月31日）の期末日現在の残高試算表【資料Ⅰ】並びに決算整理の未済事項及び参考事項【資料Ⅱ】は、下記のとおりである。

これらの資料と次の解答留意事項に基づいて、**問１～問３**の解答を答案用紙の所定の箇所に記入しなさい。

解答留意事項

イ　消費税等の会計処理は税抜方式で処理され、すべて完了しているものとし、決算整理事項の処理においても消費税等については考慮する必要はない。

ロ　会計処理及び表示については、特に指示のない限り原則的方法により、金額の重要性は考慮しない。

ハ　関係会社に対する金銭債権債務については独立科目表示法により表示する。

ニ　外貨建取引については、「外貨建取引等会計処理基準」に基づき処理を行うものとする。

ホ　日数の計算は、便宜上すべて月割計算で行うものとする。

ヘ　金額の計算において千円未満の端数が生じた場合は切り捨てる。

ト　「会計上の変更及び誤謬の訂正に関する会計基準」に規定する、過去の誤謬は生じていないものとする。

問１　会社計算規則に準拠して、貸借対照表（必要な部分のみ）を作成し、かつ、貸借対照表等に関する注記を記載しなさい。

問２　会社計算規則に準拠して、損益計算書（必要な部分のみ）を作成しなさい。

問３　製造原価報告書（必要な部分のみ）を作成しなさい。

【資料Ⅰ】期末日現在の残高試算表

残高試算表の一部

（×22年３月31日）　　　　　　（単位：千円）

勘定科目	金額	勘定科目	金額
現金預金	310,000	⋮	
受取手形	621,000	仮受金	50,000
売掛金	2,861,000	⋮	
有価証券	417,720	売上高	12,242,039
製品	424,200	有価証券利息	1,810
材料	60,000	材料仕入値引	7,120
仕掛品	612,000	⋮	
材料仕入高	2,470,000		
給料手当	1,042,000		
賃金	1,500,000		
租税公課	1,000		
支払利息	259,608		
社債利息	38,400		
⋮			
合計	×××	合計	×××

【資料Ⅱ】決算整理の未済事項及び参考事項

1　金庫を実査したところ以下のものが発見された。

⑴　期限の到来した社債の利札　　1,000千円（未処理）

⑵　印紙　　50千円（購入時に租税公課で処理済）

2　現金預金のうちには、次のものが含まれている。

⑴　現金（外国通貨）　　667千円（5,800ドル）

なお、×22年３月31日における直物為替レートは１ドル＝120円である。

⑵　定期預金（×23年４月30日満期）　　50,000千円

3　受取手形のうちには、次のものが含まれている。

(1)　受取手形のうちには、西社に対し、資金の貸付けを行った際に取得したものが19,000千円（返済日：×22年４月30日）ある。

(2)　東社から受け取った手形のうち割引に付している手形が50,000千円（決済日：×22年５月31日）あり、これについては割引時に以下の処理を行っている。

（単位：千円）

現金預金	47,000	仮受金	50,000
支払利息	3,000		

(3)　南社から受け取った手形　　35,000千円

4　売掛金のうちには、次のものが含まれている。

(1)　米国の取引先ハード社に対するもの（決済日：×23年２月28日）が400,000ドル含まれており、当該取引発生時の直物為替レート（１ドル＝115円）により換算している。

(2)　東社に対するもの　　15,000千円

(3)　南社に対するもの　　20,000千円

5　有価証券の評価

有価証券は、「金融商品に関する会計基準」に基づき処理しており、その他有価証券は時価法（その他有価証券の評価差額の処理は税効果会計を適用の上、全部純資産直入法による。）、子会社株式は原価法を採用している。

銘　柄	保有目的	帳簿価額	期末時価	備　　考
西社株式	そ の 他	150,400千円	150,400千円	――
南社株式	支配目的	267,320千円	262,520千円	当社は南社の議決権の55％を所有している。

6　期末棚卸資産の計算

棚卸資産の期末棚卸の結果は次のとおりである。なお、下記の期末棚卸高の評価額に係る計算は、問題の他の箇所に記載されている決算整理事項を含め、すべて終了しているものとする。また、残高試算表に記載されている製品、材料及び仕掛品の金額は前期末残高である。

科　目	期末帳簿棚卸高	期末実地棚卸高	備　　　考
製　品	404,480千円	399,040千円	棚卸差額はすべて正常な範囲の減耗であり、販売費及び一般管理費に計上する。
仕掛品	512,000千円	512,000千円	——
材　料	49,725千円	49,385千円	棚卸差額はすべて正常な範囲の減耗であり、製造原価として処理する。

7　その他の事項

給料手当の配賦割合　　　　（単位：%）

科　目	製造部門	営業部門
給料手当	60	40

チェック表

チェック項目	1回目	2回目	3回目
手順1　答案用紙のチェックをした			
手順2			
(1) 解答留意事項はしっかり読んだ			
(2) 個別問題の有無をチェックした			
(3) 残高試算表のチェックをした			
手順3			
(1) 問題文の大事なところにマーキングなどした			
(2) 問題の取捨選択は正確にできた			
(3) 仕訳は正確にできた			
(4) 集計は正確にできた			
(5) 表示			
① 簿記の科目と迷わなかった			
② 表示区分で迷わなかった			
③ 科目の順番について迷わなかった			
手順4　自分の解答を整えた			

メモ

MEMO

解答

※■内の数字は配点を示す。

問1

貸借対照表

株式会社TW　　×22年3月31日　　(単位：千円)

科目	金額	科目	金額
資産の部			
I 流動資産	(×××)		
現金預金	2 261,029		
受取手形	2 517,000		
関係会社受取手形	2 35,000		
売掛金	2 2,843,000		
関係会社売掛金	2 20,000		
製品	2 399,040		
材料	2 49,385		
仕掛品	512,000		
貯蔵品	2 50		
短期貸付金	2 19,000		
⋮			
II 固定資産	(×××)		
⋮			
3 投資その他の資産	(×××)		
投資有価証券	150,400		
関係会社株式	2 267,320		
長期預金	2 50,000		
⋮			
資産の部合計	×××	負債及び純資産の部合計	×××

(貸借対照表等に関する注記)

受取手形割引高 50,000千円 2

問2

損益計算書

株式会社　　　自　×21年4月1日
T　W　　　　至　×22年3月31日　　(単位：千円)

科　目	金	額
I 売上高		12,242,039
II 売上原価		×××
売上総利益		×××
III 販売費及び一般管理費		
給料手当	2 416,800	
租税公課	2 950	
製品減耗損	2 5,440	
⋮		×××
営業利益		×××
IV 営業外収益		
有価証券利息	2 2,810	
為替差益	2 2,029	
⋮		×××
V 営業外費用		
支払利息	256,608	
社債利息	38,400	
手形売却損	2 3,000	
⋮		×××
経常利益		×××
⋮		

問3

製造原価報告書

株式会社 T W　　自 ×21年4月1日 至 ×22年3月31日　　(単位：千円)

科　　目	金	額
Ⅰ 材　料　費		
1 期首材料棚卸高	60,000	
2 当期材料仕入高	2 2,462,880	
合　計	2,522,880	
3 期末材料棚卸高	2 49,725	
当期材料費		2 2,473,155
Ⅱ 労　務　費		
給料手当	2 625,200	
賃　金	1,500,000	
⋮		
当期労務費		×××
Ⅲ 経　費		
材料減耗損	2 340	
⋮		
当期経費		×××
当期総製造費用		×××
期首仕掛品棚卸高		2 612,000
合　計		×××
期末仕掛品棚卸高		2 512,000
当期製品製造原価		×××

【配　点】2×25カ所　　合計50点

解答への道

（仕訳の単位：千円）

1　金庫の実査

(1)　期限の到来した社債の利札

（現　金　預　金）＊	1,000	（有 価 証 券 利 息）	1,000

＊　期限の到来した公社債の利札は会計上現金として取り扱う。

(2)　印　紙

（貯　蔵　品）＊	50	（租　税　公　課）	50

＊　印紙の未使用分は現金としては取り扱わず、貯蔵品として処理する。

2　現金預金

(1)　外国通貨

（現　金　預　金）	29	（為　替　差　益）＊	29

＊　5,800ドル × 120円/ドル（決算日レート）（＝696千円）－667千円＝29千円

(2)　定期預金

（長　期　預　金）	50,000	（現　金　預　金）	50,000

3　受取手形

(1)　手形貸付

（短 期 貸 付 金）	19,000	（受　取　手　形）	19,000

(2)　手形割引

①　会社の行った仕訳

（現　金　預　金）	47,000	（仮　受　金）	50,000
（支　払　利　息）	3,000		

②　本来行うべき仕訳

（現　金　預　金）	47,000	（受　取　手　形）	50,000
（手 形 売 却 損）	3,000		

③　修正仕訳

（仮　受　金）	50,000	（受　取　手　形）	50,000
（手 形 売 却 損）	3,000	（支　払　利　息）	3,000

注記　受取手形割引高につき貸借対照表等に関する注記が必要となる。

(3)　南社に対する受取手形

（関係会社受取手形）＊	35,000	（受　取　手　形）	35,000

＊　関係会社に対する金銭債権については問題文の指示により独立科目により表示する。

4　売掛金

(1)　外貨建売掛金

借方	金額	貸方	金額
（売　　掛　　金）	2,000	（為　替　差　益）＊	2,000

＊　400,000ドル × 120円/ドル（＝48,000千円）－400,000ドル × 115円/ドル（＝46,000千円）
　　　　　　　　決算日レート　　　　　　　　　　　　　　　発生時レート
＝2,000千円

(2)　南社に対する売掛金

借方	金額	貸方	金額
（関係会社売掛金）＊	20,000	（売　　掛　　金）	20,000

＊　関係会社に対する金銭債権については問題文の指示により独立科目により表示する。

5　有価証券

(1)　西社株式（市場価格のあるその他有価証券）

借方	金額	貸方	金額
（投資有価証券）	150,400	（有　価　証　券）	150,400

(2)　南社株式（子会社株式）

借方	金額	貸方	金額
（関係会社株式）＊	267,320	（有　価　証　券）	267,320

＊　当社は南社の議決権の50％超（55％）を保有するため、南社は当社の子会社に該当する。子会社が発行した株式は、貸借対照表上「関係会社株式」として表示する。

6　棚卸資産

(1)　材　料

借方	金額	貸方	金額
（期首材料棚卸高）	60,000	（材　　　料）	60,000
（仕　入　値　引）	7,120	（材 料 仕 入 高）	2,470,000
（当期材料仕入高）	2,462,880		
（材　料　減　耗　損）＊ 〈経　　　費〉	340	（期末材料棚卸高）	49,725
（材　　　料）	49,385		

＊　49,725千円－49,385千円＝340千円
　　帳簿棚卸高　実地棚卸高

(2)　仕掛品

借方	金額	貸方	金額
（期首仕掛品棚卸高）	612,000	（仕　　掛　　品）	612,000
（仕　　掛　　品）	512,000	（期末仕掛品棚卸高）	512,000

(3)　製　品

借方	金額	貸方	金額
（期首製品棚卸高）	424,200	（製　　　品）	424,200
（製　品　減　耗　損）＊ 〈販売費及び一般管理費〉	5,440	（期末製品棚卸高）	404,480
（製　　　品）	399,040		

＊　404,480千円－399,040千円＝5,440千円
　　帳簿棚卸高　　実地棚卸高

〈材料費〉

期首材料棚卸高60,000千円＋当期材料仕入高2,462,880千円－期末材料棚卸高49,725千円

＝当期材料費2,473,155千円

7　その他の事項

(給　料　手　当)＊1 〈販売費及び一般管理費〉	416,800	(給　料　手　当) 〈残　高　試　算　表〉	1,042,000
(給　料　手　当)＊2 〈労　務　費〉	625,200		

＊1　1,042,000千円×40％＝416,800千円

＊2　1,042,000千円×60％＝625,200千円

講師の解答方法

基本問題 1

配点 50点　制限時間 20分

株式会社TW（以下、「当社」という。）は、工業用機械部品の製造業を営み、単一製品の製造、販売を行っている。

当社の第31期（自×21年4月1日　至×22年3月31日）の期末日現在の残高試算表【資料Ⅰ】並びに決算整理の未済事項及び参考事項【資料Ⅱ】は、下記のとおりである。

これらの資料と次の解答留意事項に基づいて、**問1～問3**の解答を答案用紙の所定の箇所に記入しなさい。

しっかりと読まなければならない

解答留意事項

イ　消費税等の会計処理は税抜方式で処理され、すべて完了しているものとし、決算整理事項の処理においても消費税等については考慮する必要はない。

ロ　会計処理及び表示については、特に指示のない限り原則的方法により、金額の重要性は考慮しない。

ハ　関係会社に対する金銭債権債務については独立科目表示法により表示する。

ニ　外貨建取引については、「外貨建取引等会計処理基準」に基づき処理を行うものとする。

ホ　日数の計算は、便宜上すべて月割計算で行うものとする。

ヘ　金額の計算において千円未満の端数が生じた場合は切り捨てる。

ト　「会計上の変更及び誤謬の訂正に関する会計基準」に規定する、過去の誤謬は生じていないものとする。

問1　会社計算規則に準拠して、貸借対照表（必要な部分のみ）を作成し、かつ、貸借対照表等に関する注記を記載しなさい。

問2　会社計算規則に準拠して、損益計算書（必要な部分のみ）を作成しなさい。

問3　製造原価報告書（必要な部分のみ）を作成しなさい。

1

20

1 解答要求の把握

解答要求をしっかり把握した。問題文から会社計算規則に基づく「貸借対照表」「損益計算書」「製造原価報告書」が要求されていることを確認した。

また解答留意事項では重要な箇所にマーカーを引く。

本問では、

イ　消費税等については考慮する必要はない。

ハ　関係会社に対する金銭債権債務については独立科目表示法による。

へ　千円未満の端数が生じた場合は切り捨てる。

に、それぞれマーカーを引いた。

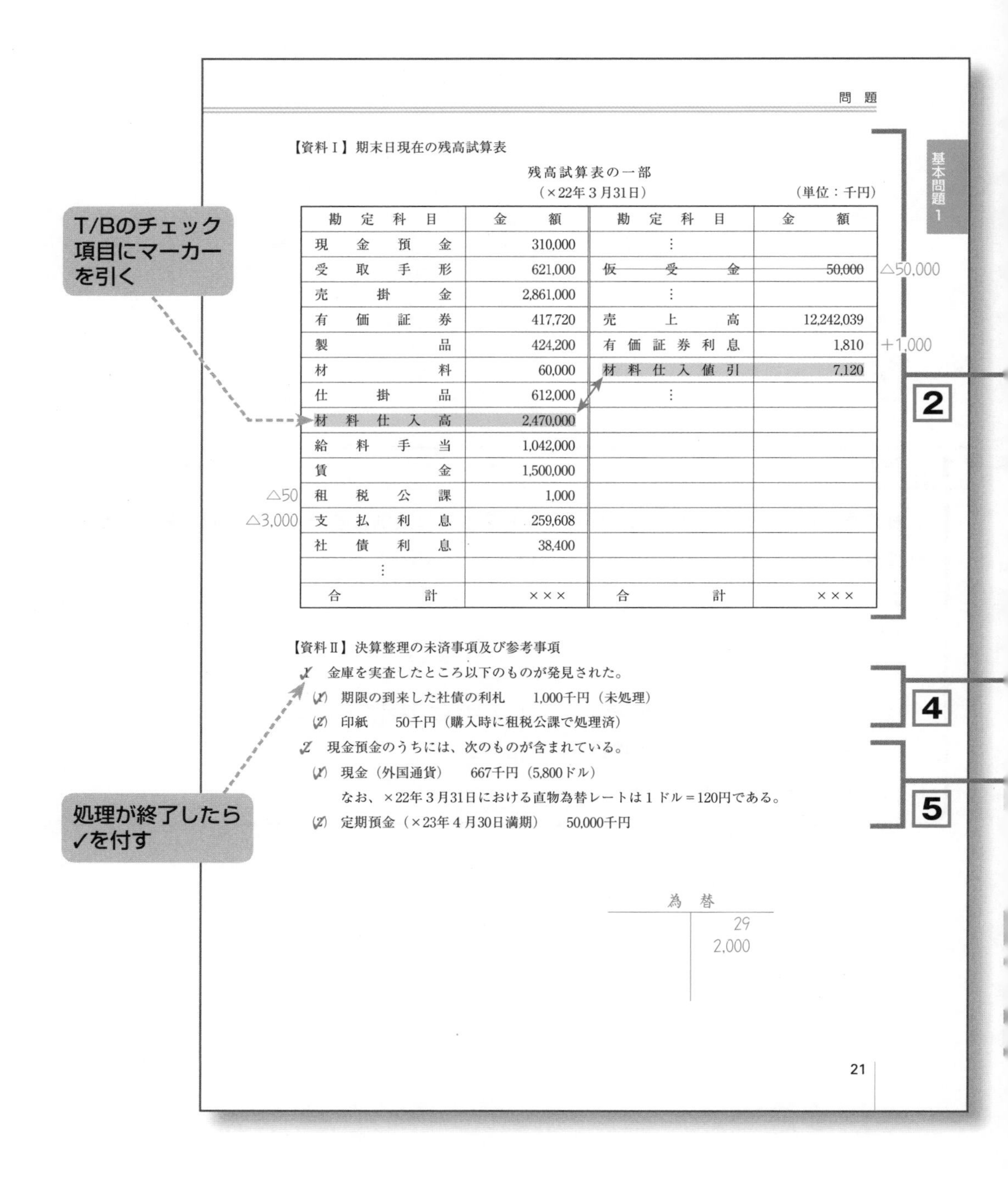

【資料Ⅰ】期末日現在の残高試算表

残高試算表の一部
（×22年3月31日）　　（単位：千円）

勘定科目	金額	勘定科目	金額
現金預金	310,000	⋮	
受取手形	621,000	仮受金	50,000
売掛金	2,861,000	⋮	
有価証券	417,720	売上高	12,242,039
製品	424,200	有価証券利息	1,810
材料	60,000	材料仕入値引	7,120
仕掛品	612,000	⋮	
材料仕入高	2,470,000		
給料手当	1,042,000		
賃金	1,500,000		
租税公課	1,000		
支払利息	259,608		
社債利息	38,400		
⋮			
合計	×××	合計	×××

【資料Ⅱ】決算整理の未済事項及び参考事項

1. 金庫を実査したところ以下のものが発見された。
   (1) 期限の到来した社債の利札　1,000千円（未処理）
   (2) 印紙　50千円（購入時に租税公課で処理済）
2. 現金預金のうちには、次のものが含まれている。
   (1) 現金（外国通貨）　667千円（5,800ドル）
   なお、×22年3月31日における直物為替レートは1ドル＝120円である。
   (2) 定期預金（×23年4月30日満期）　50,000千円

2 残高試算表のチェック

決算整理の作業に入る前に以下の作業を行った。

残高試算表を下記のチェック項目を参照して、該当する科目があれば答案用紙にすぐ転記する。

・材料仕入高から材料仕入値引を控除　⇨　当期材料仕入高（製造原価報告書）2,462,880千円を転記

この後の修正も考え、金額を左側（もしくは右側）に寄せて記入した。

残高試算表のチェック項目

1	仕入割引	⇨	仕入割引（営業外収益　P/L）
2	当座借越	⇨	短期借入金（流動負債　B/S）
3	仮受消費税等－仮払消費税等	⇨	未払消費税等（流動負債　B/S）（符号が＋）
		⇨	未収消費税等（流動資産　B/S）（符号がー）
4	売上値引・戻り・割戻	⇨	売上高からマイナス
5	仕入値引・戻し・割戻	⇨	仕入高からマイナス

3 集計表の作成（→ p.39）

4 金庫の実査

総合問題といっても個別論点の固まりであり、個々の仕訳が切れる必要がある。総合問題を解く際には、平易な問題は頭の中で仕訳を切り、難しい問題は計算用紙または余白に仕訳を切ることを意識した。

❶「期限の到来した社債の利札　1,000千円が未処理」

（現金預金　1,000千円　／　有価証券利息　1,000千円）

集計表の現金預金に1,000千円を加算、残高試算表の有価証券利息に1,000千円を加算した。

❷（貯蔵品　50千円　／　租税公課　50千円）

貯蔵品の科目が残高試算表にないので直接答案用紙の仕掛品の次の欄に転記した。

また、残高試算表の租税公課から50千円を減算した。

このように、集計表や残高試算表にない科目は直接答案用紙に転記する。

5 現金預金

❶ 外貨建ての現金において、為替差損益については余白にT字勘定を作成した。その際、残高試算表に為替差損益があるか確認した。まれに為替差損、為替差益両方が残高試算表に載っているので注意する。集計表の現金預金に29千円を加算し、同額をT字勘定に記入した。また、決算日レート120円を集計表にメモした。

❷ 一年基準により定期預金は長期預金となる。集計表の現金預金から50,000千円を減算し、長期預金は残高試算表にないので直接答案用紙に転記した。

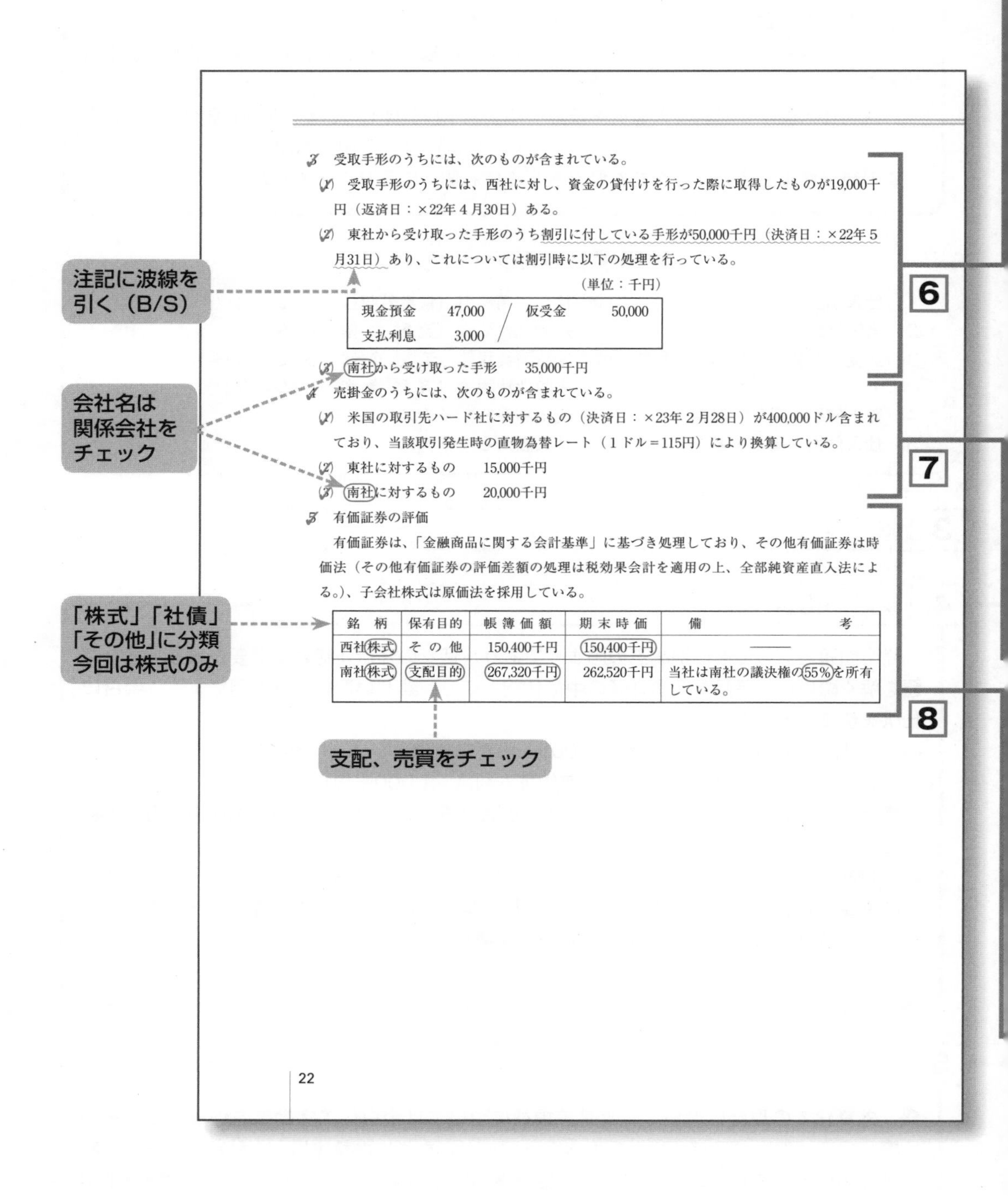

3 受取手形のうちには、次のものが含まれている。

(1) 受取手形のうちには、西社に対し、資金の貸付けを行った際に取得したものが19,000千円（返済日：×22年４月30日）ある。

(2) 東社から受け取った手形のうち割引に付している手形が50,000千円（決済日：×22年５月31日）あり、これについては割引時に以下の処理を行っている。

（単位：千円）

現金預金	47,000	仮受金	50,000
支払利息	3,000		

(3) 南社から受け取った手形　35,000千円

4 売掛金のうちには、次のものが含まれている。

(1) 米国の取引先ハード社に対するもの（決済日：×23年２月28日）が400,000ドル含まれており、当該取引発生時の直物為替レート（１ドル＝115円）により換算している。

(2) 東社に対するもの　15,000千円

(3) 南社に対するもの　20,000千円

5 有価証券の評価

有価証券は、「金融商品に関する会計基準」に基づき処理しており、その他有価証券は時価法（その他有価証券の評価差額の処理は税効果会計を適用の上、全部純資産直入法による。）、子会社株式は原価法を採用している。

銘柄	保有目的	帳簿価額	期末時価	備考
西社株式	その他	150,400千円	150,400千円	——
南社株式	支配目的	267,320千円	262,520千円	当社は南社の議決権の55%を所有している。

22

6 受取手形

❶ 会社名が出てきたので西社が関係会社かどうか判定する。そのために有価証券の資料をあらかじめ確認しておく必要がある。「5 有価証券の評価」の資料で確認すると「関係会社」に該当するのは南社のみである。西社は関係会社に該当しない。ただし、資金の貸付けの際に受け取った手形であるから貸付金となり、一年基準により「短期貸付金」となる。

集計表の受取手形から19,000千円を減算し、短期貸付金19,000千円を直接答案用紙に転記した。

❷ 東社が関係会社かどうか判定する。今回は関係会社に該当しない。

何故このような誤った仕訳を切ったかは考えないこと。逆仕訳を切り、初めから正しい仕訳を切った。

本問では逆仕訳により現金預金から47,000千円、支払利息から3,000千円、仮受金から50,000千円をそれぞれ減算した。そのあと正しい仕訳から、現金預金に47,000千円を加算、受取手形から50,000千円を減算した。差額の手形売却損3,000千円は集計表、残高試算表にはないので直接答案用紙の営業外費用に転記した。また、割引手形は貸借対照表等に関する注記が必要であるためすぐに答案用紙に転記をした。忘れないように注記は出てきたらすぐ答案用紙に転記するとよいだろう。

❸ 南社は関係会社に該当し、問題文から表示は独立科目となる。受取手形から35,000千円を減算し、関係会社受取手形35,000千円を直接答案用紙に転記した。

7 売掛金

❶ ハード社は関係会社に該当しない。外貨建てであるから5で作成したＴ字勘定に集計する。あわせて集計表の売掛金に2,000千円を加算した。

❷ 東社は関係会社ではないので東社に対する売掛金は処理なし。南社が関係会社に該当し、集計表の売掛金から20,000千円を減算した。その上で関係会社売掛金20,000千円を直接答案用紙に転記した。

❸ 金銭債権が終了した段階で集計表・残高試算表で修正した科目について、一旦集計して答案用紙に転記した。現金預金、受取手形、売掛金、有価証券利息、租税公課、支払利息を答案用紙に転記した。

8 有価証券

有価証券の資料が表形式の場合には、表を利用しながら集計するとよい。

まずは銘柄をみて「株式」に○をつけた。次に保有目的の「支配目的」に○を、備考欄の議決権の保有比率に○をつけた。

❶ 西社は「関係会社」に該当せず、保有目的が「売買目的」に該当しないので表示科目は「投資有価証券」になる。

❷ 南社は「関係会社」に該当するので表示科目は「関係会社株式」になる。

それぞれ答案用紙に転記した。

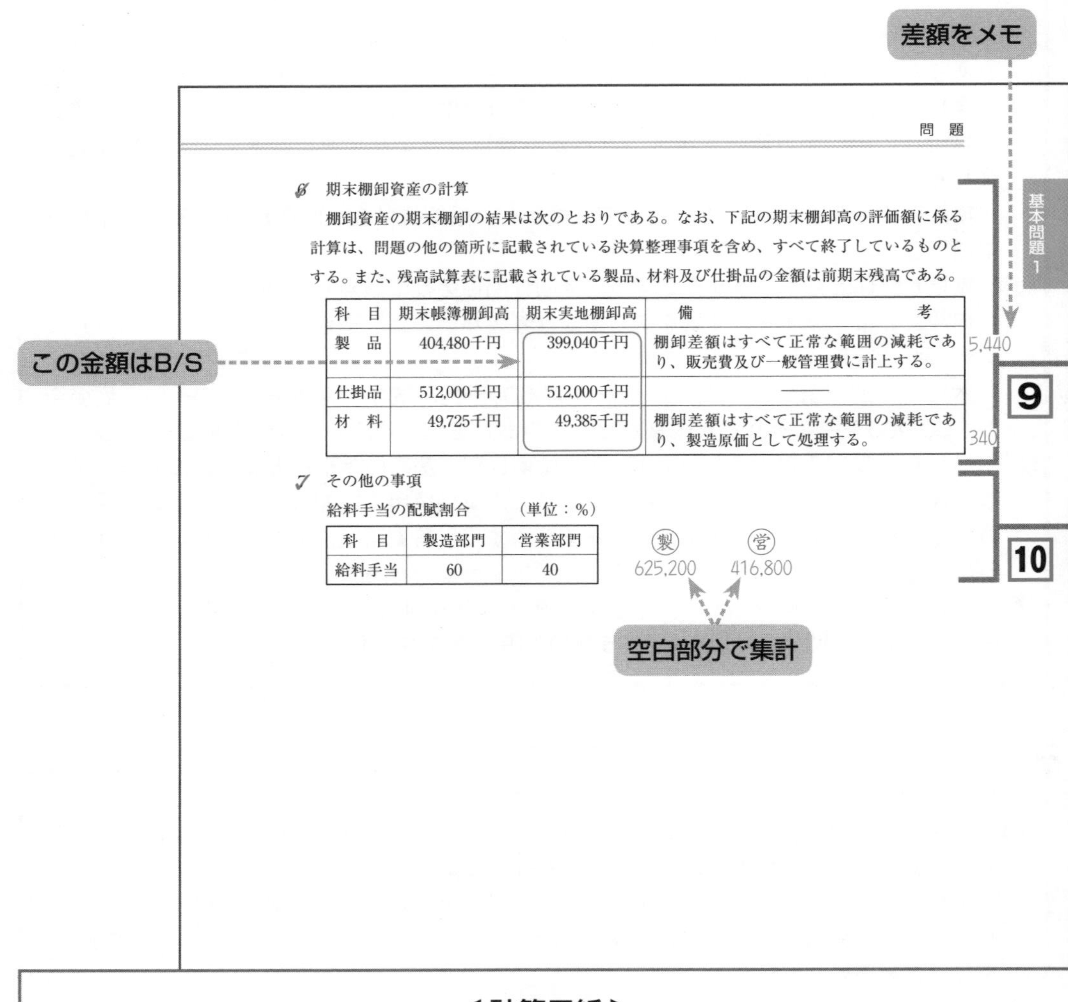
差額をメモ
問　題
基本問題1
6 期末棚卸資産の計算
棚卸資産の期末棚卸の結果は次のとおりである。なお、下記の期末棚卸高の評価額に係る計算は、問題の他の箇所に記載されている決算整理事項を含め、すべて終了しているものとする。また、残高試算表に記載されている製品、材料及び仕掛品の金額は前期末残高である。
科目 | 期末帳簿棚卸高 | 期末実地棚卸高 | 備考
製品 | 404,480千円 | 399,040千円 | 棚卸差額はすべて正常な範囲の減耗であり、販売費及び一般管理費に計上する。
仕掛品 | 512,000千円 | 512,000千円 | ――
材料 | 49,725千円 | 49,385千円 | 棚卸差額はすべて正常な範囲の減耗であり、製造原価として処理する。
5,440
340
この金額はB/S
9
7 その他の事項
給料手当の配賦割合　（単位：%）
科目 | 製造部門 | 営業部門
給料手当 | 60 | 40
製 625,200
営 416,800
空白部分で集計
10

〔計算用紙〕

＊集計表

会社名　第何期　当期の事業年度　翌事業年度の末日

㈱TW　31　×21年4月1日～×22年3月31日　→　×23年3月31日　関＝南社

ドル＝120円

C　310,000＋1,000＋29－50,000－47,000＋47,000　＝　261,029

受手　621,000－19,000－50,000－35,000　＝　517,000

売×　2,861,000＋2,000－20,000　＝　2,843,000

9 棚卸資産

棚卸資産の中でも簡単なパターンの出題である。確実に得点していく。

問題文から期末実地棚卸高の金額がB/S金額となるのでそのままそれぞれ転記した。また帳簿棚卸高と実地棚卸高の差額である減耗損は問題文の指示により製品については販売費及び一般管理費に、材料については製造経費に表示する。また、残高試算表の材料、仕掛品については問題文に前期末残高とあるので製造原価報告書の所定の箇所に転記した。

10 その他の事項

残高試算表の給料手当を問題文の指示に従って労務費と販売費及び一般管理費に配賦する。このような配賦計算については問題文の空白部分を使用した。

残高試算表に残っている科目の集計、転記をした。

3 集計表の作成

残高試算表の空白スペースは限られている。そこで集計が多い「現金預金」「受取手形」「売掛金」については集計表（計算用紙：38ページ参照）を作成した。総合問題に慣れないうちはこのような集計表の作成をお勧めする。

集計表には「会社名」「期」「当期の事業年度」、そして一番大切な「翌事業年度の末日」（1年基準で必ず使用）、残高試算表の「現金預金」「受取手形」「売掛金」の科目、金額を転記した。

また、関係会社に該当する社名を転記するため有価証券の資料を最初に確認し、CRも併せて転記した。

11 計算用紙

C＝現金預金、受手＝受取手形、売×＝売掛金

なお、いったん逆仕訳を切って正しい仕訳を切っているので今回は－47,000＋47,000と集計した。

基本問題 2

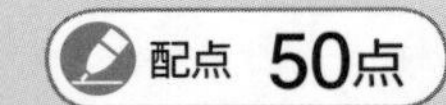

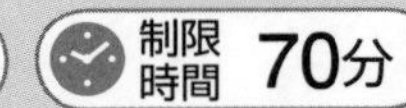

【資料１】及び【資料２】に基づき、次の各問に答えなさい。

問１　株式会社ＡＡ商事（以下「当社」という）の第16期（自×18年４月１日　至×19年３月31日）における貸借対照表及び損益計算書を会社計算規則に準拠して作成しなさい。

問２　会社計算規則に基づく貸借対照表等に関する注記及び損益計算書に関する注記を答案用紙の所定の箇所に記載しなさい。

解答上の留意事項

イ　消費税及び地方消費税（以下「消費税等」という）の会計処理は税抜方式で処理され、すべて完了しているものとし、決算整理事項の処理においても消費税等について考慮する必要はないものとする。

ロ　会計処理及び表示方法については、特に指示がない限り原則的な方法によることとし、金額の重要性は考慮しないものとする。

ハ　計算の過程で生じた千円未満の端数は切り捨てるものとする。

ニ　日数の計算は、すべて月割計算で行うものとする。

ホ　損益計算書については、売上原価の内訳・販売費及び一般管理費の明細を示す方法によることとする。

ヘ　関係会社に対する金銭債権は科目別注記方式によるものとする。

ト　当社は、研究開発に係る支出については「研究開発費等に係る会計基準」に準拠して処理している。

チ　「会計上の変更及び誤謬の訂正に関する会計基準」に規定する、過去の誤謬は生じていないものとする。

【資料1】残高試算表

残高試算表

(単位：千円)

勘定科目	金額	勘定科目	金額
現金及び預金	344,000	支払手形	656,000
受取手形	848,000	買掛金	450,000
売掛金	624,000	借入金	497,600
有価証券	340,000	未払金	40,000
商品	495,000	仮受金	179,500
貸付金	200,000	仮受消費税等	114,000
仮払金	21,456	賞与引当金	112,000
仮払消費税等	86,000	社債	356,800
繰延税金資産	269,600	減価償却累計額	612,970
建物	1,550,000	退職給付引当金	540,000
車両	100,000	資本金	2,400,000
備品	250,000	資本準備金	450,000
建設仮勘定	15,000	その他資本剰余金	200,000
土地	3,598,950	利益準備金	140,000
商標権	10,200	役員退職慰労積立金	300,000
仕入高	4,009,200	別途積立金	951,456
減価償却費	118,200	繰越利益剰余金	91,360
租税公課	230,000	売上高	7,072,000
通信費	24,000	仕入割戻	9,200
賞与引当金繰入額	112,000	受取利息	34,320
退職給付費用	44,000	有価証券利息	29,000
その他販売管理費	1,657,000	受取配当金	155,600
支払利息	24,000	雑収入	468,400
社債利息	8,000	投資有価証券売却益	10,000
雑損失	891,600		
合計	15,870,206	合計	15,870,206

【資料２】決算整理の未済事項

１　期末に金庫を実査した結果、以下のものを発見した。

郵便切手（期中に購入し、通信費として処理している）	500千円
掛代金の回収として受け取った他社振出の当座小切手（未処理）	600千円
利払日が×19年１月31日であるＣＣ社社債の利札（未処理）	400千円
仕入先に対する商品代金の未払額につき、×19年３月29日に振り出した小切手（当座借越が生じている口座に係るものではない）	2,800千円

２　預金の内訳は、次のとおりである。

種　類	金　　額	備　　　　考
当座預金	42,000千円	ＸＸ銀行の残高48,000千円とＹＹ銀行の残高△6,000千円との合計額である。なお、当社はＹＹ銀行と当座借越契約を結んでいる。
定期預金	120,000千円	×18年３月１日預入、×20年３月31日満期の定期預金である。なお、この預金はＹＹ銀行との当座借越契約に基づき、担保として提供しているものである。
積立預金	38,000千円	×17年９月末日より毎月末日に2,000千円（満額72,000千円）を積み立てているものである。

３　受取手形のうちには、以下のものが含まれている。

⑴　ＦＦ社に対する受取手形のうち額面金額20,000千円は、×19年３月25日にＺＺ銀行で割引に付している（決済期日：×19年４月15日）。当社は当該手形の割引に際して、入金額19,500千円を仮受金として処理しているのみである。なお、当該手形の割引による保証債務の時価相当額が400千円と評価されたため、手形売却損に含めて処理する。

⑵　ＢＢ社に対する受取手形が150,000千円ある。

⑶　ＧＧ社に係るもの4,000千円（決済期日：×19年３月15日）については、当社の当座預金にいまだ入金されていない。なお、同社に償還請求をした際に諸費用200千円がかかったが、当社は支払額を仮払金として処理している。当該債権の回収には長期間を要する見込みである。

4　売掛金のうち24,000千円はＨＨ社に対するものである。同社は、×19年１月16日に民事再生法の規定による再生手続開始の申立てを行っており、当該売掛金の回収には長期間を要する見込みである。

5　有価証券の内訳は、次のとおりである。

銘柄等	金額	保有目的	備考
ＢＢ社株式	178,000千円	支配	当社はＢＢ社の議決権の65％を所有している。
ＣＣ社社債	90,000千円	その他	償還期日は×20年７月31日である。
ＤＤ組合に対する出資	57,000千円	その他	――
ＥＥ社社債	15,000千円	売買	償還期日は×21年７月31日である。

なお、保有目的の「その他」とは、売買目的、満期保有目的及び支配目的等以外のものをいう。

6　期末商品に関する資料は、次のとおりである。

種類	帳簿棚卸数量	原価	実地棚卸数量	正味売却価額
商品	1,300千個	@ 450円	1,150千個	@ 420円

（注１）商品の帳簿棚卸数量と実地棚卸数量の差は、得意先に見本品を提供したことにより生じたものである。なお、当社は本件につき一切の会計処理を行っていない。

（注２）たな卸資産は、先入先出法による原価法（収益性の低下による簿価切下げの方法）により評価している。

7　有形固定資産に関する事項

有形固定資産に関する減価償却費の計算は、以下のものを除き終了している。

区分	取得原価	残存価額	耐用年数	償却方法	備考
Ａ車両	10,000千円	取得原価の10％	10年	定額法	（注１）
Ｂ備品	50,000千円	取得原価の10％	５年	定額法	（注２）
Ｃ備品	各自推定	0	５年	定額法	（注３）
建設仮勘定	15,000千円	0	――	――	（注４）
Ｄ土地	270,000千円	0	――	――	（注５）

（注１）Ａ車両（期首減価償却累計額7,875千円）を、×18年７月31日に1,000千円で下取りに出し、新車両12,000千円を取得した。新車両は翌月から営業の用に供している。これについて、当社は支出額（新車両の購入価額と下取価額との差額）を仮払金として処理しているのみである。なお、新車両の残存価額は取得原価の10％とする。

（注２）Ｂ備品（期首減価償却累計額36,000千円）については、×18年11月30日をもって使用を中止し除却した。なお、当該資産の見積処分価額は5,000千円である。

（注３）Ｃ備品は当期首からリース契約（リース物件の所有権が借主に移転すると認められるもの以外のファイナンス・リース取引に該当）により使用しているものである。

当社は、リース料支払時に支払額を仮払金として計上しているのみである。なお、減価償却については、残存価額０、耐用年数５年の定額法により行うこととする。

〈リース契約の内容〉

① リース期間は５年（中途解約不可）

② 毎年のリース料：9,756千円（一年分後払い）

③ リース料内訳表

年度	支払リース料	利息部分	リース債務減少分	リース債務残高
1	9,756千円	2,800千円	6,956千円	33,044千円
2	9,756千円	2,312千円	7,444千円	25,600千円
3	9,756千円	1,792千円	7,964千円	17,636千円
4	9,756千円	1,236千円	8,520千円	9,116千円
5	9,756千円	640千円	9,116千円	0千円

（注４）建設仮勘定は全額当期の３月に完成し、翌月より事業の用に供している建物に係る前渡額を計上したものである。

なお、当該建物に係る不動産取得税200千円及び借入金の利息300千円（当期負担分)を当期の３月中に支払っているが、仮払金として処理しているのみである。また、当該建物の残存価額は取得原価の10％であり、耐用年数35年に基づく定額法により減価償却する。

（注５）Ｄ土地は当期首に事務所用建物を建設するために東逗子社より賃借したものであり、支払った権利金相当額270,000千円を土地として処理しているため、借地権として計上することとする。

8 商標権は×16年10月15日に取得したものであり、定額法に基づき10年で償却を行っている。

9 貸付金の内訳は、以下のとおりである。

(1) ＦＦ社に対する貸付金58,000千円は×18年９月１日に貸し付けたものであり、×21年８月31日まで毎月末均等分割返済を受けているものである。

(2) ＢＢ社に対する貸付金104,000千円は×16年４月１日に貸し付け、×21年３月31日に一括返済を受けるものであり、毎年３月末日に貸付金額に対して年２％の利息を受け取っている。なお、利息については適正に処理済みである。

(3) 当社の取締役に対する貸付金38,000千円は翌々期以降に返済期日が到来するものである。

10　期中において、以下の条件で社債を発行している。

〈社債の発行条件〉

(1)　発行日　　　×18年4月1日

(2)　社債金額　　400,000千円

(3)　発行価額　　356,800千円

(4)　償還期限　　5年

(5)　クーポン利子率　　年2％

(6)　利払日　　毎年3月末日

(7)　社債金額と発行価額の差額については、定額法による償却原価法を適用する。

11　借入金の内訳は、次のとおりである。

借入先	金額	借入日	返済日	備考
甲銀行	360,000千円	×17年2月1日	×22年1月31日	一括返済
乙銀行	37,600千円	×18年8月1日	×20年1月31日	一括返済
丙銀行	100,000千円	×16年5月1日	×21年4月30日	毎月末均等分割返済

12　貸倒引当金については、一般債権、貸倒懸念債権及び破産更生債権等に区分して計上する。

(1)　一般債権は過去の貸倒実績率に基づき算定することとし、下記(2)及び(3)以外の受取手形、売掛金及び貸付金の期末残高の2％を計上する。

(2)　貸倒懸念債権は上記3(3)のＧＧ社に係る債権について、財務内容評価法により、同社の親会社から取り付けた保証による回収見込額2,400千円を控除した残額に対して50％を計上する。

(3)　破産更生債権等は上記4のＨＨ社に対する売掛金について、財務内容評価法により、債権総額の全額を計上する。

13　期中において、新たに株主となる者から現金の払込を受けており、払込額を仮受金に計上している。なお、株式の発行要領は以下のとおりである。

〈発行要領〉

(1)　株主となる者から払い込まれた額　　160,000千円

(2)　資本組入額　　会社法に規定する最低限度額

(3)　申込期日　　×19年3月25日

(4)　払込期日　　×19年4月15日

14　売上高のうちには、ＢＢ社に対するものが1,850,000千円含まれている。

15　租税公課のうちには、次の税金納付額が含まれている。

⑴　中間申告法人税及び住民税額　118,000千円

⑵　中間申告事業税額　21,000千円

上記⑵の金額には、外形基準に基づくものが5,250千円含まれている。

⑶　固定資産税　24,000千円

⑷　利息及び配当金から源泉徴収された源泉税　10,000千円

16　当期の負担に属する税額（中間納付税額及び源泉徴収税額控除前）は、法人税及び住民税額が202,000千円であり、事業税額は52,000千円である。なお、当該事業税額には、外形基準に基づくものが13,000千円含まれている。

17　当期末の一時差異は次のとおりである。なお、「税効果会計に係る会計基準」を適用し、法定実効税率は40％として計算するものとする。

⑴　将来減算一時差異　765,000千円（前期末残高　674,000千円）

⑵　繰延税金資産の回収可能性に問題はないものとする。

18　期中において、その他資本剰余金を財源に150,000千円の配当を行っているが、支払額を雑損失に計上しているのみである。また、準備金の積立ても未済である。なお、効力発生日における資本金、準備金の額は残高試算表と同額とする。

19　その他販売管理費のうちには、新製品の研究開発のために支出したもの80,000千円が含まれている。

チェック表

チェック項目	1回目	2回目	3回目
手順1　答案用紙のチェックをした			
手順2			
(1)　解答上の留意事項はしっかり読んだ			
(2)　個別問題の有無をチェックした			
(3)　残高試算表のチェックをした			
手順3			
(1)　問題文の大事なところにマーキングなどした			
(2)　問題の取捨選択は正確にできた			
(3)　仕訳は正確にできた			
(4)　集計は正確にできた			
(5)　表示			
①　簿記の科目と迷わなかった			
②　表示区分で迷わなかった			
③　科目の順番について迷わなかった			
手順4　自分の解答を整えた			

メモ

解　答

※■内の数字は配点を示す。

問１

貸　借　対　照　表

株式会社ＡＡ商事　　　　×19年３月31日　　　　（単位：千円）

科　　　目	金　　額	科　　　目	金　　額
資　産　の　部		負　債　の　部	
Ⅰ　流　動　資　産	（　2,237,752）	Ⅰ　流　動　負　債	（　1,493,244）
現金及び預金	1　315,800	支　払　手　形	656,000
受　取　手　形	1　824,000	買　掛　金	452,800
売　掛　金	1　599,400	短期借入金	1　43,600
有　価　証　券	1　15,000	１年以内返済長期借入金	1　48,000
商　　　品	1　483,000	**リ ー ス 債 務**	7,444
貯　蔵　品	1　500	未　払　金	40,000
除却固定資産	1　5,000	**未払法人税等**	1　105,000
短期貸付金	24,000	**未払消費税等**	1　28,000
貸倒引当金	△ 28,948	賞与引当金	112,000
Ⅱ　固　定　資　産	（　5,782,115）	**保　証　債　務**	1　400
１　有形固定資産	（　4,658,335）	Ⅱ　固　定　負　債	（　1,343,040）
建　　　物	1,565,200	社　　　債	1　365,440
車　　　両	102,000	**長期借入金**	412,000
備　　　品	1　200,000	**長期リース債務**	1　25,600
リ ー ス 資 産	1　40,000	退職給付引当金	540,000
減価償却累計額	1　△ 577,815	負債の部合計	2,836,284
土　　　地	3,328,950	純 資 産 の 部	
２　無形固定資産	（　279,000）	Ⅰ　株　主　資　本	（　5,183,583）
商　標　権	1　9,000	１　資　本　金	2,400,000
借　地　権	270,000	２　**新株式申込証拠金**	1　160,000
３　投資その他の資産	（　844,780）	３　資本剰余金	（　500,000）
投資有価証券	1　90,000	(1)　資本準備金	1　460,000

関係会社株式	1	178,000	(2) その他資本剰余金	40,000
出　資　金	1	57,000	4 利益剰余金	(2,123,583)
長期預金	1	38,000	(1) 利益準備金	140,000
長期貸付金	1	176,000	(2) その他利益剰余金	(1,983,583)
不渡手形	1	4,200	役員退職慰労積立金	300,000
破産更生債権等	1	24,000	別途積立金	951,456
繰延税金資産	1	306,000	繰越利益剰余金	732,127
貸倒引当金	1	△28,420	純資産の部合計	5,183,583
資産の部合計		8,019,867	負債及び純資産の部合計	8,019,867

損益計算書

株式会社
ＡＡ商事

自×18年４月１日
至×19年３月31日

(単位：千円)

摘要	金	額
Ⅰ　売上高		7,072,000
Ⅱ　売上原価		
期首商品たな卸高	495,000	
当期商品仕入高	**4,000,000**	
合計	**4,495,000**	
見本品費振替高	1　**67,500**	
期末商品たな卸高	1　**517,500**	
差引	**3,910,000**	
商品評価損	1　**34,500**	**3,944,500**
売上総利益		**3,127,500**
Ⅲ　販売費及び一般管理費		
租税公課	1　**94,000**	
見本品費	**67,500**	
減価償却費	1　**133,220**	
商標権償却	**1,200**	
通信費	**23,500**	
研究開発費	1　**80,000**	
貸倒引当金繰入額	1　**53,368**	
賞与引当金繰入額	112,000	
退職給付費用	44,000	
その他販売管理費	**1,577,000**	**2,185,788**
営業利益		**941,712**
Ⅳ　営業外収益		
受取利息	34,320	
有価証券利息	1　**29,400**	
受取配当金	155,600	

雑　収　入	468,400	687,720
Ⅴ 営業外費用		
支　払　利　息	1　27,100	
社　債　利　息	1　16,640	
貸倒引当金繰入額	1　4,000	
手　形　売　却　損	1　900	
雑　損　失	741,600	790,240
経　常　利　益		839,192
Ⅵ 特　別　利　益		
投資有価証券売却益	10,000	10,000
Ⅶ 特　別　損　失		
固定資産売却損	1　825	
固定資産除却損	1　3,000	3,825
税引前当期純利益		845,367
法人税、住民税及び事業税	1　241,000	
法人税等調整額	1　△ 36,400	204,600
当　期　純　利　益		640,767

問2

〈貸借対照表等に関する注記〉

①　**現金及び預金のうち120,000千円を当座借越契約の担保に供している。**	1
②　**受取手形割引高　20,000千円**	1
③　**関係会社に対する金銭債権は、次のとおりである。**	1
受取手形　150,000千円　　長期貸付金　104,000千円	
④　**取締役に対する金銭債権が38,000千円ある。**	1

〈損益計算書に関する注記〉

関係会社との営業取引高（売上高）が1,850,000千円、営業取引以外の取引高（利息受取高）	
が2,080千円ある。	1

【配　点】 1 ×50カ所　　合計50点

解答への道

（仕訳の単位：千円）

1　金庫の実査

(1)　郵便切手の未使用分

（貯　蔵　品）＊	500	（通　信　費）	500

＊　郵便切手の未使用分は現金としては取り扱わず、貯蔵品として処理する。

(2)　他人振出の当座小切手

（現金及び預金）＊	600	（売　掛　金）	600

＊　他人振出の当座小切手は会計上現金として取り扱う。

(3)　期限の到来した社債の利札

（現金及び預金）＊	400	（有価証券利息）	400

＊　期限の到来した公社債の利札は会計上現金として取り扱う。

(4)　未渡小切手

（現金及び預金）＊	2,800	（買　掛　金）	2,800

＊　振り出した小切手が金庫の中にあるため未渡小切手に該当する。

2　預　金

(1)　当座預金

（現金及び預金）	6,000	（短期借入金）＊	6,000

＊　本問は当座預金と当座借越を相殺して処理（一勘定法）しているが、表示は一勘定法、二勘定法問わず、各銀行の預金残高ごとに以下のように考えていくことに留意する。

プラスの預金残高…現金及び預金として表示

マイナスの預金残高…短期借入金として表示

(2)　定期預金

仕訳なし＊

＊　当該預金は、×20年３月31日満期であることから、当期末の翌日から１年以内に満期日を迎える。よって、１年基準により、流動資産に現金及び預金として表示することになるため、処理不要である。

注記　担保提供資産につき、貸借対照表等に関する注記が必要である。

(3)　積立預金

（長　期　預　金）＊	38,000	（現金及び預金）	38,000

＊

	×19年３月31日 当期末	×20年３月31日 翌期末	×20年８月31日 満期日
積立額	38,000千円	62,000千円	72,000千円
積立回数	(19回)	(31回)	(36回)

期末現在の積立預金の金額が38,000千円ということは、当期末までに19回（＝38,000千円÷2,000千円／月）積み立てたことになる。したがって、あと17回（＝36回－19回）積み立てないと満期を迎えないため、満期日は貸借対照表日の翌日（翌期首）から１年を超えて到来することとなり、１年基準により、固定項目として扱うこととなる。

3　受取手形

(1)　ＦＦ社に対する受取手形

①　会社の行った仕訳

借方	金額	貸方	金額
(現金及び預金)	19,500	(仮受金)	19,500

②　本来行うべき仕訳

借方	金額	貸方	金額
(現金及び預金)	19,500	(受取手形)	20,000
(手形売却損)	500		
(手形売却損)	400	(保証債務)	400

③　修正仕訳

借方	金額	貸方	金額
(仮受金)	19,500	(受取手形)	20,000
(手形売却損)	500		
(手形売却損)	400	(保証債務)	400

注記　手形遡求義務につき、貸借対照表等に関する注記が必要である。

(2)　ＢＢ社に対する受取手形

仕訳なし＊

＊　【資料２】５の有価証券の資料よりＢＢ社は当社の子会社に該当することがわかる。子会社に対する債権の表示には３つの方法があるが、本問では科目別注記法による旨の指示に従うことになる。

注記　関係会社に対する金銭債権につき科目別注記法により表示するため、貸借対照表等に関する注記が必要である。

(3)　ＧＧ社に対する受取手形

借方	金額	貸方	金額
(不渡手形)＊ 〈投資その他の資産〉	4,200	(受取手形)	4,000
		(仮払金)	200

＊　ＧＧ社に対する受取手形は、手形期日に手形金額の支払いが履行されていないため、通知費用等の諸費用と合わせて不渡手形として処理する。なお、当該不渡手形は問題文に「当該債権の回収には長期間を要する見込みである」という指示があることから、投資その他の資産に不渡手形として表示することとなる。

4　売掛金

借方	金額	貸方	金額
(破産更生債権等)＊ 〈投資その他の資産〉	24,000	(売掛金)	24,000

＊　問題文の「民事再生法の規定による再生手続開始の申立て」という文言から、破産更生債権等に該当すると判断できる。なお、問題文に「当該売掛金の回収には長期間を要する見込みである」という指示があることから、投資その他の資産に破産更生債権等として表示することとなる。

5　有価証券

(1)　ＢＢ社株式（子会社株式）

借方	金額	貸方	金額
(関係会社株式)＊ 〈投資その他の資産〉	178,000	(有価証券)	178,000

＊　当社はＢＢ社の議決権の50％超（65％）を所有するため、ＢＢ社は当社の子会社に該当する。子会社が発行した株式は、貸借対照表上「関係会社株式」として表示する。

(2)　ＣＣ社社債（その他有価証券）

借方	金額	貸方	金額
(投資有価証券)＊	90,000	(有価証券)	90,000

＊　ＣＣ社社債は売買目的で保有するものではなく、かつ、償還期日が一年を超えて到来することから、投資その他の資産に投資有価証券として表示することとなる。

(3)　ＤＤ組合に対する出資

借方	金額	貸方	金額
(出資金)	57,000	(有価証券)	57,000

(4)　ＥＥ社社債（売買目的有価証券）

借方	金額	貸方	金額
(有価証券)＊ 〈流動資産〉	15,000	(有価証券) 〈試算表〉	15,000

＊　ＥＥ社社債は売買目的で保有するものであるから、流動資産に有価証券として表示する。なお、売買目的で保有する社債は償還期日を考慮しないことに留意する。

6　棚卸資産

借方	金額	貸方	金額
(期首商品たな卸高)	495,000	(商品)	495,000
(当期商品仕入高)	4,000,000	(仕入高)	4,009,200
(仕入割戻)	9,200		
(見本品費)＊	67,500	(見本品費振替高)	67,500
(商品)＊	483,000	(期末商品たな卸高)＊	517,500
(商品評価損)＊ 〈売上原価〉	34,500		

＊

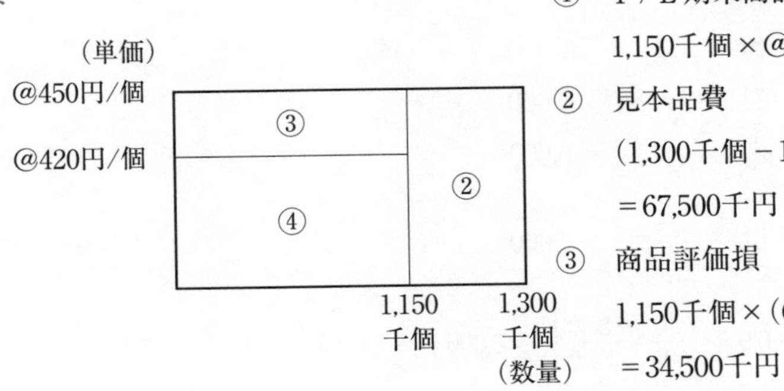

① P/L期末商品たな卸高

1,150千個×@450円＝517,500千円

② 見本品費

(1,300千個－1,150千個)×@450円

＝67,500千円〈販売費及び一般管理費〉

③ 商品評価損

1,150千個×(@450円－@420円)

＝34,500千円

④ B/S商品

517,500千円－34,500千円(③)＝483,000千円

7 有形固定資産

(1) A車両

① 車両の買換え

借方	金額	貸方	金額
(減価償却累計額)	7,875	(車両)	10,000
(減価償却費)＊1	300	(仮払金)	11,000
(車両)	12,000		
(固定資産売却損)＊2 〈特別損失〉	825		

＊1 $10{,}000\text{千円}\times 0.9\times\dfrac{1\text{年}}{10\text{年}}\times\dfrac{4\text{カ月}}{12\text{カ月}}=300\text{千円}$

＊2 貸借差額

※ 上記の仕訳を旧車両の売却取引と新車両の購入取引とに分けて考えると次のようになる。

イ 旧車両の売却

借方	金額	貸方	金額
(減価償却累計額)	7,875	(車両)	10,000
(減価償却費)	300		
(現金及び預金)	1,000		
(固定資産売却損)	825		

ロ 新車両の購入

借方	金額	貸方	金額
(車両)	12,000	(現金及び預金)	1,000
		(仮払金)	11,000

② 新車両の減価償却

借方	金額	貸方	金額
(減価償却費)＊	720	(減価償却累計額)	720

＊ $12{,}000\text{千円}\times 0.9\times\dfrac{1\text{年}}{10\text{年}}\times\dfrac{8\text{カ月}}{12\text{カ月}}=720\text{千円}$

(2) B備品

借方	金額	貸方	金額
(減価償却累計額)	36,000	(備品)	50,000
(減価償却費)＊1	6,000		
(除却固定資産) 〈流動資産〉	5,000		
(固定資産除却損)＊2 〈特別損失〉	3,000		

＊1　$50{,}000\text{千円} \times 0.9 \times \dfrac{1\text{年}}{5\text{年}} \times \dfrac{8\text{カ月}}{12\text{カ月}} = 6{,}000\text{千円}$

＊2　貸借差額

(3) C備品

① 資産計上

借方	金額	貸方	金額
(リース資産)＊	40,000	(リース債務)	40,000

＊　$\underbrace{9{,}756\text{千円} \times 5\text{年}}_{\text{リース料総額}} - \underbrace{(2{,}800\text{千円} + 2{,}312\text{千円} + 1{,}792\text{千円} + 1{,}236\text{千円} + 640\text{千円})}_{\text{利息相当額}} = 40{,}000\text{千円}$

② リース料支払時

借方	金額	貸方	金額
(リース債務)＊	6,956	(仮払金)	9,756
(支払利息)＊	2,800		

＊　リース料内訳表の第1年度から読み取る。

③ 減価償却等

借方	金額	貸方	金額
(減価償却費)＊1	8,000	(減価償却累計額)	8,000
(リース債務)	25,600	(長期リース債務)＊2	25,600

＊1　$40{,}000\text{千円} \times \dfrac{12\text{カ月}}{5\text{年} \times 12\text{カ月}} = 8{,}000\text{千円}$

＊2　リース料内訳表の第2年度のリース債務残高から読み取る。

(4) 建設仮勘定

借方	金額	貸方	金額
(建物)＊	15,200	(建設仮勘定)	15,000
(支払利息)＊	300	(仮払金)	500

＊　不動産取得税は建物の取得に伴う税金であることから、建物の取得原価に算入する。
借入金利息は取得原価に算入せず、「支払利息」(期間費用) として処理する。

※　事業の用に供しているのは、翌月であるため、当期は減価償却を行わない。

(5) D土地

借方	金額	貸方	金額
(借地権)	270,000	(土地)	270,000

8　商標権

（商　標　権　償　却）＊　　1,200　（商　　標　　権）　1,200

＊　$10{,}200\text{千円} \times \dfrac{12\text{カ月}}{10\text{年} \times 12\text{カ月} - 18\text{カ月}} = 1{,}200\text{千円}$

9　貸付金

(1)　ＦＦ社に対する貸付金

（短　期　貸　付　金）＊１　24,000　（貸　　付　　金）　58,000
（長　期　貸　付　金）＊２　34,000

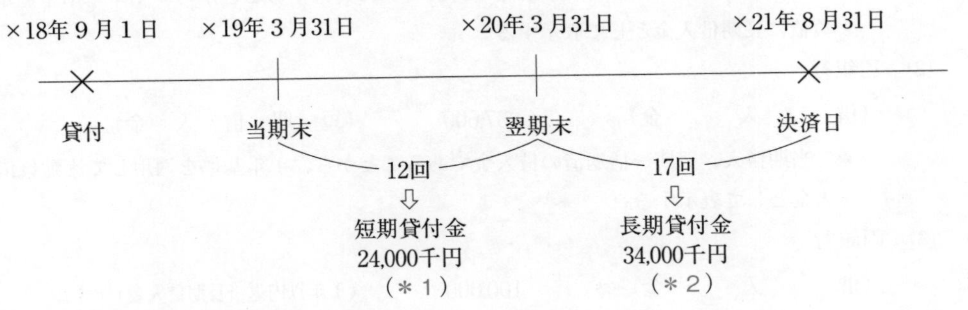

＊１　$58{,}000\text{千円} \times \dfrac{12\text{カ月}}{29\text{カ月}} = 24{,}000\text{千円}$

＊２　$58{,}000\text{千円} \times \dfrac{29\text{カ月} - 12\text{カ月}}{29\text{カ月}} = 34{,}000\text{千円}$

(2)　ＢＢ社に対する貸付金

（長　期　貸　付　金）＊　　104,000　（貸　　付　　金）　104,000

＊　返済期日が翌々期以降（×21年３月31日）に到来することから、１年基準を適用して投資その他の資産に長期貸付金として表示する。

＊　【資料２】５の有価証券の資料よりＢＢ社は当社の子会社に該当することがわかる。子会社に対する債権の表示には３つの方法があるが、本問では科目別注記法による旨の指示に従うことになる。

注記　関係会社に対する金銭債権につき科目別注記法により表示するため、貸借対照表等に関する注記が必要である。

注記　関係会社との営業取引以外の取引高（利息受取高）につき、損益計算書に関する注記が必要である。利息受取高：104,000千円×２％＝2,080千円

(3)　取締役に対する貸付金

（長　期　貸　付　金）＊　　38,000　（貸　　付　　金）　38,000

＊　返済期日が翌々期以降に到来することから、１年基準を適用して投資その他の資産に長期貸付金として表示する。

注記　取締役に対する金銭債権につき、貸借対照表等に関する注記が必要である。

10 社 債

(社 債 利 息)＊ 〈営 業 外 費 用〉	8,640	(社 債)	8,640

＊ $\underbrace{(400{,}000\text{千円}}_{\text{社債金額}} - \underbrace{356{,}800\text{千円})}_{\text{発行価額}} \times \dfrac{12\text{カ月}}{5\text{年} \times 12\text{カ月}} = 8{,}640\text{千円}$

11 借入金

(1) 甲銀行

(借 入 金)＊	360,000	(長 期 借 入 金)	360,000

＊ 返済期日が翌々期以降（×22年１月31日）に到来することから、１年基準を適用して固定負債に長期借入金として表示する。

(2) 乙銀行

(借 入 金)＊	37,600	(短 期 借 入 金)	37,600

＊ 当期借入、翌期一括返済の借入金であることから、１年基準を適用して流動負債に短期借入金として表示する。

(3) 丙銀行

(借 入 金)	100,000	(１年以内返済長期借入金)＊1	48,000
		(長 期 借 入 金)＊2	52,000

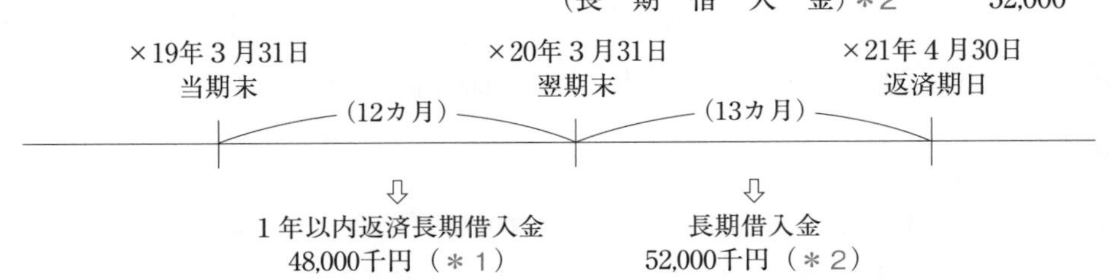

＊１ $100{,}000\text{千円} \times \dfrac{12\text{カ月}}{25\text{カ月}} = 48{,}000\text{千円}$

＊２ $100{,}000\text{千円} \times \dfrac{13\text{カ月}}{25\text{カ月}} = 52{,}000\text{千円}$

12 貸倒引当金

(1) 一般債権

(貸倒引当金繰入額)＊	32,468	(貸 倒 引 当 金)	32,468

＊ 受取手形：$(\underbrace{848{,}000\text{千円}}_{\text{試算表}} - \underbrace{20{,}000\text{千円}}_{\text{割引手形}} - \underbrace{4{,}000\text{千円}}_{\text{不渡手形}}) \times 2\% = 16{,}480\text{千円}$

売掛金：$(\underbrace{624{,}000\text{千円}}_{\text{試算表}} - \underbrace{600\text{千円}}_{\text{小切手回収}} - \underbrace{24{,}000\text{千円}}_{\text{破産更生債権等}}) \times 2\% = 11{,}988\text{千円}$

短期貸付金：$\underbrace{24{,}000\text{千円}}_{\text{ＦＦ社}} \times 2\% = 480\text{千円}$

長期貸付金：$(\underbrace{34{,}000\text{千円}}_{\text{ＦＦ社}} + \underbrace{104{,}000\text{千円}}_{\text{ＢＢ社}} + \underbrace{38{,}000\text{千円}}_{\text{取締役}}) \times 2\% = \underline{3{,}520\text{千円}}$

合 計 $\underline{\underline{32{,}468\text{千円}}}$

(2) 貸倒懸念債権（不渡手形）

（貸倒引当金繰入額）＊	900	（貸倒引当金）	900

＊ (4,200千円－2,400千円)×50％＝900千円

(3) 破産更生債権等

（貸倒引当金繰入額）	24,000	（貸倒引当金）	24,000

(4) 表　示

① 貸倒引当金のB/S表示

イ 流動分：16,480千円（受取手形）＋11,988千円（売掛金）＋480千円（短期貸付金）＝28,948千円

ロ 固定分：3,520千円（長期貸付金）＋900千円（不渡手形）＋24,000千円（破産更生債権等）＝28,420千円

② 貸倒引当金繰入額のP/L表示

イ 販売費及び一般管理費分：16,480千円＋11,988千円（一般債権）＋900千円（貸倒懸念債権）

＋24,000千円（破産更生債権等）＝53,368千円

ロ 営業外費用分：480千円＋3,520千円（一般債権）＝4,000千円

13 新株の発行

（仮受金）	160,000	（新株式申込証拠金）＊	160,000

＊ 払込期日が×19年４月15日であることから、決算日現在では株式は発行されていないため、資本金には組み入れないことに注意すること。本問の場合には、申込期日は経過しているため、純資産の部に「新株式申込証拠金」の科目で表示することとなる。

14 関係会社に対する売上高

注記 関係会社に対する営業取引高（売上高）につき、損益計算書に関する注記が必要である。

15 租税公課

(1) 中間申告法人税及び住民税額

（法人税、住民税及び事業税）	118,000	（租税公課）	118,000

(2) 中間申告事業税額

（法人税、住民税及び事業税）＊	15,750	（租税公課）	15,750

＊ 21,000千円－5,250千円（外形基準分）＝15,750千円

(3) 固定資産税

仕訳なし＊

＊ 固定資産税は租税公課として処理するため、処理不要である。

(4) 源泉税

(法人税、住民税及び事業税) ＊ 10,000 (租税公課) 10,000

＊ 源泉税は法人税の前払いと考えることから、法人税、住民税及び事業税として処理する。

16 未払法人税等

(法人税、住民税及び事業税) ＊3 97,250 (未払法人税等) ＊1 105,000

(租税公課) ＊2 7,750

＊1 (202,000千円＋52,000千円)〔年税額〕－(118,000千円〔中間申告法人税及び住民税額〕＋21,000千円〔中間申告事業税額〕＋10,000千円〔源泉税〕)＝105,000千円

＊2 13,000千円〔外形基準に係る事業税の年税額〕－5,250千円〔外形基準に係る事業税の中間納付額〕＝7,750千円

＊3 105,000千円〔＊1〕－7,750千円〔＊2〕＝97,250千円

17 税効果会計

(1) 前期末計上分

(法人税等調整額) 269,600 (繰延税金資産〈試算表〉) 269,600

(2) 当期末計上分

(繰延税金資産) ＊ 306,000 (法人税等調整額) 306,000

＊ 765,000千円×40％＝306,000千円

(3) 財務諸表表示

① 貸借対照表表示

306,000千円〔上記17(2)〕

② 損益計算書表示(法人税等調整額)

306,000千円〔上記17(2)〕－269,600千円〔上記17(1)〕＝36,400千円(貸方残高)

∴ 法人税、住民税及び事業税から減算

18 剰余金の配当

(1) 本来行うべき仕訳

(その他資本剰余金)	160,000	(現金及び預金)	150,000
		(資本準備金) ＊	10,000

＊① 2,400,000千円×$\frac{1}{4}$－(450,000千円〔資本準備金〕＋140,000千円〔利益準備金〕)＝10,000千円

② 150,000千円〔減少する剰余金の額〕×$\frac{1}{10}$＝15,000千円

③　①　＜　②　　∴　10,000千円

なお、配当原資がその他資本剰余金であるため、積み立てるべき準備金は「資本準備金」となることに留意すること。

(2)　会社が行った仕訳

(雑　　損　　失)	150,000	(現 金 及 び 預 金)	150,000

(3)　期末に行うべき修正仕訳

(その他資本剰余金)	160,000	(雑　　損　　失)	150,000
		(資 本 準 備 金)	10,000

19　研究開発費

(研 究 開 発 費)＊	80,000	(その他販売管理費)	80,000

＊　解答留意事項の指示により、当該支出は全額当期の費用に計上することとなる。

20　消費税等

(仮 受 消 費 税 等)	114,000	(仮 払 消 費 税 等)	86,000
		(未 払 消 費 税 等)	28,000

21　繰越利益剰余金

91,360千円（試算表）＋640,767千円（当期純利益）＝732,127千円

講師の解答方法

基本問題 2

配点 50点　制限時間 70分

【資料１】及び【資料２】に基づき、次の各問に答えなさい。

問１　株式会社ＡＡ商事（以下「当社」という）の第16期（自×18年４月１日　至×19年３月31日）における貸借対照表及び損益計算書を会社計算規則に準拠して作成しなさい。

問２　会社計算規則に基づく貸借対照表等に関する注記及び損益計算書に関する注記を答案用紙の所定の箇所に記載しなさい。

しっかり読まなければならない

解答上の留意事項

イ　消費税及び地方消費税（以下「消費税等」という）の会計処理は税抜方式で処理され、すべて完了しているものとし、決算整理事項の処理においても消費税等について考慮する必要はないものとする。

ロ　会計処理及び表示方法については、特に指示がない限り原則的な方法によることとし、金額の重要性は考慮しないものとする。

ハ　計算の過程で生じた千円未満の端数は切り捨てるものとする。

ニ　日数の計算は、すべて月割計算で行うものとする。

ホ　損益計算書については、売上原価の内訳・販売費及び一般管理費の明細を示す方法によることとする。

ヘ　関係会社に対する金銭債権は科目別注記方式によるものとする。

ト　当社は、研究開発に係る支出については「研究開発費等に係る会計基準」に準拠して処理している。

チ　「会計上の変更及び誤謬の訂正に関する会計基準」に規定する、過去の誤謬は生じていないものとする。

1

40

1 解答要求の把握

解答要求をしっかり把握した。問題文から会社計算規則に基づく「貸借対照表」「損益計算書」「貸借対照表等に関する注記」「損益計算書に関する注記」が要求されていることを確認した。

また解答留意事項では重要な箇所にマーカーやアンダーラインを引く。

本問では、

イ　消費税等の処理はすべて完了している。

ハ　千円未満の端数は切り捨てる。

ホ　売上原価の内訳・販売費及び一般管理費の明細を示すパターンである。

ヘ　関係会社に対する金銭債権は科目別注記方式による。

に、それぞれマーカーを引いた。

T/Bのチェック項目にマーカーを引く

資産－費用
負債－純資産－収益
の境界に線を引くと見やすい

【資料１】残高試算表

残　高　試　算　表　　　　（単位：千円）

	勘定科目	金額	勘定科目	金額	
	現金及び預金	344,000	支払手形	656,000	
	受取手形	848,000	買掛金	450,000	＋2,800
	売掛金	624,000	借入金	497,600	＋6,000
	有価証券	340,000	未払金	40,000	
	商品	495,000	~~仮受金~~	~~179,500~~	△19,500△160,000
	貸付金	200,000	仮受消費税等	114,000	
△9,756△200 △300△11,000△200	~~仮払金~~	~~21,456~~	賞与引当金	112,000	
	仮払消費税等	86,000	社債	356,800	＋8,640
	繰延税金資産	269,600	減価償却累計額	612,970	
	建物	1,550,000	退職給付引当金	540,000	
	車両	100,000	資本金	2,400,000	
	備品	250,000	資本準備金	450,000	＋10,000
	建設仮勘定	15,000	その他資本剰余金	200,000	△160,000
	土地	3,598,950	利益準備金	140,000	
	商標権	10,200	役員退職慰労積立金	300,000	
	仕入高	4,009,200	別途積立金	951,456	
	減価償却費	118,200	繰越利益剰余金	91,360	
＋13,000△10,000△21,000△118,000	租税公課	230,000	売上高	7,072,000	
△500	通信費	24,000	仕入割戻	9,200	
	賞与引当金繰入額	112,000	受取利息	34,320	
	退職給付費用	44,000	有価証券利息	29,000	＋400
△80,000	その他販売管理費	1,657,000	受取配当金	155,600	
＋300＋2,800	支払利息	24,000	雑収入	468,400	
＋8,640	社債利息	8,000	投資有価証券売却益	10,000	
△150,000	雑損失	891,600			
	合計	15,870,206	合計	15,870,206	

基本問題２

2

2 残高試算表のチェック

決算整理の作業に入る前に以下の作業を行った。

(1) 資産・費用の境界線、負債・純資産・収益の境界線に線を引いた。

(2) 残高試算表のチェック（基本問題１解説2参照）をして、該当する科目があれば答案用紙にすぐ転記する。

① 仕入高から仕入割戻を控除 ⇨ 当期商品仕入高4,000,000千円を転記

② 仮受消費税等から仮払消費税等を控除した28,000千円
（符号が＋なので未払消費税等（流動負債）に転記する。）

③ 減価償却費118,200千円

ただし、この後の修正も考えられる。そこで答案用紙の枠の真ん中に金額や科目を書くのではなく、左側（もしくは右側）に寄せて記入した。

3 集計表の作成（→ p.83）

満期日をチェック

注記に波線を引く（B/S）

【資料２】決算整理の未済事項

1　期末に金庫を実査した結果、以下のものを発見した。

郵便切手（期中に購入し、通信費として処理している）	500千円
掛代金の回収として受け取った他社振出の当座小切手（未処理）	600千円
利払日が×19年１月31日であるＣＣ社社債の利札（未処理）	400千円
仕入先に対する商品代金の未払額につき、×19年３月29日に振り出した小切手（当座借越が生じている口座に係るものではない）	2,800千円

4

2　預金の内訳は、次のとおりである。

	種　類	金　額	備　考
C	当座預金	42,000千円	ＸＸ銀行の残高48,000千円とＹＹ銀行の残高△6,000千円との合計額である。なお、当社はＹＹ銀行と当座借越契約を結んでいる。
C	定期預金	120,000千円	×18年３月１日預入、×20年３月31日満期の定期預金である。なお、この預金はＹＹ銀行との当座借越契約に基づき、担保として提供しているものである。
長	積立預金	38,000千円	×17年９月末日より毎月末日に2,000千円（満額72,000千円）を積み立てているものである。　36－19＝17回

$\frac{38,000}{2,000}$＝19回

$\frac{72,000}{2,000}$＝36回

5

3　受取手形のうちには、以下のものが含まれている。

(1)　ＦＦ社に対する受取手形のうち額面金額20,000千円は、×19年３月25日にＺＺ銀行で割引に付している（決済期日：×19年４月15日）。当社は当該手形の割引に際して、入金額19,500千円を仮受金として処理しているのみである。なお、当該手形の割引による保証債務の時価相当額が400千円と評価されたため、手形売却損に含めて処理する。

(2)　ＢＢ社に対する受取手形が150,000千円ある。

(3)　ＧＧ社に係るもの4,000千円（決済期日：×19年３月15日）については、当社の当座預金にいまだ入金されていない。なお、同社に償還請求をした際に諸費用200千円がかかったが、当社は支払額を仮払金として処理している。当該債権の回収には長期間を要する見込みである。

42

4 金庫の実査

❶ 総合問題といっても個別論点の固まりであり、個々の仕訳が切れる必要がある。総合問題を解く際には、平易な問題は頭の中で仕訳を切り、難しい問題は計算用紙に仕訳を切ることが重要と考え解き始めた。

まずは以下のことを意識して仕訳をしっかり切る。

(a) 未処理・誤処理をチェック。

(b) 会社名は関係会社をチェック。

仕訳を切り、残高試算表に通信費など科目のあるものは残高試算表に集計し、残高試算表に貯蔵品など科目のないものは答案用紙に直接転記した。会社名がいくつか出てくるので、関係会社のチェックを行った。

関係会社は「5　有価証券の資料」から把握する。今回は「ＢＢ社」が関係会社であり、計算用紙にメモ書きを残した。なお、今回は関係会社のチェックのみにとどめたがこの段階ですべての有価証券の処理を行ってもよい。

❷ 郵便切手は、在庫分まで通信費として処理しているので残高試算表の通信費からマイナスし、残高試算表に貯蔵品の科目がないので答案用紙に転記した。

❸ 掛代金の回収は集計表の現金及び預金にプラス、売掛金をマイナスした。

❹ 社債の利札は集計表の現金及び預金にプラス、残高試算表の有価証券利息にプラスした。

❺ 商品代金の未払額は集計表の現金及び預金にプラス、商品代金の未払いであるから残高試算表の買掛金にプラスした。

5 預　金

❶ 当座預金にはＹＹ銀行との当座借越残高△6,000千円が合計分に含まれているので、集計表の現金及び預金にプラス、短期借入金6,000千円として計上するため試算表の借入金に加算した。

❷ 定期預金は満期日が×20年３月31日であるから、現金及び預金に該当し、仕訳なしとなった。

なお、この定期預金は担保として提供しているので「貸借対照表等に関する注記」が必要と考えた。その際の主語は「現金及び預金」(表示科目)とし定期預金とはしないことに注意した。またどのタイミングで注記を答案用紙に転記するかはさまざまであるが、忘れないように注記事項が出たらすぐに答案用紙に転記するとよいだろう。

❸ 積立預金は満期日を把握する必要がある。毎月均等積立の場合などは、残りの積立回数を把握するほうが容易なケースもある。今回は残りの積立回数を把握した。本問は全36回の積立で当期末まで19回積立済みであるから残りは17回となる。毎月末積立であるから17回＞12カ月であり、長期預金となる。なお、満期日を計算すると×20年８月31日になる。集計表の現金及び預金からマイナスし、長期預金38,000千円を答案用紙に転記した。

【資料2】決算整理の未済事項

1 期末に金庫を実査した結果、以下のものを発見した。

郵便切手（期中に購入し、通信費として処理している）	500千円
掛代金の回収として受け取った他社振出の当座小切手（未処理）	600千円
利払日が×19年1月31日であるCC社社債の利札（未処理）	400千円
仕入先に対する商品代金の未払額につき、×19年3月29日に振り出した小切手（当座借越が生じている口座に係るものではない）	2,800千円

2 預金の内訳は、次のとおりである。

種　類	金　額	備　考
当座預金	42,000千円	XX銀行の残高48,000千円とYY銀行の残高△6,000千円との合計額である。なお、当社はYY銀行と当座借越契約を結んでいる。
定期預金	120,000千円	×18年3月1日預入、×20年3月31日満期の定期預金である。なお、この預金はYY銀行との当座借越契約に基づき、担保として提供しているものである。
積立預金	38,000千円	×17年9月末日より毎月末日に2,000千円（満額72,000千円）を積み立てているものである。

3 受取手形のうちには、以下のものが含まれている。

(1) FF社に対する受取手形のうち額面金額20,000千円は、×19年3月25日にZZ銀行で割引に付している（決済期日：×19年4月15日）。当社は当該手形の割引に際して、入金額19,500千円を仮受金として処理しているのみである。なお、当該手形の割引による保証債務の時価相当額が400千円と評価されたため、手形売却損に含めて処理する。

(2) BB社に対する受取手形が150,000千円ある。

(3) GG社に係るもの4,000千円（決済期日：×19年3月15日）については、当社の当座預金にいまだ入金されていない。なお、同社に償還請求をした際に諸費用200千円がかかったが、当社は支払額を仮払金として処理している。当該債権の回収には長期間を要する見込みである。

注記に波線を引く（B/S）

6

(誤)→逆　仮受 19,500 / C 19,500
(正)　C 19,500 / 受手 20,000
手売損 500 /
手売損 400 / 保債 400

6 受取手形

❶　ＦＦ社は関係会社ではないことを確認し、手形割引の仕訳を切った。今回は仮受金で処理をしているので修正仕訳が必要と考えた。

ただし、慣れないうちはいきなり修正仕訳を切るのではなく、まずは誤った処理（会社側の処理）の逆仕訳を切るとよいだろう。

そのあと、割引に関する正しい仕訳を切る。

なお以下の点に注意した。貸方の受取手形の金額は額面金額になることと、手形売却損の表示場所は受取手形の割引であろうといわゆる営業外受取手形の割引であろうと営業外費用に表示されることである。

また、決済期日が翌期であるので「貸借対照表等に関する注記」が必要になる（決済が済んでいれば当該注記が不要となることに留意する）。

受取手形は集計が多いと考えたため集計表にて受取手形をマイナス、残高試算表の仮受金19,500千円をマイナス、保証債務400千円・手形売却損900千円を答案用紙に転記した。

❷　ＢＢ社は関係会社に該当するが、本問では解答上の留意事項により「科目別注記法」により表示することになるため、仕訳は不要となる。すぐに「貸借対照表等に関する注記」に転記した。

❸　ＧＧ社に係る受取手形は期日に決済されなかった。これは不渡りを意味し、表示科目が「不渡手形」、問題文に「回収に長期間を要する見込み」とあるので固定資産（投資その他の資産）に表示する。

なお、請求の際の諸費用の加算を忘れないことに注意した。

また、不渡手形を答案用紙に転記する前に必ず貸倒引当金の表示方法を確認した。

なぜなら、貸倒引当金が間接控除である場合に(a)一括では該当する表示区分の一番下の枠、(b)科目別では該当する表示科目のすぐ下の枠を空けておく必要があるからである。

ただし、本問では貸倒引当金が印字済みであることから特に意識する必要はない。

集計表の受取手形4,000千円をマイナス、残高試算表の仮払金200千円をマイナス、不渡手形4,200千円を答案用紙に転記した。

❹　仮払金、仮受金はすべての問題を解き終えれば正しい科目に振り替えられ、通常ゼロになると考えられる。しかし、過去の本試験では貸借対照表上これらの科目が残るケースもある。念のため残高試算表で集計した。

4　売掛金のうち24,000千円はＨＨ社に対するものである。同社は、×19年１月16日に民事再生法の規定による再生手続開始の申立てを行っており、当該売掛金の回収には長期間を要する見込みである。

7

5　有価証券の内訳は、次のとおりである。

「株式」「社債」「その他」に分類しておく

支配、売買をチェック

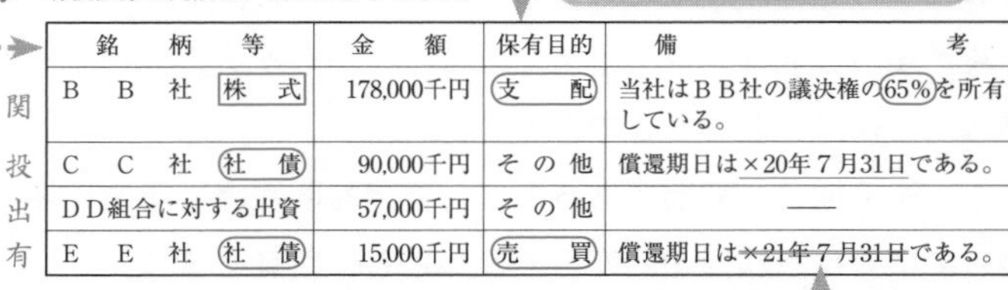

銘　柄　等		金　額	保有目的	備　　考
Ｂ　Ｂ　社	株　式	178,000千円	支　配	当社はＢＢ社の議決権の65%を所有している。
Ｃ　Ｃ　社	社　債	90,000千円	そ の 他	償還期日は×20年７月31日である。
ＤＤ組合に対する出資		57,000千円	そ の 他	――
Ｅ　Ｅ　社	社　債	15,000千円	売　買	償還期日は~~×21年７月31日~~である。

なお、保有目的の「その他」とは、売買目的、満期保有目的及び支配目的等以外のものをいう。

不要な資料は消しておく

8

基本問題２

6　期末商品に関する資料は、次のとおりである。

種　類	帳簿棚卸数量	原　価	実地棚卸数量	正味売却価額
商　品	1,300千個	@ 450円	1,150千個	@ 420円

（注１）商品の帳簿棚卸数量と実地棚卸数量の差は、得意先に見本品を提供したことにより生じたものである。なお、当社は本件につき一切の会計処理を行っていない。

（注２）たな卸資産は、先入先出法による原価法（収益性の低下による簿価切下げの方法）により評価している。

7　有形固定資産に関する事項

有形固定資産に関する減価償却費の計算は、以下のものを除き終了している。

区　分	取得原価	残存価額	耐用年数	償却方法	備　考
Ａ　車　両	10,000千円	取得原価の10%	10年	定 額 法	（注１）
Ｂ　備　品	50,000千円	取得原価の10%	５年	定 額 法	（注２）
Ｃ　備　品	各自推定	0	５年	定 額 法	（注３）
建設仮勘定	15,000千円	0	――	――	（注４）
Ｄ　土　地	270,000千円	0	――	――	（注５）

（注１）Ａ車両（期首減価償却累計額7,875千円）を、×18年７月31日に1,000千円で下取りに出し、新車両12,000千円を取得した。新車両は翌月から営業の用に供している。これについて、当社は支出額（新車両の購入価額と下取価額との差額）を仮払金として処理しているのみである。なお、新車両の残存価額は取得原価の10%とする。

（注２）Ｂ備品（期首減価償却累計額36,000千円）については、×18年11月30日をもって使用を中止し除却した。なお、当該資産の見積処分価額は5,000千円である。

43

7 売掛金

❶　ＨＨ社が民事再生法の再生手続開始の申立てを行ったとあるので、表示科目が「破産更生債権等」、問題文に「回収に長期間を要する見込み」とあるので固定資産（投資その他の資産）に表示した。

答案用紙に転記する際には上記の不渡手形同様に貸倒引当金の表示は意識した。

❷　財務諸表論の計算問題の資料は通常、現金からはじまり受取手形、売掛金と続いていく。売掛金の資料まで終わった段階で現金及び預金、金銭債権の集計を行った。

❸　この段階で残高試算表の金額を修正した科目について、一旦集計して答案用紙に転記した。通信費、買掛金、有価証券利息を答案用紙に転記した。

8 有価証券

有価証券の資料が表形式の場合には、表を利用しながら集計する。

まずは銘柄をみて「株式」「社債」「それ以外」に印をつけた。それぞれ表示科目の決定の仕方が異なるからである。今回は株式に□、社債に○をつけた。

次に保有目的のうち、支配、売買に○をつけた。最後に備考欄の議決権の所有比率に○をつけ、償還日に下線を引いた。

❶　ＢＢ社の議決権を65％所有しているので子会社となり表示科目は「関係会社株式」（固定）となる。

❷　ＣＣ社社債については「売買」ではなく償還期日が１年を超えて到来するので「投資有価証券」（固定）となる。

❸　ＤＤ組合に対する出資は関係会社に関する資料がなく、「出資金」（固定）となる。

❹　ＥＥ社社債は「売買」であるから「有価証券」となる。「売買」とみた瞬間に償還期日を消した。

4　売掛金のうち24,000千円はＨＨ社に対するものである。同社は、×19年１月16日に民事再生法の規定による再生手続開始の申立てを行っており、当該売掛金の回収には長期間を要する見込みである。

5　有価証券の内訳は、次のとおりである。

銘　柄　等	金　額	保有目的	備　考
ＢＢ社株式	178,000千円	支　配	当社はＢＢ社の議決権の65％を所有している。
ＣＣ社社債	90,000千円	その他	償還期日は×20年７月31日である。
ＤＤ組合に対する出資	57,000千円	その他	――
ＥＥ社社債	15,000千円	売　買	償還期日は×21年７月31日である。

なお、保有目的の「その他」とは、売買目的、満期保有目的及び支配目的等以外のものをいう。

不要な資料は消しておく

6　期末商品に関する資料は、次のとおりである。

種　類	帳簿棚卸数量	原　価	実地棚卸数量	正味売却価額
商　品	1,300千個	~~@450円~~	1,150千個	@420円

（注１）商品の帳簿棚卸数量と実地棚卸数量の差は、得意先に見本品を提供したことにより生じたものである。なお、当社は本件につき一切の会計処理を行っていない。

（注２）たな卸資産は、先入先出法による原価法（収益性の低下による簿価切下げの方法）により評価している。

7　有形固定資産に関する事項

有形固定資産に関する減価償却費の計算は、以下のものを除き終了している。

取得原価か帳簿価額かを確認する

区　分	取得原価	残存価額	耐用年数	償却方法	備　考
Ａ車両	10,000千円	取得原価の10％	10年	定額法	（注１）
Ｂ備品	50,000千円	取得原価の10％	５年	定額法	（注２）
Ｃ備品	各自推定	0	５年	定額法	（注３）
建設仮勘定	15,000千円	0	――	――	（注４）
Ｄ土地	270,000千円	0	――	――	（注５）

（注１）Ａ車両（期首減価償却累計額7,875千円）を、×18年７月31日（4カ月）に1,000千円で下取りに出し、新車両12,000千円を取得した。新車両は翌月から営業の用に供している。これについて、当社は支出額（新車両の購入価額と下取価額との差額）を仮払金として処理しているのみである。なお、新車両の残存価額は取得原価の10％とする。

（注２）Ｂ備品（期首減価償却累計額36,000千円）については、×18年11月30日（8カ月）をもって使用を中止し除却した。なお、当該資産の見積処分価額は5,000千円である。

43

9 棚卸資産

答案用紙から内訳を示すことが読み取れるため得点が狙えると考えた。「期末商品たな卸高」は特に指示がなければ、正しい帳簿残高（帳簿を正確につけていた場合の金額）となる。

帳簿と実地の差額は見本品であることを確認した。P/Lの「期末商品たな卸高」には「見本品費振替高」を含まないため控除した。

商品評価損は特に指示がないため売上原価に表示した。

売上原価の内訳を示す場合には、表示科目をどこに表示するのかが一つのポイントになるのでしっかりマスターしてほしい。

なお、集計表（計算用紙：集計表(b)参照）を用いて集計した。

10 有形固定資産

❶ 有形固定資産については、問題文以外の減価償却計算の有無が最初のポイントになる。今回は問題文に「～以下のものを除き終了している。」とあり、残高試算表の金額の意味がわかった。

また、簿記論と違い「減価償却費」とまとめて表示するため、集計表（計算用紙：集計表(c)参照）を使って計算した。「減価償却累計額」の表示も併せて確認した。

なお、売却、除却、廃棄などに必要な金額は直前の帳簿価額になる。まずは直前の帳簿価額を計算することを意識した。期中処理のもの（日付があるもの）については減価償却で必要となるため、月数をメモをしておく。

残存価額については10%とは限らないので印をつける。ただし、本問にはないが定率法では残存価額の資料は使用しないので×をつけておくとよいだろう。

今回は集計表（計算用紙：集計表(c)参照）を用いて集計した。「取得原価」「期首減価償却累計額」「減価償却費」「期末簿価」を集計した。最近の本試験では「直接控除方式」を解答させる問題が多いので普段から「簿価」まで集計することをお勧めする。

減価償却累計額については今回は一括間接控除法であり、「残高試算表の減価償却累計額」612,970千円からＡ車両分7,875千円とＢ備品分36,000千円を減算した。ともに売却、除却という処理をして有形固定資産ではなくなっているからである。その上でＡ車両とＢ備品以外の当期の減価償却費分を加算した（新車両分720千円とリース資産分8,000千円）。

結果、減価償却累計額577,815千円（612,970千円－7,875千円－36,000千円＋720千円＋8,000千円）となった。

（注３）Ｃ備品は当期首からリース契約（リース物件の所有権が借主に移転すると認められるもの以外のファイナンス・リース取引に該当）により使用しているものである。

当社は、リース料支払時に支払額を仮払金として計上しているのみである。なお、減価償却については、残存価額０、耐用年数５年の定額法により行うこととする。

〈リース契約の内容〉

① リース期間は５年（中途解約不可）

② 毎年のリース料：9,756千円（一年分後払い）

③ リース料内訳表

年度	支払リース料	利息部分	リース債務減少分	リース債務残高
1	9,756千円	2,800千円	6,956千円	33,044千円
2	9,756千円	2,312千円	7,444千円	25,600千円
3	9,756千円	1,792千円	7,964千円	17,636千円
4	9,756千円	1,236千円	8,520千円	9,116千円
5	9,756千円	640千円	9,116千円	0千円

翌年度の資料から
リース債務、
長期リース債務を
把握する

（注４）建設仮勘定は全額当期の３月に完成し、翌月より事業の用に供している建物に係る前渡額を計上したものである。

なお、当該建物に係る不動産取得税200千円及び借入金の利息300千円（当期負担分）を当期の３月中に支払っているが、仮払金として処理しているのみである。また、当該建物の残存価額は取得原価の10％であり、耐用年数35年に基づく定額法により減価償却する。

（注５）Ｄ土地は当期首に事務所用建物を建設するために東逗子社より賃借したものであり、支払った権利金相当額270,000千円を土地として処理しているため、借地権として計上することとする。

10（続き）

8 商標権は×16年10月15日に取得したものであり、定額法に基づき10年で償却を行っている。

11

9 貸付金の内訳は、以下のとおりである。

(1) ＦＦ社に対する貸付金58,000千円は×18年９月１日に貸し付けたものであり、×21年８月31日まで毎月末均等分割返済を受けているものである。

(2) ＢＢ社に対する貸付金104,000千円は×16年４月１日に貸し付け、×21年３月31日に一括返済を受けるものであり、毎年３月末日に貸付金額に対して年２％の利息を受け取っている。なお、利息については適正に処理済みである。

(3) 当社の取締役に対する貸付金38,000千円は翌々期以降に返済期日が到来するものである。

注記に波線を
引く（B/S・
P/L）

12

44

10 有形固定資産（続き）

❷ リース資産

リースについては、まずは内訳表から解答を導く。当期の翌年度の資料における元本返済分（リース債務減少分）がリース債務（流動負債）、元本残高（リース債務残高）が長期リース債務（固定負債）となる。今回は○をつけ、すぐに答案用紙に転記した。

また、後払い方式の内訳表では当期の資料の利息部分が支払利息に該当する。○をつけ残高試算表に転記をした。

リース資産40,000千円（リース料総額－利息部分）を答案用紙に転記した。

❸ 建設仮勘定

建設仮勘定については完成・引渡しを受けていることがわかるので、「建物」に振り替えた。取得原価は建設仮勘定の金額に不動産取得税を加算した金額となる。借入金の利息については、残高試算表の支払利息に加算し答案用紙に転記した。

なお減価償却については翌月（来期）からの使用となるので不要である。

❹ 土地のうち270,000千円を借地権に振り替え、答案用紙に転記した。

11 商標権

ポイントは当期まで何カ月分償却が済んでいるかである。本問では×16年10月15日から×18年３月31日（前期末）までの償却（18カ月分）は済んでいる。つまり、残高試算表の数値は前期末の未償却残高となり、あと102カ月（＝120カ月－18カ月）で償却した。

12 貸付金

貸付先が関係会社であるかチェックした。今回はＢＢ社のものが該当する。１年基準により表示科目は長期貸付金となり、科目別注記方式なので「貸借対照表等に関する注記」に転記した。また利息について「損益計算書に関する注記」に転記した。

ＦＦ社に対する分割返済については、指示がない場合には当期分は返済済みになっていることに注意する。つまり残高試算表の数値が当期末の残高になり、翌期に返済される分が短期貸付金、翌々期以降に返済される分が長期貸付金となる。

当社の取締役に対する貸付金は翌々期以降返済であり長期貸付金となる。「貸借対照表等に関する注記」に総額で転記した。

10　期中において、以下の条件で社債を発行している。

〈社債の発行条件〉

(1)　発行日　　×18年4月1日
(2)　社債金額　400,000千円
(3)　発行価額　356,800千円
(4)　償還期限　5年
(5)　クーポン利子率　年2％
(6)　利払日　毎年3月末日
(7)　社債金額と発行価額の差額については、定額法による償却原価法を適用する。

13

基本問題2

金額が「残高」か「当初借入額」かを確認する

借入日＝当期中
返済日＝翌期中をチェック
（完済日）

借入先を確認する

11　借入金の内訳は、次のとおりである。

借入先	金額	借入日	返済日	備考
長　甲銀✓行	360,000千円	×17年2月1日	×22年1月31日	一括返済
短　乙銀✓行	37,600千円	×18年8月1日	×20年1月31日	一括返済
一年 48,000 長 52,000　丙銀✓行	100,000千円	×16年5月1日	×21年4月30日	毎月末均等分割返済

14

12　貸倒引当金については、一般債権、貸倒懸念債権及び破産更生債権等に区分して計上する。

(1)　一般債権は過去の貸倒実績率に基づき算定することとし、下記(2)及び(3)以外の受取手形、売掛金及び貸付金の期末残高の2％を計上する。

(2)　貸倒懸念債権は上記3(3)のGG社に係る債権について、財務内容評価法により、同社の親会社から取り付けた保証による回収見込額2,400千円を控除した残額に対して50％を計上する。

(3)　破産更生債権等は上記4のHH社に対する売掛金について、財務内容評価法により、債権総額の全額を計上する。

13　期中において、新たに株主となる者から現金の払込を受けており、払込額を仮受金に計上している。なお、株式の発行要領は以下のとおりである。

〈発行要領〉

(1)　株主となる者から払い込まれた額　160,000千円
(2)　資本組入額　会社法に規定する最低限度額
(3)　申込期日　×19年3月25日
(4)　払込期日　×19年4月15日

14　売上高のうちには、BB社に対するものが1,850,000千円含まれている。

45

13 社　債

問題文から定額法による償却原価法で処理し、残高試算表に集計、答案用紙に転記した。

また、クーポン利息については問題文に何も指示がないことから適正に処理されていると読み取る。

14 借入金

❶ 借入先が関係会社かチェックした。今回は、関係会社に該当するものはなかった。

❷ 金額が内訳とあるので当期末の残高であることに注意した。

❸ 借入日が当期のものに○、最終返済日が翌期中のものに○をつけた。両者を満たすものだけが「短期借入金」となるからである。今回は乙銀行が該当する。表の左に「短」とメモ書きした。

それ以外のものは返済日だけで考えていく。甲銀行は×22年1月31日に一括返済するので翌々期以降の返済になるので「長期借入金」となり表の左に「長」とメモ書きした。丙銀行は分割返済であり按分計算が必要となる。翌期に返済する48,000千円が「1年以内返済長期借入金」、翌々期以降に返済する52,000千円が「長期借入金」となる。表の左に「一年48,000」、「長52,000」とメモ書きした。

10　期中において、以下の条件で社債を発行している。

〈社債の発行条件〉

(1)　発行日　　×18年4月1日

(2)　社債金額　　400,000千円

(3)　発行価額　　356,800千円

(4)　償還期限　　5年

(5)　クーポン利子率　　年2％

(6)　利払日　　毎年3月末日

(7)　社債金額と発行価額の差額については、定額法による償却原価法を適用する。

11　借入金の内訳は、次のとおりである。

借入先	金額	借入日	返済日	備考
甲銀行	360,000千円	×17年2月1日	×22年1月31日	一括返済
乙銀行	37,600千円	×18年8月1日	×20年1月31日	一括返済
丙銀行	100,000千円	×16年5月1日	×21年4月30日	毎月末均等分割返済

12　貸倒引当金については、一般債権、貸倒懸念債権及び破産更生債権等に区分して計上する。

(1)　一般債権は過去の貸倒実績率に基づき算定することとし、下記(2)及び(3)以外の受取手形、売掛金及び貸付金の期末残高の2％を計上する。

(2)　貸倒懸念債権は上記3(3)のＧＧ社に係る債権について、財務内容評価法により、同社の親会社から取り付けた保証による回収見込額2,400千円を控除した残額に対して50％を計上する。

(3)　破産更生債権等は上記4のＨＨ社に対する売掛金について、財務内容評価法により、債権総額の全額を計上する。

15

13　期中において、新たに株主となる者から現金の払込を受けており、払込額を仮受金に計上している。なお、株式の発行要領は以下のとおりである。

〈発行要領〉

(1)　株主となる者から払い込まれた額　　160,000千円

(2)　資本組入額　　~~会社法に規定する最低限度額~~

(3)　申込期日　　×19年3月25日

(4)　払込期日　　×19年4月15日

16

14　売上高のうちには、ＢＢ社に対するものが1,850,000千円含まれている。

17

注記に波線を引く（P/L）

基本問題2

15 貸倒引当金

本問であれば一番最後にやるべきである。なぜなら正解するためには金銭債権の金額を正解している必要があるからである。

一般債権については貸倒実績率の２％に、貸倒懸念債権については50%、破産更生債権等については全額に○をつけた。

受取手形、売掛金に対する貸倒引当金繰入額は販売費及び一般管理費に、逆に貸付金、営業外受取手形に対するものは営業外費用に表示する。また問題によっては営業外受取手形などに設定しない場合もありうるのでしっかりと問題文を読む必要がある。なお不渡手形、破産更生債権等について指示がない場合は元の債権で考えていく。

本問では不渡手形の元は受取手形、破産更生債権等の元は売掛金である。指示がないことから貸倒引当金繰入額は販売費及び一般管理費に表示する。

残高試算表に貸倒引当金がないことを確認し、集計表（計算用紙：集計表(d)参照）を用いて集計した。

16 新株発行

新株発行のポイントは払込期日の日付において資本金に振り替える点である。

本問では払込期日が翌期であるから「新株式申込証拠金」として資本金のすぐ下に表示した。

なお答案用紙の資本金のすぐ下に枠があることから、この論点の出題を予想した。

17 売上高

ＢＢ社が関係会社であるから、当該売上高を「損益計算書に関する注記」に転記した。

「年税額」か
「未払額」かを
読み取る

15 租税公課のうちには、次の税金納付額が含まれている。

(1) 中間申告法人税及び住民税額　118,000千円

(2) 中間申告事業税額　21,000千円

上記(2)の金額には、外形基準に基づくものが5,250千円含まれている。

(3) 固定資産税　24,000千円

(4) 利息及び配当金から源泉徴収された源泉税　10,000千円

16 当期の負担に属する税額（中間納付税額及び源泉徴収税額控除前）は、法人税及び住民税額が202,000千円であり、事業税額は52,000千円である。なお、当該事業税額には、外形基準に基づくものが13,000千円含まれている。

17 当期末の一時差異は次のとおりである。なお、「税効果会計に係る会計基準」を適用し、法定実効税率は40%として計算するものとする。

(1) 将来減算一時差異　765,000千円（前期末残高　674,000千円）

(2) 繰延税金資産の回収可能性に問題はないものとする。

18 期中において、その他資本剰余金を財源に150,000千円の配当を行っているが、支払額を雑損失に計上しているのみである。また、準備金の積立ても未済である。なお、効力発生日における資本金、準備金の額は残高試算表と同額とする。

19 その他販売管理費のうちには、新製品の研究開発のために支出したもの80,000千円が含まれている。

18

19

20

(誤)→逆　C　150,000 / 雑損　150,000
(正)　そ資剰　160,000 / C　150,000
資・準　10,000

46

18 法人税、住民税及び事業税

租税公課にさまざまなものが含まれているが、ここでは法人税、住民税、事業税に関するものはすべて減算した。

本問では(1)118,000千円、(2)21,000千円、(4)10,000千円を残高試算表の租税公課から減算する。

その上で15、16の資料から集計表（計算用紙：集計表(e)参照）を用いて集計した。

未払法人税等もしくは年税額のどちらかが問題文に与えられるので、どちらの金額が与えられているのかしっかり読み取った。

19 税効果

本問は前期末、当期末残高しかわからないため繰延税金資産（または繰延税金負債）をいったんすべて取り消し、問題文に与えられている差異に税率を乗じて計算する。

前期末の差異674,000千円×40％＝269,600千円が残高試算表の繰延税金資産と同額であることを確認する（同額でない場合は期首の振り戻しが行われていない可能性があり、振り戻しの仕訳を切る必要がある）。そのうえで取消しの仕訳、法人税等調整額269,600／繰延税金資産269,600を切る。その後、当期末の差異に税率40％を乗じた。将来減算一時差異であれば繰延税金資産、将来加算一時差異であれば繰延税金負債が発生する。

20 剰余金の配当

当社は誤処理をしているので、まずは逆仕訳を切り、初めから正しい仕訳を切った。

ケアレスミスが多い人は、最初に準備金の積立てに際して資本金の４分の１の限度額計算をしておくとよいだろう。

〔計算用紙〕

(a) 集計表　解答留意事項及び残高試算表

会社名	第何期	当期の事業年度		翌事業年度の末日	
AA商事	16	×18年4月1日～×19年3月31日	⇨	×20年3月31日	関 ＝ BB
					税率 ＝ 40%

C　344,000＋600＋400＋2,800＋6,000－38,000　＝　315,800
受手　848,000－20,000－4,000　＝　824,000
売×　624,000－600－24,000　＝　599,400

C＝現金及び預金、受手＝受取手形、売×＝売掛金

(b) 棚卸資産<集計表>
＊　@＝単価

	帳簿(修正前)	見本品費振替高	減耗損	評価損	商品(B/S)
商品	1,300 ×@450	150 ×@450	――	1,150 ×@(450－420)	
	585,000	67,500	――	34,500	483,000

P/L表示　期末商品たな卸高　517,500　　　売上原価

正しい帳簿価額
見本品として提供したことは把握しているので、帳簿を正確につけていれば585,000－67,500＝517,500になる。

(c) 有形固定資産<集計表>

当期の月数

	①取	②首減累	③減費	④簿価	
A車両	10,000	7,875	4　300	1,825	↔ 1,000 → 差825（売却損）
B備品 →除却固定資産	50,000	36,000	8　6,000	8,000	↔ 5,000 → 差3,000（除却損）
C備品 →リース資産	40,000		8,000	32,000	
建設仮 →　建　物	15,000 ＋200			15,200	
新車両	12,000		8　720	11,280	
			15,020		

①：取得原価
②：期首減価償却累計額
③：減価償却費
④：帳簿価額（①－②－③）

(d) 貸倒引当金<集計表>

	営　業	営業外	貸引B/S
流　動	受手　824,000×2％ ＝16,480 売×　599,400×2％ ＝11,988	短貸　24,000×2％ ＝480	28,948
固　定	不渡　(4,200−2,400)×50％ ＝900 破　24,000	長貸　176,000×2％ ＝3,520	28,420
貸引繰 P/L	53,368	4,000	

(e) 法・住・事<集計表>

必ず与えられる数値（①②）　どちらかは与えられる数値（③④）

	①源泉税	②中間納付	③未払法人税	④年税額	
法人税・住民税	10,000	118,000	74,000	202,000	法・住・事 P/L 241,000
事業税（所得）	——	21,000 −5,250	23,250	52,000 −13,000	
事業税（外形）	——	5,250	7,750	13,000	租税公課 P/L 13,000

＊①＋②＋③＝④

未払法人税等 105,000

3 集計表の作成

残高試算表の空白スペースは限られている。重要な情報および集計が多い「現金及び預金」「受取手形」「売掛金」については集計表（計算用紙：集計表(a)参照）を作成した。このような集計表の作成を慣れないうちはお勧めする。

集計表に「会社名」「期」「当期の事業年度」、そして一番大切な「翌事業年度の末日」（1年基準で必ず使用）、残高試算表の「現金及び預金」「受取手形」「売掛金」の科目名、金額を転記した。

第2章

応用問題

応用問題 1

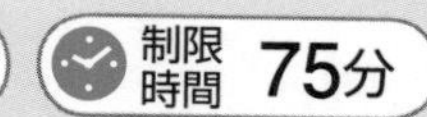

【資料１】から【資料４】に基づき、以下の各問に答えなさい。

1　昭和産業株式会社の第25期（自×19年４月１日　至×20年３月31日）における貸借対照表及び損益計算書を会社法及び会社計算規則に準拠して、答案用紙の所定の箇所に解答を記入し作成しなさい。

2　附属明細書のうち、販売費及び一般管理費の明細を作成しなさい。

3　株主資本等変動計算書を会社法及び会社計算規則に準拠して、答案用紙の所定の箇所に解答を記入し作成しなさい。

4　個別注記表に記載すべき注記事項のうち、⑴貸借対照表等に関する注記、⑵損益計算書に関する注記及び⑶株主資本等変動計算書に関する注記を会社法及び会社計算規則に準拠して、答案用紙の所定の箇所に記入しなさい。

5　【資料４】15に関連して、次の文章中の空欄（①～③）に当てはまる適当な語句を記入しなさい。

「ストック・オプションを付与し、これに応じて企業が従業員等から取得するサービスは、その取得に応じて［ ① ］として計上し、対応する金額を、ストック・オプションの権利の行使又は失効が確定するまでの間、貸借対照表の純資産の部に［ ② ］として計上する。

各会計期間における費用計上額は、ストック・オプションの公正な評価額のうち、対象勤務期間を基礎とする方法その他の合理的な方法に基づき当期に発生したと認められる額である。ストック・オプションの公正な評価額は、［ ③ ］にストック・オプション数を乗じて算定する。」

解答留意事項

イ　消費税及び地方消費税（以下「消費税等」という）の会計処理は税抜方式で処理されているものとし、特に指示のない限り消費税等について考慮する必要はないものとする。

ロ　会計処理及び表示方法については、特に指示のない限り原則的な方法によるものとし、金額の重要性は考慮しないものとする。

ハ　日数の計算は、便宜上すべて月割計算で行うものとする。

ニ　計算の過程で生じた千円未満の端数は切り捨てるものとする。

ホ　関係会社に係る金銭債権、債務の表示は一括注記法によることとする。

へ　×19年３月31日時点における当社の発行済株式数は、普通株式8,000株である。なお、当社では、期末配当の基準日を毎年３月31日と定めている。

ト　たな卸資産の評価につき、収益性の低下の有無に係る判断及び簿価切下げは個別品目ごとに行うこととする。

チ　与えられた資料以外の事項は、考慮する必要はない。

リ　特に指示がない限り、過去の誤謬は生じていないものとする。

【資料1】 ×20年3月31日現在の昭和産業株式会社の決算整理前残高試算表

(単位：千円)

勘定科目	金額	勘定科目	金額
現金預金	151,600	支払手形	5,881
受取手形	48,500	買掛金	53,225
売掛金	476,200	借入金	183,000
有価証券	147,550	未払金	31,500
製品	52,200	預り金	24,000
材料	17,585	仮受金	600
仕掛品	46,624	未払法人税等	25,872
未収入金	2,500	仮受消費税等	270,240
短期貸付金	10,000	社債	25,000
繰延税金資産	136,500	貸倒引当金	17,500
仮払金	25,170	賞与引当金	21,000
仮払消費税等	253,846	退職給付引当金	160,960
建物	81,000	役員退職慰労引当金	57,970
機械装置	56,500	建物減価償却累計額	24,700
車両	11,800	機械装置減価償却累計額	25,348
工具器具備品	44,100	車両減価償却累計額	4,500
土地	13,240	工具器具備品減価償却累計額	15,100
長期貸付金	10,000	資本金	80,000
材料仕入	631,543	資本準備金	17,500
労務費	285,424	その他資本剰余金	800
製造経費	529,222	利益準備金	2,410
販売費及び一般管理費	3,802,052	別途積立金	331,097
支払利息	5,290	繰越利益剰余金	85,131
手形売却損	350	材料仕入値引	30,073
雑損失	4,275	売上高	5,404,700
法人税及び住民税	60,368	受取利息及び配当金	685
		雑収入	4,647
合計	6,903,439	合計	6,903,439

【資料２】 販売費及び一般管理費の主な明細

（単位：千円）

勘定科目	金額	勘定科目	金額
減価償却費	2,811	通信費	13,038
賞与手当	21,115	その他の販売管理費	3,665,069
事務用消耗品費	1,650		
租税公課	98,369	合計	3,802,052

【資料３】 労務費及び製造経費の主な内訳

（単位：千円）

労務費		製造経費	
勘定科目	金額	勘定科目	金額
賞与手当	30,385	減価償却費	14,655
その他労務費	255,039	その他経費	514,567
合計	285,424	合計	529,222

【資料４】 決算整理の未済事項及び参考事項

1　株主総会決議に関する事項

×19年６月に実施された第24期定時株主総会で、以下の内容が決議されている。

(1) 剰余金の処分の件

配当財産の種類：金銭

配当財産の割当てに関する事項及びその他：×19年３月31日現在の株主に対して、普通株式１株につき600円

当該剰余金の処分によって減少する剰余金：繰越利益剰余金

剰余金の配当が効力を生じる日：×19年６月28日

本件に関しては、株主に対する現金支給額を仮払金として処理しており、準備金の計上は未済である。なお、剰余金の配当が効力を生じる日における資本金及び準備金の額は、残高試算表の資本金及び準備金の額と同額であった。また、源泉税については考慮外とする。

(2) 退任する役員に対する退職慰労金支給の件

取締役甲氏の退任に際し、在任中の労に報いるため、当社の内規に基づき27,000千円の退職慰労金を支給する。

本件に関しては、支給額をその他の販売管理費に計上しているが、当該支給額に関しては事前見積もりの範囲内であるため引当金27,000千円を取崩す処理に改めることとする。

2　現金預金に関する事項

(1)　期末に金庫を確認した結果、次のものが発見された。

①　事務用消耗品を購入した際の領収書　　150千円

現金の支払いと引換えに受け取ったものであるが、支払額を仮払金に計上しているのみである。なお、このうち45千円分は未使用である。

②　郵便切手　280千円（購入時に通信費として処理を行っている。）

③　収入印紙　450千円（購入時に租税公課として処理を行っている。）

(2)　残高試算表の現金預金の内訳は次のとおりである。

種　類	帳簿残高	備　考
現　金	3,800千円	下記①参照
当座預金	75,600千円	下記②参照
普通預金	37,800千円	—
定期預金及び積立預金	34,400千円	下記③参照

①　現金の実地調査により不足額40千円があることが判明したが不足原因が不明であるため、雑損失として処理するものとする。

②　取引銀行が発行した×20年３月31日現在の残高証明書の当座預金残高は105,400千円であった。差額の原因はＧ社からの売掛代金の入金額29,800千円である。

③　定期預金及び積立預金の内訳は次のとおりである。

	金　額	預入期間	備　考
Ｊ銀行定期預金	20,000千円	×19年７月15日～×21年７月14日	—
Ｋ銀行定期預金	8,500千円	×19年12月20日～×20年12月19日	—
Ｌ銀行積立預金	1,400千円	×19年９月10日～×21年９月９日	毎月１回一定額を積み立てているものである。
Ｍ銀行積立預金	4,500千円	×19年６月25日～×20年６月24日	

3　売上高及び金銭債権に関する事項

	G　　　社	H　　　社	A　　　社	その他の会社
売　上　高	1,085,400千円	723,600千円	2,701,350千円	894,350千円
受取手形	0千円	0千円	0千円	48,500千円
売　掛　金	89,550千円	59,600千円	243,553千円	83,497千円
備　　考	下記(2)参照	下記(3)参照	下記(4)参照	下記(5)参照

(1)　当社では、営業取引については製品の販売時点で売掛金を計上しておき、その後、得意先各社との契約方法により売掛金の回収を行い、売掛金を減額する処理を行っている。

(2)　G社から、×20年３月31日に売掛代金29,800千円の入金があったが未処理である。なお、G社に対する売掛金は当座預金への振込みにより回収している。

(3)　H社は、当社の親会社である。H社に対する売掛金は手形により回収している。当社は、同社から回収した手形を直ちに割引に付しており、期末において手許に残っている手形はない。割引に付した手形のうち、期末現在において期日の到来していないものの額面金額は61,594千円である。

(4)　A社に対する売上高のうち、7,500千円は×20年３月30日において返品されていたが、その処理が未済であった。

(5)　その他の会社の売掛金のうちには、得意先Ｉ社に対するもの15,000千円が含まれている。Ｉ社は、×19年３月に民事再生法の申請をし、同年11月に再生計画が決定され、債権金額の80％は切り捨てられ、残り20％については×19年11月１日から毎年１回、５年間で均等返済されることになった。当期において同社との取引はなく、前期決算においては債権金額15,000千円を破産更生債権等に区分し、債権金額と同額の貸倒引当金を計上しているが、再生計画決定に伴う処理は未済である（債権の切捨額については貸倒引当金をもって充当する。）。また、当該再生計画に基づく当期分の返済600千円は入金済みで仮受金に計上されている。

なお、再生計画が決定されたが、同社の再建は不透明であり、貸倒引当金の計上にあたっては前期同様、破産更生債権等に区分する。

また、Ｉ社に対する債権は、第25期の決算日後１年以内に返済期限が到来するものについても、その全額を投資その他の資産に計上するものとする。

4　貸倒引当金に関する事項

受取手形及び売掛金の期末残高に対して貸倒引当金を設定するが、一般債権及び破産更生債権等に区分して算定する。一般債権については、過去の貸倒実績率に基づき期末残高の１％を引当計上する。破産更生債権等については、債権総額から担保等処分見込額を控除した残額を引当計上する。

貸倒引当金の貸借対照表表示は、流動資産の部及び固定資産の部の末尾にそれぞれ一括して控除項目とする。損益計算書においては、繰入額と戻入額とを相殺した差額で表示するが、破産更生債権等に係るものについては、営業外収益の部に計上する。

なお、決算整理前残高試算表の貸倒引当金は前期末残高であり、上記「３　売上高及び金銭債権に関する事項」の(5)以外はすべて一般債権に係るものである。

5　有価証券に関する事項

有価証券の内訳は次のとおりである。なお、当社は「金融商品に関する会計基準」に基づいて有価証券の評価及び評価差額の処理を行っている。

銘　柄	取得原価	期末時価	備　考
A社株式	27,000千円	―	下記(4)①参照
B社株式	1,800千円	―	下記(4)②参照
C社株式	4,500千円	―	下記(4)③参照
D社株式	13,500千円	―	下記(4)④参照
E社株式	49,000千円	54,000千円	―
F社社債	49,500千円	46,425千円	下記(4)⑤参照
自己株式	2,250千円	―	下記(4)⑥参照
合　計	147,550千円	―	

(1)　売買目的の有価証券は所有しておらず、子会社及び関連会社株式に該当するもの以外はすべて「その他有価証券」に該当する。

(2)「その他有価証券」の評価は、市場価格のあるものは決算日の市場価格に基づく時価法(評価差額は全部純資産直入法により処理する。)、市場価格の無いものは原価法によっている。

(3)　前期決算の「その他有価証券」に係る評価差額（税効果に関する仕訳を含む。）は当期首に戻入れを行っている。

(4) 上記の有価証券の備考の内容は次のとおりである。

① 当社はA社の議決権の41%を所有しており、A社の意思決定機関を支配している。

② 当社はB社の議決権の35%を所有しており、また、A社はB社の議決権の25%を所有している。

③ 当社はC社の議決権の25%を所有している。

④ 当社はD社の議決権の10%を所有しており、また、C社はD社の議決権の5%を所有している。

⑤ F社社債は、×19年10月1日に発行と同時に取得したものであり、額面50,000千円、償還期限は10年、クーポン利率は年1%、利払日は9月末日と3月末日である（3月末日に受け取った利息は適正に処理されている）。

取得価額と額面金額の差額はすべて金利の調整部分であり、これを有価証券の調整額として利息期間に期間配分する際には償却原価法（定額法）による。

⑥ 自己株式は、すべて退職した取締役甲氏から×19年6月に買い取ったもの（普通株式15株）である。なお、前期以前に自己株式を取得した事実はない。

6 棚卸資産に関する事項

	帳簿棚卸数量及び原価	実地棚卸数量及び正味売却価額	期末貸借対照表価額	備考
材料	12,020個 1,500円/個	11,850個 —	各自算定 千円	下記(1)参照
仕掛品	—	—	43,038千円	—
製品	10,900個 4,000円/個	12,150個 3,800円/個	各自算定 千円	下記(2)参照

(1)① 当社では製品の製造に必要な材料はすべてD社から仕入れている。

② 帳簿棚卸数量と実地棚卸数量の差は、不可避的に生じる正常な範囲の減耗であるため、製造原価として処理する。

(2)① 帳簿棚卸数量と実地棚卸数量の差は、×20年3月30日に生じたA社からの返品分についての受払帳簿の記帳漏れである。

② 当社では製品について先入先出法による原価法（収益性が低下したものについては帳簿価額を減額する）により評価している。

(3) 残高試算表上の製品、材料及び仕掛品はすべて前期末残高である。

7　有形固定資産に関する事項

減価償却費の計算は、以下の(4)及び(5)に記載されているものを除き適正に処理されている。

(1)　残存価額は次のとおりとする。

①　×19年３月31日以前に取得した資産：取得原価の10％

②　×19年４月１日以降に取得した資産：零

(2)　当社は期首時点で保有する有形固定資産については、期首時点で１年分の減価償却費を計算し、計上している（残高試算表に計上されている減価償却費がこれに該当する。）。

(3)　有形固定資産の貸借対照表の表示は、減価償却累計額を控除した残額のみを記載する方法による。

(4)　本社で使用している車両

下記車両については、×19年９月30日に買換えを行っているが、当社では買換時においては、新資産の取得原価と下取価額の差額を現金で支払い、仮払金として処理しているのみである。

なお、新資産は×19年10月１日に取得し、使用を開始している。

	取得原価	減価償却累計額	償却方法	償却年数	下取価額
旧資産	6,500千円	2,925千円	定額法	９年	2,500千円
新資産	7,020千円	０千円	定額法	９年	―

(注)　上記表中の減価償却累計額は、残高試算表計上額を示している。

(5)　第一工場で使用している資産グループ

当社の第一工場において減損の兆候がみられたため、当期末において減損損失の計上を行うこととした。なお、減損会計を適用する場合の資産のグルーピングは、工場単位で行うこととしており、減損損失は資産の種類ごとに帳簿価額に基づき配分するものとする。

①　資産グループの内訳

	取得原価	減価償却累計額	帳簿価額
建　　　物	55,000千円	4,950千円	50,050千円
機械装置	37,734千円	6,703千円	31,031千円
工具器具備品	20,701千円	1,682千円	19,019千円

(注)　上記表中の減価償却累計額は、残高試算表計上額を示している。

②　同工場から得られる割引前将来キャッシュ・フローは98,000千円と見積もられ、また、回収可能価額は94,100千円と見積もられている。

③　減損処理の貸借対照表の表示は、取得原価から減損損失を直接控除し、控除後の金額を貸借対照表価額とする（直接控除形式）。

8　借入金に関する事項

借入金の内訳は次のとおりである。

借入先	期末残高	備　　考
K銀行	20,000千円	×19年12月1日に借り入れた、×20年5月31日を一括返済期日とする借入金である。利息（借入利息年3%）は元金の返済と併せて支払う契約である。
J銀行	63,000千円	×19年12月1日に借り入れ、×20年1月末より毎月末3,000千円ずつ元金の返済を行っている。なお、利息の支払いについては、適正に処理されている。
H　社	100,000千円	×19年4月1日に借り入れた、×22年3月31日を一括返済期日とする借入金である。利息（借入利息年1%）は毎年3月末日に後払いしており、当期分の利息は適正に処理されている。

9　社債に関する事項

当社は下記の条件で、×18年10月1日に転換社債型新株予約権付社債を発行し、一括法で処理している。なお、×20年3月に新株予約権10個が権利行使され、新株の発行に代えて保有自己株式10株（1株150千円）を処分しているが、会計処理が未済である。

〔条　件〕

(1)　額面金額：25,000千円

(2)　発行価額：25,000千円（社債の対価部分：25,000千円、新株予約権の対価部分：零）

(3)　償還期限：×23年9月30日

(4)　利率：利息は付さない。

(5)　新株予約権の内容

①　新株予約権の総数：200個

②　新株予約権の目的となる株式の数：普通株式200株（新株予約権1個につき普通株式1株）

③　新株予約権の権利行使に際して出資をなすべき額（転換価額）：新株予約権1個につき125千円

④　新株予約権の権利行使期間：×18年10月16日から×23年9月15日

⑤　新株予約権の権利行使に伴う資本金組入額：会社法に規定する最低限度額

10　従業員賞与に関する事項

従業員について、翌期における支給見込額のうち当期負担分23,000千円を賞与引当金に計上する。引当金計上額のうち、本社及び営業部門の負担分は9,430千円、工場の負担分は13,570千円である。なお、残高試算表の賞与引当金21,000千円は前期末残高であり賞与手当に計上した×19年６月支給額と相殺処理する。また、支給額のうち、本社及び営業部門の負担分は8,190千円、工場の負担分は12,810千円である。

11　退職給付引当金に関する事項

当社は退職一時金制度を採用しており、従業員の退職給付に備えるため、期末における退職給付債務の見込額に基づき退職給付引当金を計上している。また、当社は従業員が300人未満であり合理的に数理計算上の見積もりを行うことが困難であるため、退職給付に係る期末自己都合要支給額を退職給付債務とする方法（簡便法）を採用している。

(1)　自己都合要支給額の推移等は次のとおりである。

	前　期　末		当　期　末	
自己都合要支給額	本社及び営業部門	工場部門	本社及び営業部門	工場部門
	64,384千円	96,576千円	67,603千円	101,404千円

(2)　当期中の退職金の支給状況は次のとおりである。なお、期中の会計処理は退職金支給額を仮払金に計上しているのみである。

項	目	本社及び営業部門	工場部門
前期末	自己都合要支給額	6,040千円	9,070千円
退職時	自己都合要支給額（退職金支給額）	6,200千円	9,500千円

(3)　残高試算表の退職給付引当金残高は前期末残高である。

12　役員退職慰労引当金に関する事項

当社は、役員の退職慰労金の支払いに備えるため、内規に基づく期末要支給額の100％の引当金を計上している。当期中の引当金の増減は次のとおりである。

前期末残高	増　加	減　少	当期末残高
57,970千円	7,300千円	27,000千円	38,270千円

(1)　減少分は、×19年６月の第24期定時株主総会で退任した取締役甲氏に対するものである。

(2)　残高試算表の役員退職慰労引当金残高は前期末残高である。

13　諸税金に関する事項

(1)　当期の確定年税額（中間納付額及び源泉徴収税額控除前）は、法人税及び住民税63,610千円、事業税16,196千円及び消費税等27,324千円である。残高試算表において、法人税及び住民税の前期分の納付額25,872千円と当期分の中間納付額34,496千円が法人税及び住民税に、事業税の中間納付額8,908千円及び源泉徴収された所得税及び住民税利子割額890千円が販売費及び一般管理費（租税公課）、消費税等の中間納付額10,930千円が仮払消費税等に計上されている。なお、上記各税金について前期末未払計上額と納付額とに過不足はなかった。

(2)　更正による法人税、住民税及び事業税の追徴税額3,180千円を雑損失で処理している。

14　税効果会計に関する事項

(1)　決算整理前残高試算表の繰延税金資産は、前期末残高から前期決算の「その他有価証券」に係る評価仕訳の当期首戻入れ（上記「5　有価証券に関する事項」の(3)参照）を計上した残高である。

(2)「5　有価証券に関する事項」で決算整理した「その他有価証券」の評価差額を除く当期末の一時差異及び永久差異は、次のとおりである。

①　将来減算一時差異　　408,300千円（前期末　350,000千円）

②　永久差異　　8,500千円（前期末　7,200千円）

(3)　前期及び当期の法定実効税率は39％である。

(4)　繰延税金資産の回収可能性には問題がないものとする。

15　ストック・オプションに関する事項

×19年10月に役員に対して下記の条件でストック・オプション（新株予約権）を付与している。なお、各会計期間における費用計上額は、ストック・オプションの公正な評価額のうち、対象勤務期間を基礎として、各会計期間に発生したと認められる額を月割りにより計算するものとする。

〔条　件〕

(1)　付与するストック・オプションの数：従業員30名に対して、１名あたり10個　合計300個

(2)　ストック・オプションの行使により与えられる株式の数：１個あたり１株　合計300株

(3)　ストック・オプションの行使時の払込金額：１株あたり180千円

(4)　ストック・オプションの公正な評価額：2,100千円

(5)　ストック・オプションの対象勤務期間：×19年10月１日から×21年９月30日

(6)　ストック・オプションの権利確定日：×21年９月30日

16　その他の参考事項

×20年６月に第25期定時株主総会の開催を予定している。当該株主総会で、次の剰余金の処分の承認を受ける予定である。

> 配当財産の種類：金銭
>
> 配当財産の割当てに関する事項及びその他：×20年３月31日現在の株主に対して、普通株式１株につき600円
>
> 当該剰余金の処分によって減少する剰余金：繰越利益剰余金

チェック表

チェック項目	1回目	2回目	3回目
手順1　答案用紙のチェックをした			
手順2			
(1)　解答留意事項はしっかり読んだ			
(2)　個別問題の有無をチェックした			
(3)　残高試算表のチェックをした			
手順3			
(1)　問題文の大事なところにマーキングなどした			
(2)　問題の取捨選択は正確にできた			
(3)　仕訳は正確にできた			
(4)　集計は正確にできた			
(5)　表示			
①　簿記の科目と迷わなかった			
②　表示区分で迷わなかった			
③　科目の順番について迷わなかった			
手順4　自分の解答を整えた			

メモ

MEMO

解答

※ 内の数字は配点を示す。

1 昭和産業株式会社（第25期）の貸借対照表及び損益計算書

貸借対照表

昭和産業株式会社　×20年３月31日　(単位：千円)

科目	金額	科目	金額
資産の部		負債の部	
Ⅰ 流動資産	(747,894)	Ⅰ 流動負債	(245,712)
現金預金	1 159,960	支払手形	5,881
受取手形	48,500	買掛金	53,225
売掛金	1 423,900	短期借入金	1 56,000
製品	1 46,170	未払金	31,500
材料	17,775	預り金	24,000
仕掛品	43,038	**未払費用**	1 200
未収入金	2,500	未払法人税等	1 35,512
短期貸付金	10,000	未払消費税等	1 16,394
貯蔵品	1 775	賞与引当金	23,000
貸倒引当金	△ 4,724	Ⅱ 固定負債	(358,027)
Ⅱ 固定資産	(471,168)	社債	1 23,750
1 有形固定資産	(134,047)	**長期借入金**	1 127,000
建物	1 53,300	退職給付引当金	1 169,007
機械装置	29,292	役員退職慰労引当金	1 38,270
車両	1 10,355	負債の部合計	603,739
工具器具備品	27,860	純資産の部	
土地	13,240	Ⅰ 株主資本	(613,639)
2 投資その他の資産	(337,121)	1 資本金	80,000
投資有価証券	1 113,925	2 資本剰余金	(18,050)
関係会社株式	1 33,300	(1) 資本準備金	17,500
長期預金	21,400	(2) その他資本剰余金	550
長期貸付金	10,000	3 利益剰余金	(516,339)

破産更生債権等	1　2,400	(1) 利益準備金	1　2,500
繰延税金資産	1　158,496	(2) その他利益剰余金	(　513,839)
貸倒引当金	1　△ 2,400	別途積立金	331,097
		繰越利益剰余金	182,742
		4 自己株式	1　△ 750
		Ⅱ 評価・換算差額等	(　1,159)
		その他有価証券評価差額金	1,159
		Ⅲ 新株予約権	525
		純資産の部合計	615,323
資産の部合計	1,219,062	負債及び純資産の部合計	1,219,062

損益計算書

昭和産業株式会社　自 ×19年4月1日　至 ×20年3月31日　（単位：千円）

科目	金	額
Ⅰ 売上高		5,397,200
Ⅱ 売上原価		1 1,440,630
売上総利益		3,956,570
Ⅲ 販売費及び一般管理費		3,785,402
営業利益		171,168
Ⅳ 営業外収益		
受取利息及び配当金	1 710	
貸倒引当金戻入額	1 600	
雑収入	4,647	5,957
Ⅴ 営業外費用		
支払利息	1 5,490	
手形売却損	350	
雑損失	1,135	6,975
経常利益		170,150
Ⅵ 特別損失		
固定資産売却損	1 1,400	
減損損失	1 6,000	7,400
税引前当期純利益		162,750
法人税、住民税及び事業税	1 79,806	
法人税等追徴税額	1 3,180	
法人税等調整額	△ 22,737	60,249
当期純利益		102,501

2　販売費及び一般管理費の明細

（単位：千円）

科目	金額	
減価償却費	1	2,876
租税公課	1	88,121
賞与手当		12,925
通信費		12,758
事務用消耗品費		1,755
貸倒引当金繰入額	1	2,224
賞与引当金繰入額	1	9,430
退職給付費用		9,419
役員退職慰労引当金繰入額		7,300
株式報酬費用	1	525
その他の販売管理費		3,638,069
合計		3,785,402

3

株主資本等変動計算書

自　×19年4月1日
至　×20年3月31日

昭和産業株式会社　　　　　　（単位：千円）

	株主資本						
	資本金	資本剰余金			利益剰余金		
		資本準備金	その他資本剰余金	資本剰余金合計	利益準備金	その他利益剰余金	
						別途積立金	繰越利益剰余金
当期首残高	80,000	17,500	800	18,300	2,410	331,097	85,131
当期変動額							
剰余金の配当					1　90		△ 4,890
当期純利益							102,501
自己株式の取得							
自己株式の処分			1 △ 250	△ 250			
株主資本以外の項目の当期変動額（純額）							
当期変動額合計	—	—	△ 250	△ 250	90	—	97,611
当期末残高	80,000	17,500	550	18,050	2,500	331,097	182,742

	株主資本			評価・換算差額等		新株予約権	純資産合計
	利益剰余金	自己株式	株主資本合計	その他有価証券評価差額金	評価・換算差額等合計		
	利益剰余金合計						
当期首残高	418,638	0	516,938	1,220	1,220	0	518,158
当期変動額							
剰余金の配当	△ 4,800		△ 4,800				△ 4,800
当期純利益	102,501		102,501				102,501
自己株式の取得		△ 2,250	△ 2,250				△ 2,250
自己株式の処分		1　1,500	1,250				1,250
株主資本以外の項目の当期変動額（純額）				1 △ 61	△ 61	1　525	464
当期変動額合計	97,701	△ 750	96,701	△ 61	△ 61	525	97,165
当期末残高	516,339	△ 750	613,639	1,159	1,159	525	615,323

4

(1) 貸借対照表等に関する注記

① 有形固定資産から控除されている減価償却累計額	67,113 千円	1
② 受取手形割引高	61,594 千円	
③ 関係会社に対する短期金銭債権	295,653 千円	1
④ 関係会社に対する長期金銭債務	100,000 千円	

(2) 損益計算書に関する注記

① 関係会社との営業取引高（売上高）	3,417,450 千円	1
② 関係会社との営業取引以外の取引高（利息支払高）	1,000 千円	1

(3) 株主資本等変動計算書に関する注記

① 当該事業年度の末日における発行済株式の数	普通株式	8,000 株	1
② 当該事業年度の末日における自己株式の数	普通株式	5 株	1
③ 当該事業年度中に行った剰余金の配当の総額		4,800 千円	
④ 当該事業年度の末日後に行う剰余金の配当の総額		4,797 千円	1
⑤ 新株予約権の目的となる株式の数	普通株式	190 株	1

5

① 費用 1　② 新株予約権 1　③ 公正な評価単価 1

【配　点】 1 ×50カ所＝50点　　合計50点

解答への道

（仕訳の単位：千円）

Ⅰ　１～４について

１　株主総会決議に関する事項

(1)　剰余金の処分の件

(繰越利益剰余金)	4,890	(仮払金)＊１	4,800
		(利益準備金)＊２	90

＊１　600円×8,000株＝4,800千円

＊２①　$4{,}800\text{千円}\times\frac{1}{10}=480\text{千円}$

②　$80{,}000\text{千円}\times\frac{1}{4}-(\underset{\text{資本準備金}}{\underline{17{,}500\text{千円}}}+\underset{\text{利益準備金}}{\underline{2{,}410\text{千円}}})=90\text{千円}$

③　①＞②　∴　90千円

(2)　役員退職慰労金支給の件

(役員退職慰労引当金)	27,000	(その他の販売管理費)	27,000

２　現金預金に関する事項

(1)　金庫の実査

①　領収書の未処理分

(事務用消耗品費)＊	105	(仮払金)	150
(貯蔵品)	45		

＊　$150\text{円}-\underset{\text{未使用分}}{\underline{45\text{千円}}}=105\text{千円}$

②　郵便切手の未使用分

(貯蔵品)	280	(通信費)	280

③　収入印紙の未使用分

(貯蔵品)	450	(租税公課)	450

(2)　現金預金の内訳

①　現金過不足

(雑損失)	40	(現金預金)	40

②　売掛金

(現金預金)	29,800	(売掛金)	29,800

③　定期預金及び積立預金

イ　Ｊ銀行定期預金

(長期預金)	20,000	(現金預金)	20,000

ロ　Ｋ銀行定期預金

満期日が翌期であるため、１年基準を適用して流動項目として取り扱う。

ハ　L銀行積立預金

（長　期　預　金）　1,400　（現　金　預　金）　1,400

ニ　M銀行積立預金

満期日が翌期であるため、1年基準を適用して流動項目として取り扱う。

3　売上高及び金銭債権に関する事項

(1)　G社からの売掛代金の入金

上記2(2)②参照

(2)　H社から受け取った手形の割引

注記　受取手形割引高につき、貸借対照表等に関する注記が必要である。

(3)　A社に対する売上の取消し

（売　上　高）　7,500　（売　掛　金）　7,500

注記　関係会社に対する金銭債権につき、貸借対照表等に関する注記が必要である。

59,600千円（H社売掛金）＋243,553千円－7,500千円（A社売掛金）＝295,653千円

注記　関係会社との営業取引高につき、損益計算書に関する注記が必要である。

723,600千円（H社売上高）＋2,701,350千円－7,500千円（A社売上高）＝3,417,450千円

(4)　I社に対する売掛金

①　債権放棄に関する処理

（貸　倒　引　当　金）＊　12,000　（売　掛　金）　12,000

＊　15,000千円（債権金額）×80%＝12,000千円

②　債権回収に関する処理

（仮　受　金）　600　（売　掛　金）　600

③　表示科目への振替え

（破産更生債権等）＊　2,400　（売　掛　金）　2,400

＊　15,000千円（債権金額）×20%－600千円＝2,400千円

4　貸倒引当金に関する事項

(1)　一般債権

（貸　倒　引　当　金）　2,500　（貸倒引当金戻入額）＊1　2,500

（貸倒引当金繰入額）＊2　4,724　（貸　倒　引　当　金）　4,724

＊1　17,500千円（残高試算表）－15,000千円（I社分）＝2,500千円

＊2　受取手形：

48,500千円（残高試算表）×1%　＝　485千円

売掛金：

（476,200千円（残高試算表）－29,800千円（G社分）－7,500千円（A社分）－15,000千円（I社分）（＝423,900千円））×1%＝4,239千円

4,724千円

応用問題1

(2) 破産更生債権等

(貸倒引当金)	3,000	(貸倒引当金戻入額)＊1	3,000
(貸倒引当金繰入額)＊2	2,400	(貸倒引当金)	2,400

＊1 15,000千円（前期末設定分）－12,000千円（充当分）＝3,000千円

＊2 債権金額の全額（上記**3**(4)③参照）を引当計上する。

(3) 表　示

① 貸借対照表表示

イ 流動資産計上額：485千円（受取手形）＋4,239千円（売掛金）＝4,724千円

ロ 固定資産計上額：2,400千円（破産更生債権等）

② 損益計算書表示

イ 販売費及び一般管理費計上額：4,724千円（繰入額）－2,500千円（戻入額）＝2,224千円（繰入額）

ロ 営業外収益計上額：3,000千円（戻入額）－2,400千円（繰入額）＝600千円（戻入額）

5 有価証券に関する事項

(1) A社株式（子会社株式及び関連会社株式）

(関係会社株式)＊	27,000	(有価証券)	27,000

＊ 当社は同社の議決権の41％を所有しており、かつ、同社の意思決定機関を支配しているため、同社は当社の子会社に該当することとなる。子会社が発行した株式は、貸借対照表上「関係会社株式」として表示する。

(2) B社株式（子会社株式及び関連会社株式）

(関係会社株式)＊	1,800	(有価証券)	1,800

＊ 当社はA社（子会社）と合わせてB社の議決権の50％超（35％＋25％＝60％）を所有しているため、同社は当社の子会社に該当することとなる。子会社が発行した株式は、貸借対照表上「関係会社株式」として表示する。

(3) C社株式（子会社株式及び関連会社株式）

(関係会社株式)＊	4,500	(有価証券)	4,500

＊ 当社はC社の議決権の20％以上（25％）を所有しているため、同社は当社の関連会社に該当することとなる。関連会社が発行した株式は、貸借対照表上「関係会社株式」として表示する。

(4) D社株式（市場価格のないその他有価証券）

(投資有価証券)＊	13,500	(有価証券)	13,500

＊ 売買目的、関係会社株式以外の株式であるため、「投資有価証券」として投資その他の資産に表示する。

(5) E社株式（市場価格のあるその他有価証券）

（投資有価証券）	54,000	（有価証券）	49,000
		（繰延税金負債）＊1〈固定〉	1,950
		（その他有価証券評価差額金）＊2	3,050

＊1 （54,000千円［時価］－49,000千円［取得原価］）×39%＝1,950千円

＊2 （54,000千円［時価］－49,000千円［取得原価］）－1,950千円＝3,050千円

(6) F社社債（市場価格のあるその他有価証券）

（投資有価証券）	46,425	（有価証券）	49,500
（繰延税金資産）＊2〈固定〉	1,209	（受取利息及び配当金）＊1	25
（その他有価証券評価差額金）＊3	1,891		

＊1 （50,000千円［額面金額］－49,500千円［取得原価］）×$\frac{6カ月}{10年×12カ月}$＝25千円

なお、有価証券利息として表示すべきであるが、解答スペースから判断し、受取利息及び配当金に含めて表示する。

＊2 ｛(49,500千円＋25千円)［償却原価］－46,425千円［時価］｝×39%＝1,209千円

＊3 ｛(49,500千円＋25千円)［償却原価］－46,425千円［時価］｝－1,209千円＝1,891千円

(7) 自己株式

（自己株式）	2,250	（有価証券）	2,250

6 棚卸資産に関する事項

(1) 材料

（期首材料たな卸高）	17,585	（材料）	17,585
（当期材料仕入高）	601,470	（材料仕入）	631,543
（材料仕入値引）	30,073		
（材料減耗損）＊2〈製造経費〉	255	（期末材料たな卸高）＊1	18,030
（材料）＊3	17,775		

＊1 1,500円/個［原価］×12,020個［帳簿数量］＝18,030千円

＊2 1,500円/個［原価］×（12,020個［帳簿数量］－11,850個［実地数量］）＝255千円

＊3 18,030千円［帳簿有高］－255千円［減耗損］＝17,775千円

(2) 仕掛品

(期首仕掛品たな卸高)	46,624	(仕　掛　品)	46,624
(仕　掛　品)	43,038	(期末仕掛品たな卸高)	43,038

(3) 製　品

(期首製品たな卸高)	52,200	(製　品)	52,200
(製品評価損)＊2 〈売上原価〉	2,430	(期末製品たな卸高)＊1	48,600
(製　品)＊3	46,170		

＊1　4,000円/個(原価)×12,150個(修正後帳簿数量)＝48,600千円

＊2　(4,000円/個(原価)－3,800円/個(正味売却価額))×12,150個(修正後帳簿数量)＝2,430千円

＊3　48,600千円(修正後帳簿有高)－2,430千円(評価損)＝46,170千円

(4) 製造原価の算定

下記「**17　売上原価の内訳及び製造原価報告書**」を参照

7　有形固定資産に関する事項

(1) 本社で使用している車両

① 本来行うべき仕訳

(車両減価償却累計額)	2,925	(車　両)	6,500
(固定資産売却損)＊2	1,400	(現金預金)	4,520
(車　両)	7,020	(減価償却費)＊1	325

＊1　$6{,}500\text{千円} \times 0.9 \times \dfrac{6\text{カ月}}{9\text{年} \times 12\text{カ月}} = 325\text{千円}$

【資料4】7(2)の指示により、表中の減価償却累計額には当期に係る1年分の減価償却費が含まれていることがわかる。当該車両は期中において売却しているため、未経過期間に相当する減価償却費については取り消さなければならないことに留意する。

＊2　6,500千円－(2,925千円－325千円)(買換時点の適正な簿価)－2,500千円(下取価額)＝1,400千円

② 当社が行った仕訳

(仮　払　金)	4,520	(現金預金)	4,520

③ 修正仕訳

(車両減価償却累計額)	2,925	(車　両)	6,500
(固定資産売却損)	1,400	(仮　払　金)	4,520
(車　両)	7,020	(減価償却費) 〈販売費及び一般管理費〉	325

④　新車両の減価償却費

(減　価　償　却　費)＊ 〈販売費及び一般管理費〉	390	(車両減価償却累計額)	390

＊　$7{,}020\text{千円} \times \dfrac{6\text{カ月}}{9\text{年} \times 12\text{カ月}} = 390\text{千円}$

【資料４】７(1)の指示により、新車両は×19年４月１日以降に取得した資産であるため、残存価額を零として減価償却費を計算する。

(2)　減損処理

(減　損　損　失)＊１ 〈特　別　損　失〉	6,000	(建　　　物)＊２	3,000
		(機　械　装　置)＊２	1,860
		(工　具　器　具　備　品)＊２	1,140

＊１①　減損損失の認識

第一工場の資産グループの帳簿価額

$\underset{\text{建物}}{\underline{50{,}050\text{千円}}} + \underset{\text{機械装置}}{\underline{31{,}031\text{千円}}} + \underset{\text{工具器具備品}}{\underline{19{,}019\text{千円}}} = 100{,}100\text{千円}$

割引前将来キャッシュ・フロー：98,000千円　＜　帳簿価額：100,100千円

∴　減損処理の適用あり

②　減損損失の測定

$\underset{\text{帳簿価額}}{\underline{100{,}100\text{千円}}} - \underset{\text{回収可能価額}}{\underline{94{,}100\text{千円}}} = 6{,}000\text{千円}$

＊２　建物への配分額：$6{,}000\text{千円} \times \dfrac{50{,}050\text{千円}}{100{,}100\text{千円}} = 3{,}000\text{千円}$

機械装置への配分額：$6{,}000\text{千円} \times \dfrac{31{,}031\text{千円}}{100{,}100\text{千円}} = 1{,}860\text{千円}$

工具器具備品への配分額：$6{,}000\text{千円} \times \dfrac{19{,}019\text{千円}}{100{,}100\text{千円}} = 1{,}140\text{千円}$

(3)　有形固定資産の減価償却累計額

①　建　　物：$\underset{\text{残高試算表}}{\underline{24{,}700\text{千円}}}$

②　機械装置：$\underset{\text{残高試算表}}{\underline{25{,}348\text{千円}}}$

③　車　　両：$\underset{\text{残高試算表}}{\underline{4{,}500\text{千円}}} - \underset{\text{買換}}{\underline{2{,}925\text{千円} + 390\text{千円}}} = 1{,}965\text{千円}$

④　工具器具備品：$\underset{\text{残高試算表}}{\underline{15{,}100\text{千円}}}$

注記　減価償却累計額につき、貸借対照表等に関する注記が必要である。なお、答案用紙の指示により、一括注記法によることとなる。

$\underset{\text{建物}}{\underline{24{,}700\text{千円}}} + \underset{\text{機械装置}}{\underline{25{,}348\text{千円}}} + \underset{\text{車両}}{\underline{1{,}965\text{千円}}} + \underset{\text{工具器具備品}}{\underline{15{,}100\text{千円}}} = 67{,}113\text{千円}$

(4) 有形固定資産の貸借対照表価額

① 建　　　物：	81,000千円	－ 3,000千円		－ 24,700千円	= 53,300千円
	残高試算表	減損		減価償却累計額	
② 機 械 装 置：	56,500千円	－ 1,860千円		－ 25,348千円	= 29,292千円
	残高試算表	減損		減価償却累計額	
③ 車　　　両：	11,800千円	－ 6,500千円	＋ 7,020千円	－ 1,965千円	= 10,355千円
	残高試算表	買換		減価償却累計額	
④ 工具器具備品：	44,100千円	－ 1,140千円		－ 15,100千円	= 27,860千円
	残高試算表	減損		減価償却累計額	

8　借入金に関する事項

(1) K銀行

借方	金額	貸方	金額
(借　　入　　金)	20,000	(短 期 借 入 金)	20,000
(支 払 利 息)＊	200	(未 払 費 用)	200

＊　20,000千円×3％×$\frac{4カ月}{12カ月}$＝200千円

(2) J銀行

借方	金額	貸方	金額
(借　　入　　金)	63,000	(短 期 借 入 金)＊1	36,000
		(長 期 借 入 金)＊2	27,000

＊1　3,000千円×12カ月＝36,000千円

返済期日が翌期に到来するため、1年基準により流動項目として取り扱う。なお、本来「1年以内返済長期借入金」として表示すべきだが、答案用紙に記載スペースがないことから「短期借入金」として流動負債に表示することとなる。

＊2　63,000千円－36,000千円＝27,000千円

(3) H　社

借方	金額	貸方	金額
(借　　入　　金)	100,000	(長 期 借 入 金)	100,000

注記　関係会社に対する金銭債務につき、貸借対照表等に関する注記が必要である。

注記　関係会社との営業取引以外の取引高につき、損益計算書に関する注記が必要である。
100,000千円×1％＝1,000千円

9　社債に関する事項

借方	金額	貸方	金額
(社　　　　債)＊1	1,250	(自 己 株 式)＊2	1,500
(その他資本剰余金)＊3	250		

＊1　25,000千円×$\frac{10個}{200個}$＝1,250千円

＊2　150千円/株×10株＝1,500千円

＊3　貸借差額

10　従業員賞与に関する事項

(1)　前期計上分の修正

借方	金額	貸方	金額
(賞与引当金)	21,000	(賞与手当)〈販売費及び一般管理費〉	8,190
		(賞与手当)〈労務費〉	12,810

(2)　当期分の計上

借方	金額	貸方	金額
(賞与引当金繰入額)〈販売費及び一般管理費〉	9,430	(賞与引当金)	23,000
(賞与引当金繰入額)〈労務費〉	13,570		

11　退職給付引当金に関する事項

(1)　退職金の支給に係る修正

借方	金額	貸方	金額
(退職給付引当金)＊	15,700	(仮払金)	15,700

＊　6,200千円（本社及び営業部門）＋9,500千円（工場部門）＝15,700千円

(2)　退職給付引当金の計上

借方	金額	貸方	金額
(退職給付費用)＊1〈販売費及び一般管理費〉	9,419	(退職給付引当金)	23,747
(退職給付費用)＊2〈労務費〉	14,328		

＊1　本社及び営業部門：67,603千円（当期末自己都合要支給額）－(64,384千円－6,200千円)（期末退職給付引当金）＝9,419千円

＊2　工場部門：101,404千円（当期末自己都合要支給額）－(96,576千円－9,500千円)（期末退職給付引当金）＝14,328千円

12　役員退職慰労引当金に関する事項

(1)　増　加

借方	金額	貸方	金額
(役員退職慰労引当金繰入額)〈販売費及び一般管理費〉	7,300	(役員退職慰労引当金)	7,300

(2)　減　少

上記1(2)を参照

13 諸税金に関する事項

(1) 期中処理の修正

① 法人税及び住民税

(未払法人税等)＊1	25,872	(法人税及び住民税)	60,368
(法人税、住民税及び事業税)＊2	34,496		

＊1 前期分の納付額

＊2 中間納付額

② 租税公課

(法人税、住民税及び事業税)＊	9,798	(租税公課)	9,798

＊ 8,908千円（事業税）＋890千円（源泉所得税等）＝9,798千円

③ 法人税等の追徴税額

(法人税等追徴税額)	3,180	(雑損失)	3,180

(2) 決算整理

① 法人税等

(法人税、住民税及び事業税)＊	35,512	(未払法人税等)	35,512

＊ 63,610千円＋16,196千円（年税額）－（34,496千円＋8,908千円（中間納付額）＋890千円（源泉税額））＝35,512千円

② 消費税等

(仮受消費税等)	270,240	(仮払消費税等)	253,846
		(未払消費税等)＊	16,394

＊ 27,324千円（年税額）－10,930千円（中間納付額）＝16,394千円

14 税効果会計に関する事項

(1) 前期分

(法人税等調整額)	136,500	(繰延税金資産)	136,500

(2) 当期分

(繰延税金資産)＊	159,237	(法人税等調整額)	159,237

＊ 408,300千円（将来減算一時差異）×39％＝159,237千円

(3) 表　示

① 繰延税金資産のB/S表示

$\underset{\text{上記(2)}}{\underline{159{,}237\text{千円}}} - \underset{\text{E社株式}}{\underline{1{,}950\text{千円}}} + \underset{\text{F社社債}}{\underline{1{,}209\text{千円}}} = 158{,}496\text{千円}$

② 法人税等調整額のP/L表示

$\underset{\text{上記(2)}}{\underline{159{,}237\text{千円}}} - \underset{\text{上記(1)}}{\underline{136{,}500\text{千円}}} = 22{,}737\text{千円}$（貸方残高）

∴　法人税、住民税及び事業税から減算

15　ストック・オプションに関する事項

（株式報酬費用）＊　525　（新株予約権）　525
〈販売費及び一般管理費〉

＊　$\underset{\text{公正な評価額}}{\underline{2{,}100\text{千円}}} \times \frac{6\text{カ月}}{2\text{年} \times 12\text{カ月}} = 525\text{千円}$

16　繰越利益剰余金

$\underset{\text{残高試算表}}{\underline{85{,}131\text{千円}}} - \underset{\text{配当}}{\underline{4{,}890\text{千円}}} + \underset{\text{当期純利益}}{\underline{102{,}501\text{千円}}} = 182{,}742\text{千円}$

17　売上原価の内訳及び製造原価報告書

売上原価の内訳　（単位：千円）

⋮		
売上原価		
期首製品たな卸高	52,200	
当期製品製造原価	1,434,600	
合計	1,486,800	
期末製品たな卸高	48,600	
差引	1,438,200	
製品評価損	2,430	1,440,630
⋮	⋮	⋮

製造原価報告書　　　　　（単位：千円）

科　　　　　　目	金	額
Ⅰ　材　　料　　費		
期首材料たな卸高	17,585	
当期材料仕入高	601,470	
合　　　計	619,055	
期末材料たな卸高	18,030	
当期材料費		601,025
Ⅱ　労　　務　　費		
賞与手当	17,575	
賞与引当金繰入額	13,570	
退職給付費用	14,328	
その他労務費	255,039	
当期労務費		300,512
Ⅲ　製　造　経　費		
減価償却費	14,655	
材料減耗損	255	
その他経費	514,567	
当期経費		529,477
当期総製造経費		1,431,014
期首仕掛品たな卸高		46,624
合　　　計		1,477,638
期末仕掛品たな卸高		43,038
当期製品製造原価		1,434,600

18　株主資本等変動計算書に関する事項

(1)　解答留意事項の指示により、当該事業年度の末日における発行済株式の数につき、株主資本等変動計算書に関する注記が必要となる。

8,000株
×20年３月31日時点の発行済株式数（×19年３月31日から増減なし）

(2)　【資料４】５及び９により、当該事業年度末日における自己株式の数につき、株主資本等変動計算書に関する注記が必要となる。

15株（取締役からの買取り）－10株（新株予約権の権利行使）＝５株

(3) 【資料4】 1(1)により、当該事業年度中に行った剰余金の配当の総額につき、株主資本等変動計算書に関する注記が必要となる。

$\underset{\text{第24期株主総会決議分}}{\underline{\text{4,800千円}}}$

(4) 【資料4】16により、当該事業年度の末日後に行う剰余金の配当の総額につき、株主資本等変動計算書に関する注記が必要となる。

$600\text{円} \times \underset{\text{自己株式を除く発行済株式数}}{\underline{\{8,000\text{株} - (15\text{株} - 10\text{株})\}}} = 4,797\text{千円}$

なお、自己株式に対しては配当を行わないことに留意する。

(5) 【資料4】 9及び15により、新株予約権の目的となる株式の数につき、株主資本等変動計算書に関する注記が必要となる。

$\underset{\text{期首}}{\underline{200\text{株}}} - \underset{\text{期中権利行使}}{\underline{10\text{株}}} = 190\text{株}$

なお、権利行使期間の初日が到来していないものは注記に含めないことに留意する。

Ⅱ 5 ストック・オプションについて

「ストック・オプション等に関する会計基準4及び5」より

「ストック・オプションを付与し、これに応じて企業が従業員等から取得するサービスは、その取得に応じて［費用］①として計上し、対応する金額を、ストック・オプションの権利の行使又は失効が確定するまでの間、貸借対照表の純資産の部に［新株予約権］②として計上する。

各会計期間における費用計上額は、ストック・オプションの公正な評価額のうち、対象勤務期間を基礎とする方法その他の合理的な方法に基づき当期に発生したと認められる額である。ストック・オプションの公正な評価額は、［公正な評価単価］③にストック・オプション数を乗じて算定する。」

講師の解答方法

応用問題 1

配点 50点　制限時間 75分

【資料1】から【資料4】に基づき、以下の各問に答えなさい。

1　昭和産業株式会社の第25期（自×19年4月1日　至×20年3月31日）における貸借対照表及び損益計算書を会社法及び会社計算規則に準拠して、答案用紙の所定の箇所に解答を記入し作成しなさい。→1年基準：～×21年3月31日

2　附属明細書のうち、販売費及び一般管理費の明細を作成しなさい。

3　株主資本等変動計算書を会社法及び会社計算規則に準拠して、答案用紙の所定の箇所に解答を記入し作成しなさい。

4　個別注記表に記載すべき注記事項のうち、(1)貸借対照表等に関する注記、(2)損益計算書に関する注記及び(3)株主資本等変動計算書に関する注記を会社法及び会社計算規則に準拠して、答案用紙の所定の箇所に記入しなさい。

2

総合問題を解く前に解答可能な個別問題から解く

5　【資料4】15に関連して、次の文章中の空欄（①～③）に当てはまる適当な語句を記入しなさい。

「ストック・オプションを付与し、これに応じて企業が従業員等から取得するサービスは、その取得に応じて［①］として計上し、対応する金額を、ストック・オプションの権利の行使又は失効が確定するまでの間、貸借対照表の純資産の部に［②］として計上する。

各会計期間における費用計上額は、ストック・オプションの公正な評価額のうち、対象勤務期間を基礎とする方法その他の合理的な方法に基づき当期に発生したと認められる額である。ストック・オプションの公正な評価額は、［③］にストック・オプション数を乗じて算定する。」

1

解答留意事項

イ　消費税及び地方消費税（以下「消費税等」という）の会計処理は税抜方式で処理されているものとし、特に指示のない限り消費税等について考慮する必要はないものとする。

ロ　会計処理及び表示方法については、特に指示のない限り原則的な方法によるものとし、金額の重要性は考慮しないものとする。

ハ　日数の計算は、便宜上すべて月割計算で行うものとする。

ニ　計算の過程で生じた千円未満の端数は切り捨てるものとする。

ホ　関係会社に係る金銭債権、債務の表示は一括注記法によることとする。

注記や配当等に備えてマーカーを引いた

ヘ　×19年3月31日時点における当社の発行済株式数は、普通株式8,000株である。なお、当社では、期末配当の基準日を毎年3月31日と定めている。

ト　たな卸資産の評価につき、収益性の低下の有無に係る判断及び簿価切下げは個別品目ごとに行うこととする。

チ　与えられた資料以外の事項は、考慮する必要はない。

リ　特に指示がない限り、過去の誤謬は生じていないものとする。

2

86

1 個別問題

本問の個別問題は、総合問題に関連した出題ではあるが、総合問題を解く前に解答可能な内容であった。よって、まず穴埋め問題を気持ちよく埋めて、基礎点を確保した。

2 総合問題の留意事項等

問題に飲み込まれないためにも、必ずチェックすべき留意事項を事前に用意し、資料を「読む」のではなく「探す」意識で留意事項を見る。

❶ 会社名・会計期間（期末）をチェック、1年基準の判定の基準となる日をメモした。

❷ 解答要求に目を通す。本問はB/S・P/L・販管費・株主資本等変動計算書・注記…と解答事項が多い。ここでまず、答案用紙と照らして以下のような戦略を立てた。

(a) B/Sの純資産の部は、株主資本等変動計算書をメモ代わりにして作成する。

(b) 販管費は減価償却費等変動が多いもの以外は直接集計し、記入する。

(c) 本問は製造業会計だが、製造原価報告書と売上原価の明細表示が解答事項ではないため、材料費・労務費・製造経費が点数に影響する箇所は非常に少ない（棚卸資産の資料で判明するが、材料費等が解答に影響するのは売上原価のみであった）。

この時点ではとりあえず保守的に、材料費・労務費・製造経費の集計を行う判断をした。しかしスピードに自信がない人や、効果的に合格点を稼ぎたいという方は、この時点で材料費・労務費・製造経費は一切集計をせず手間を省くことも良い判断と考えられる。

❸ 知りたい情報が解答留意事項にない場合には、他の資料から探すことが必要である。

(a) 「税効果会計の法定実効税率」は「有価証券の資料」「税効果の資料」を先に見て把握する。法定実効税率は指示があり、かつ税効果は通常必ず出題されることから、しっかりチェックする。

(b) 上記(a)以外では解答留意事項から「端数処理」「関係会社債権債務の表示」「発行済株式数」等をチェックした。

(c) 解答留意事項内でも、不要な情報は先に消してしまったほうが後で見る際に効果的である。

❹ 関係会社の判定を「【資料4】5　有価証券に関する事項」によりあらかじめ行った。

このページにかけた所要時間は約3～4分であった。

消費税等と仕入値引をチェックした

問題

【資料1】 ×20年3月31日現在の昭和産業株式会社の決算整理前残高試算表

(単位：千円)

勘定科目	金額	勘定科目	金額
現金預金	151,600	支払手形	5,881
受取手形	48,500	買掛金	53,225
売掛金	476,200	借入金	183,000
有価証券	147,550	未払金	31,500
製品	52,200	預り金	24,000
材料	17,585	仮受金	600
仕掛品	46,624	未払法人税等	25,872
未収入金	2,500	仮受消費税等	270,240
短期貸付金	10,000	社債	25,000
繰延税金資産	136,500	貸倒引当金	17,500
仮払金	25,170	賞与引当金	21,000
仮払消費税等	253,846	退職給付引当金	160,960
建物	81,000	役員退職慰労引当金	57,970
機械装置	56,500	建物減価償却累計額	24,700
車両	11,800	機械装置減価償却累計額	25,348
工具器具備品	44,100	車両減価償却累計額	4,500
土地	13,240	工具器具備品減価償却累計額	15,100
長期貸付金	10,000	資本金	80,000
材料仕入	631,543	資本準備金	17,500
労務費	285,424	その他資本剰余金	800
製造経費	529,222	利益準備金	2,410
販売費及び一般管理費	3,802,052	別途積立金	331,097
支払利息	5,290	繰越利益剰余金	85,131
手形売却損	350	材料仕入値引	30,073
雑損失	4,275	売上高	5,404,700
法人税及び住民税	60,368	受取利息及び配当金	685
		雑収入	4,647
合計	6,903,439	合計	6,903,439

仮払金：△15,700 △150 △4,520 △4,800

材料仕入：△30,073

雑損失：△3,180 +40

貸倒引当金：△12,000 一般 破産

役員退職慰労引当金：△27,000

車両減価償却累計額：△2,925 +390

売上高：△7,500 +25

表示区分ごとにラインで分けた

3

応用問題1

87

3 資料1

❶ 基本問題と同じく、試算表を表示区分ごとにラインで分けていく。特に応用問題では特殊な表示科目が存在する可能性が高いため、ライン分けの際の試算表チェックが重要な要素となる。

❷ 仮払消費税等と仮受消費税等をチェックし、今後関連する資料がなければ相殺し、B/Sに計上することを忘れないように注意した。

❸ 材料仕入値引は、試算表の確認時点で借方の材料仕入から減額処理をした。

【資料２】 販売費及び一般管理費の主な明細

（単位：千円）

勘定科目	金額	勘定科目	金額
減価償却費	2,811	通信費	13,038
賞与手当	21,115	その他の販売管理費	3,665,069
事務用消耗品費	1,650		
租税公課	98,369	合計	3,802,052

△27,000

4

【資料３】 労務費及び製造経費の主な内訳

（単位：千円）

労務費		製造経費	
勘定科目	金額	勘定科目	金額
賞与手当	30,385	減価償却費	14,655
その他労務費	255,039	その他経費	514,567
合計	285,424	合計	529,222

5

【資料４】 決算整理の未済事項及び参考事項

1　株主総会決議に関する事項

×19年６月に実施された第24期定時株主総会で、以下の内容が決議されている。

⑴　剰余金の処分の件

配当財産の種類：金銭

配当財産の割当てに関する事項及びその他：×19年３月31日現在の株主に対して、普通株式１株につき600円

当該剰余金の処分によって減少する剰余金：繰越利益剰余金　繰利 4,890 ／ 仮払 4,800 ／ 利準 90

剰余金の配当が効力を生じる日：×19年６月28日

本件に関しては、株主に対する現金支給額を仮払金として処理しており、準備金の計上は未済である。なお、剰余金の配当が効力を生じる日における資本金及び準備金の額は、残高試算表の資本金及び準備金の額と同額であった。また、源泉税については考慮外とする。

効力発生日の指示に注意

6

⑵　退任する役員に対する退職慰労金支給の件

取締役甲氏の退任に際し、在任中の労に報いるため、当社の内規に基づき27,000千円の退職慰労金を支給する。

本件に関しては、支給額をその他の販売管理費に計上しているが、当該支給額に関しては事前見積もりの範囲内であるため引当金27,000千円を取崩す処理に改めることとする。

88

4 資料2

まず、減価償却費が計上されていることを確認した。本問中に指示のあるもの以外は減価償却計算が処理済みであると推定できる。

5 資料3

労務費と製造経費は軽く目を通すのみだった。

資料1～3にかけた所要時間は約2～3分であった。

6 株主総会決議に関する事項

通常、最初の項目は「現金預金」が多い。本問ではイレギュラーな出題であったため、この問題から解くか、それとも一度飛ばしていつもどおり現金預金から解くか等、いくつかの戦略が考えられる。今回は株主資本等変動計算書の作成があることから、純資産が重要と考え、頭から解くことが妥当であると考えた。よって、この問題から処理することとした（なお、試算表のチェック後に見た資料は有価証券であり、最初に行ったのは表示科目の判定である（下記10参照））。

❶ 剰余金の処分の件

(a) 剰余金の処分でまず注意すべきは、効力発生日である。本問は効力発生日における資本金等の額が試算表と同額なのでGOサイン！　しかし、効力発生日が増資等の後である可能性があれば、ひとまず飛ばすこととなる。

(b) 仮払金は試算表を減算、利益準備金と繰越利益剰余金は、株主資本等変動計算書の所定欄に直接記入した。また剰余金の配当額も株主資本等変動計算書に関する注記にとりあえず記載した。今後、また剰余金の配当があったとしても、二重線で修正すれば良いという判断である。

❷ 役員退職慰労金支給の件

誤処理であることが明確であり、かつ修正方法まで指示があるため、必ず正解することと、時間をあまりかけないことがポイントとなる。

所要時間は3分程度であった。

集計が多そうな現金預金や売掛金はT字勘定を用いた

2 現金預金に関する事項

(1) 期末に金庫を確認した結果、次のものが発見された。

① 事務用消耗品を購入した際の領収書 150千円

現金の支払いと引換えに受け取ったものであるが、支払額を仮払金に計上しているのみである。なお、このうち45千円分は未使用である。

② 郵便切手 280千円（購入時に通信費として処理を行っている。）

③ 収入印紙 450千円（購入時に租税公課として処理を行っている。）

C 105 / 仮払 150
貯 45 /

(2) 残高試算表の現金預金の内訳は次のとおりである。

種 類	帳簿残高	備 考
現 金	3,800千円	下記①参照
当座預金	75,600千円	下記②参照
普通預金	37,800千円	—
定期預金及び積立預金	34,400千円	下記③参照

C
29,800 | 40
 | 20,000
 | 1,400

① 現金の実地調査により不足額40千円があることが判明したが不足原因が不明であるため、雑損失として処理するものとする。

② 取引銀行が発行した×20年3月31日現在の残高証明書の当座預金残高は105,400千円であった。差額の原因はG社からの売掛代金の入金額29,800千円である。

③ 定期預金及び積立預金の内訳は次のとおりである。

売×
| 29,800
| 7,500
| 12,000
| 600
| 2,400

		金 額	預 入 期 間	備 考
長C	J銀行定期預金	20,000千円	×19年7月15日～×21年7月14日	—
C	K銀行定期預金	8,500千円	×19年12月20日～×20年12月19日	—
長C	L銀行積立預金	1,400千円	×19年9月10日～×21年9月9日	毎月1回一定額を積み立てているものである。
C	M銀行積立預金	4,500千円	×19年6月25日～×20年6月24日	毎月1回一定額を積み立てているものである。

満期日のみ注目すればOK

応用問題1

7

7 現金預金に関する事項

❶ 金庫の中身は、平易な内容なので、リズムよく解いた。普段解き慣れている内容でミスを起こさない程度に加速することは戦略だけでなく、精神的に余裕が生まれる。消耗品のように差額が処理上、重要なものは仕訳を切ることが安全である。

❷ 現金預金の内訳の注意点は、普通預金である。唯一備考欄がないため、⑵③の資料を37,800千円の資料と勘違いしないように注意した（なお本問は⑵③の資料の内訳が再び表形式であったため、上記に示した勘違いは起こりにくかった）。預金は定期でも積立てでも満期日のみ１年基準の判定で用いるため、満期日のみ注目して短期・長期を分けた。

所要時間は４分程度であった。

3　売上高及び金銭債権に関する事項 関　関

	G　社	H　社	A　社	その他の会社
売上高	1,085,400千円	723,600千円	2,701,350千円 △7,500	894,350千円
受取手形	0千円	0千円	0千円	48,500千円
売掛金	89,550千円	59,600千円	243,553千円 △7,500	83,497千円
備考	下記(2)参照	下記(3)参照	下記(4)参照	下記(5)参照

(1)　当社では、営業取引については製品の販売時点で売掛金を計上しておき、その後、得意先各社との契約方法により売掛金の回収を行い、売掛金を減額する処理を行っている。

2　現金預金に関する事項で処理済み

(2)　G社から、×20年3月31日に売掛代金29,800千円の入金があったが未処理である。なお、G社に対する売掛金は当座預金への振込みにより回収している。

(3)　H社は、当社の親会社である。H社に対する売掛金は手形により回収している。当社は、同社から回収した手形を直ちに割引に付しており、期末において手許に残っている手形はない。割引に付した手形のうち、期末現在において期日の到来していないものの額面金額は61,594千円である。

(4)　A社に対する売上高のうち、7,500千円は×20年3月30日において返品されていたが、その処理が未済であった。

(5)　その他の会社の売掛金のうちには、得意先I社に対するもの15,000千円が含まれている。I社は、×19年3月に民事再生法の申請をし、同年11月に再生計画が決定され、債権金額の80%は切り捨てられ、残り20%については×19年11月1日から毎年1回、5年間で均等返済されることになった。当期において同社との取引はなく、前期決算においては債権金額15,000千円を破産更生債権等に区分し、債権金額と同額の貸倒引当金を計上しているが、再生計画決定に伴う処理は未済である（債権の切捨額については貸倒引当金をもって充当する。）。また、当該再生計画に基づく当期分の返済600千円は入金済みで仮受金に計上されている。

なお、再生計画が決定されたが、同社の再建は不透明であり、貸倒引当金の計上にあたっては前期同様、破産更生債権等に区分する。

また、I社に対する債権は、第25期の決算日後1年以内に返済期限が到来するものについても、その全額を投資その他の資産に計上するものとする。

表示区分に注意する

貸引	12,000	売×	15,000
仮受	600		
破更	2,400		

文章に従いながら仕訳を完成させていく

8

90

8 売上高及び金銭債権に関する事項

表形式での出題から、ここまでスイスイ解けたがそろそろ厄介そうなものがでてきたな…と感じた。まずA社は関係会社なのですぐ「関」とメモした。

❶ 収益の計上時期につき、販売基準であったため特別意識せずに解いた。また決済時の処理も通常どおりであり意識しなかった。

❷ G社を解いた際には、当座預金がここで動くのは怪しい…先程修正したばかりなのにと思い、資料を戻ると予感が的中。冷静になれば、当座預金は銀行の残高証明書を受けての修正をすでに行っていることから変動することは考えにくいが、なかなかそこまで覚えていられない。現金預金が修正後に動くのは怪しいと意識していくことが本問のような出題には対応しやすい。

❸ H社は親会社であり、関係会社と意識し、当該親会社の株式を有していないかをチェックする。また本問は、割引手形の注記を行うが、それ以外に関係会社との取引高を記入するP/L注記が盲点になりやすいので、注意する。

❹ A社は時間をかけずに解いた。なお、試算表での集計だけでなく、P/L注記対策に表に金額修正を加えた。

❺ その他は表を無視し、I社のみに着目した。民事再生法等の再生計画の決定に関する処理は本試験でも定番化しており、特徴は資料の分量が多いことである。

通常分量が多い問題は後回しにしても良いが、再生計画の決定等に関する処理はパターンが決まっていて得点しやすく、かつ、修正の影響がかなり多くの科目に出るため、必ず正解したい。

処理のポイントは文章に従いながら、適宜仕訳を作成することである（下記参照）。

(a) 15,000千円の売掛金が減額されるため貸方に「売× 15,000」を記載する。

(b) 80％が切捨てられるため、12,000千円が貸倒損失か、貸倒引当金の充当になるが、本問では前期に引当金設定済みで充当の指示があるため貸倒引当金を充当する。

(c) 20％は当期から５年間で返済されるため、当期の回収額と、翌期の回収額、翌々期以降の回収額と分けることが推定できる。当期の回収額は仮受金処理した旨があるため、仮受金を借方に計上する。また翌期以降の回収額は最後に「また書き」で全額投資その他の資産に計上する指示があるため１年基準を適用せずに破産更生債権等（固定資産）を借方に2,400千円計上した。

(d) なお、前期に設定した貸倒引当金のうち、当期に充当されなかった3,000千円があるが、こちらは後で貸倒引当金設定の際の処理に役立てるため、一般債権分と分けて試算表にメモを記した。

文章で紹介すると長くなるが、一連の作業は１つの仕訳であり、１つの仕訳を完成させるために文章を読解することが、分量の多い問題を簡単に解くテクニックとなる。所要時間は10分程度であった。

本問では担保等がなかったため資料を消した

④ 貸倒引当金に関する事項

受取手形及び売掛金の期末残高に対して貸倒引当金を設定するが、一般債権及び破産更生債権等に区分して算定する。一般債権については、過去の貸倒実績率に基づき期末残高の１％を引当計上する。破産更生債権等については、債権総額から担保等処分見込額を控除した残額を引当計上する。

貸倒引当金の貸借対照表表示は、流動資産の部及び固定資産の部の末尾にそれぞれ一括して控除項目とする。損益計算書においては、繰入額と戻入額とを相殺した差額で表示するが、破産更生債権等に係るものについては、営業外収益の部に計上する。

なお、決算整理前残高試算表の貸倒引当金は前期末残高であり、上記「3　売上高及び金銭債権に関する事項」の(5)以外はすべて一般債権に係るものである。

9

応用問題1

5　有価証券に関する事項

有価証券の内訳は次のとおりである。なお、当社は「金融商品に関する会計基準」に基づいて有価証券の評価及び評価差額の処理を行っている。

表示科目の判定のみ最初に行った

	銘　柄	取得原価	期末時価	備　考
関	A 社株式	27,000千円	—	下記(4)①参照
関	B 社株式	1,800千円	—	下記(4)②参照
関	C 社株式	4,500千円	—	下記(4)③参照
投	D 社株式	13,500千円	—	下記(4)④参照
投	E 社株式	49,000千円	54,000千円	—
投	F 社社債	49,500千円 (+25)	46,425千円	下記(4)⑤参照
自	自己株式	2,250千円	—	下記(4)⑥参照
	合　計	147,550千円	—	

5,000 / 1,950
3,050
25 / 有利 25
1,209 / 3,100
1,891

10

(1) 売買目的の有価証券は所有しておらず、子会社及び関連会社株式に該当するもの以外はすべて「その他有価証券」に該当する。

(2) 「その他有価証券」の評価は、市場価格のあるものは決算日の市場価格に基づく時価法（評価差額は全部純資産直入法により処理する。）、市場価格の無いものは原価法によっている。

(3) 前期決算の「その他有価証券」に係る評価差額（税効果に関する仕訳を含む。）は当期首に戻入れを行っている。

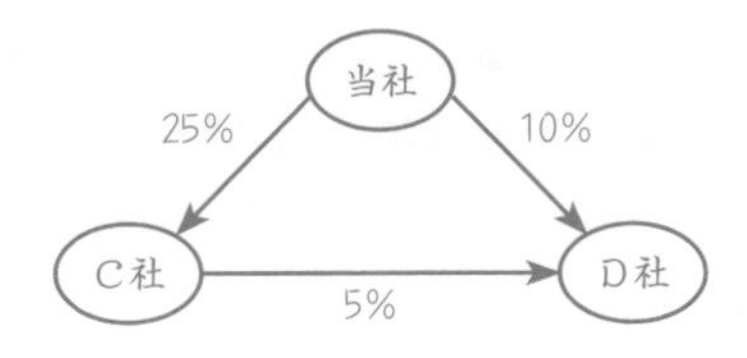

91

9 貸倒引当金に関する事項

❶ 金銭債権の集計は、まず最後まで問題を解いてから行うリズムなので飛ばした。ただし、破産更生債権等はもう変動しないとみて、本問では担保等がないため、余分な資料を消すことだけ行った。また、飛ばした際に○をつけて、解いていない問題がはっきりわかるようにした。

❷ 集計後、2回転目において金銭債権に自信があったため貸倒引当金の設定を行った。金銭債権に関する問題でわからず未処理のものがあれば、貸倒引当金は諦めよう！所要時間は2分程度であった。

10 有価証券に関する事項

❶ 表示科目の判定は試算表のチェックの直後に行った。また評価は複雑そうなので表示科目の判定と並行せず後回しにした。

なお社債は、株式に比べ償却原価法等配慮する点が多いため、社債に○をつけた。

❷ D社の場合、間接保有分があるため念のため、図を書いた。その他有価証券で時価が無いため、取得原価に○をつけた。

❸ E社株式は備考欄が無いことにまず注意し、期末時価への○つけと表の横に仕訳を切って期末評価をした。

❹ F社社債はその他有価証券であるため、ミスしやすい時価評価を忘れないように先に時価に○をつけた。償却額は表に書き込み、時価との差額を税効果適用のうえ純資産直入した。本問は株主資本等変動計算書があるため、その他有価証券評価差額金の集計は答案用紙の株主資本等変動計算書を用いた。

⑷ 上記の有価証券の備考の内容は次のとおりである。

① 当社はＡ社の議決権の41％を所有しており、Ａ社の意思決定機関を支配している。

② 当社はＢ社の議決権の35％を所有しており、また、Ａ社はＢ社の議決権の25％を所有している。

③ 当社はＣ社の議決権の25％を所有している。

④ 当社はＤ社の議決権の10％を所有しており、また、Ｃ社はＤ社の議決権の５％を所有している。

⑤ Ｆ社社債は、×19年10月１日に発行と同時に取得したものであり、額面50,000千円、償還期限は10年、クーポン利率は年１％、利払日は９月末日と３月末日である（３月末日に受け取った利息は適正に処理されている）。

取得価額と額面金額の差額はすべて金利の調整部分であり、これを有価証券の調整額として利息期間に期間配分する際には償却原価法（定額法）による。

⑥ 自己株式は、すべて退職した取締役甲氏から×19年６月に買い取ったもの（普通株式15株）である。なお、前期以前に自己株式を取得した事実はない。

10
（続き）

この後の処理等の資料により変動する可能性が高い

6 棚卸資産に関する事項

	帳簿棚卸数量及び原価	実地棚卸数量及び正味売却価額	期末貸借対照表価額	備考
材料	12,020個 1,500円/個	11,850個 —	各自算定 千円	下記⑴参照
仕掛品	—	—	43,038千円	—
製品	10,900個 4,000円/個	12,150個 3,800円/個	各自算定 千円	下記⑵参照

⑴① 当社では製品の製造に必要な材料はすべてＤ社から仕入れている。

② 帳簿棚卸数量と実地棚卸数量の差は、不可避的に生じる正常な範囲の減耗であるため、製造原価として処理する。

⑵① 帳簿棚卸数量と実地棚卸数量の差は、×20年３月30日に生じたＡ社からの返品分についての受払帳簿の記帳漏れである。

② 当社では製品について先入先出法による原価法（収益性が低下したものについては帳簿価額を減額する）により評価している。

⑶ 残高試算表上の製品、材料及び仕掛品はすべて前期末残高である。

11

B/S計上額は答案用紙に直接記入した

92

10 有価証券に関する事項（続き）

❺ 自己株式は当期取得のため、取得原価を株主資本等変動計算書にメモするような形で直接解答した。かつ、今後重要な資料とみて、○をつけて強調をした。

集計の際も表に○をつけたおかげでミスせず得点できた。

所要時間は８分程度であった。

11 棚卸資産に関する事項

一般的な財務諸表論の計算は、金銭債権・有価証券・棚卸資産・有形固定資産、この４つの項目が難易度・分量ともにヤマとなりやすい。問題構成の順番も比較的秩序が保たれている財務諸表論においては、有形固定資産を終えれば平易な問題が待っている…。そう考えると棚卸資産を解くころは２つのヤマを越え、かつまだヤマが２つあるという最も時間帯的にきついところ。一度深呼吸し、気合いを入れた。

❶ 製造業の場合、棚卸資産は完成度換算法等による製造原価の算定があると、超難問となる。この場合は材料のみを正解し、仕掛品や製品は手をつけないのが得策だろう。しかし、本問は製造原価等を算定せずに棚卸資産のＢ/Ｓ計上額を計算できる。結果、棚卸資産に時間をかけずに切り抜けることができ、貸借対照表の材料・仕掛品・製品は直接計上した。

❷ この時点で売上原価の金額にのみ影響することが判明した総製造費用の構成要素の集計は、費用対効果があまりに悪いため、労務費や製造経費を集計せずに時間を稼ぐ判断をすることも有効である。効果的に解くポイントは、「合格答案のための優先順位を誤らないこと！」

所要時間は５分程度であった。

7　有形固定資産に関する事項

減価償却費の計算は、以下の(4)及び(5)に記載されているものを除き適正に処理されている。

(1)　残存価額は次のとおりとする。

①　×19年3月31日以前に取得した資産：取得原価の10%

②　×19年4月1日以降に取得した資産：零

(2)　当社は期首時点で保有する有形固定資産については、期首時点で1年分の減価償却費を計算し、計上している（残高試算表に計上されている減価償却費がこれに該当する。）。

(3)　有形固定資産の貸借対照表の表示は、減価償却累計額を控除した残額のみを記載する方法による。

(4)　本社で使用している車両

下記車両については、×19年9月30日に買換えを行っているが、当社では買換時においては、新資産の取得原価と下取価額の差額を現金で支払い、仮払金として処理しているのみである。

なお、新資産は×19年10月1日に取得し、使用を開始している。

	取得原価	減価償却累計額	償却方法	償却年数	下取価額
旧資産	6,500千円	2,925千円	定額法	9年	2,500千円
新資産	7,020千円	0千円	定額法	9年	—

（注）上記表中の減価償却累計額は、残高試算表計上額を示している。

(5)　第一工場で使用している資産グループ

当社の第一工場において減損の兆候がみられたため、当期末において減損損失の計上を行うこととした。なお、減損会計を適用する場合の資産のグルーピングは、工場単位で行うこととしており、減損損失は資産の種類ごとに帳簿価額に基づき配分するものとする。

①　資産グループの内訳

	取得原価	減価償却累計額	帳簿価額
建物	55,000千円	4,950千円	50,050千円
機械装置	37,734千円	6,703千円	31,031千円
工具器具備品	20,701千円	1,682千円	19,019千円

（注）上記表中の減価償却累計額は、残高試算表計上額を示している。

②　同工場から得られる割引前将来キャッシュ・フローは98,000千円と見積もられ、また、回収可能価額は94,100千円と見積もられている。

③　減損処理の貸借対照表の表示は、取得原価から減損損失を直接控除し、控除後の金額を貸借対照表価額とする（直接控除形式）。

応用問題1

12

12 有形固定資産に関する事項

⑪の冒頭であげた４つのヤマの中で最もバラエティー豊かな論点は有形固定資産だろう。売却や除却、減損にリース、資本的支出等…。この論点で重要なことは資料の読み取り、特に「取引内容の把握」と「当社の処理状況の把握」がポイントとなるため、問題をしっかり読んだ。

❶ まず残存価額は10%と零であるため、特に注意した。また、(2)の資料をしっかりとチェックしなければならない。「当社は期首時点で保有する有形固定資産について、期首時点で１年分の減価償却費を計上している」。これは非常に特殊な表現である。ポイントは期首から保有している資産は償却済みであるから、売却等した場合に修正が必要であるということと期首後に取得した資産は指示が無い限り、減価償却計算が未了であることである。

問題のペースにハマらないようにするには、一度、上記でポイントと述べたような内容をまず危惧し、その後の資料を読むことである。

❷ 車両はまず「本社」をチェックし、減価償却費は販管費であることを把握する。買換えの際には、メモに示した図を書くことも有効である。

なお、先ほど危惧した特殊な減価償却方法が予想どおり、修正となった。

❸ 資産グループは「工場」のものなので経費と把握した。

続いて資産グループの帳簿価額の合計を出し、メモした。メモした理由は、割引前将来キャッシュ・フローとの比較だけでなく、減損損失の算定および損失を各固定資産に按分する際に用いる必要があるためである。

割引前将来キャッシュ・フローは減損損失の認識の判定に用いた後は、紛らわしいため消し、回収可能価額まで簿価を切り下げた。

切下げの際の減損損失を特別損失に記入し、先ほどメモした資産グループの帳簿価額の合計額と、表の帳簿価額を用いて、各資産に按分した。

表示方法が直接控除形式だったため、注意して解答した。

ここで時間を確認した。ヤマを４つ越えたところで一息つく効果と、残りの戦略を意識づけるためである。

所要時間は10分程度であった。

期末残高か当初借入総額かを注意する

8　借入金に関する事項

借入金の内訳は次のとおりである。

借入先	期末残高	備　考
K銀行	20,000千円	×19年12月1日に借り入れた、×20年5月31日を一括返済期日とする借入金である。利息（借入利息年3％）は元金の返済と併せて支払う契約である。
J銀行	63,000千円	×19年12月1日に借り入れ、×20年1月末より毎月末3,000千円ずつ元金の返済を行っている。なお、利息の支払いについては、適正に処理されている。
H㈳ 関	100,000千円	×19年4月1日に借り入れた、×22年3月31日を一括返済期日とする借入金である。利息（借入利息年1％）は毎年3月末日に後払いしており、当期分の利息は適正に処理されている。

13

9　社債に関する事項

当社は下記の条件で、×18年10月1日に転換社債型新株予約権付社債を発行し、一括法で処理している。なお、×20年3月に新株予約権10個が権利行使され、新株の発行に代えて保有自己株式10株（1株150千円）を処分しているが、会計処理が未済である。

〔条　件〕

(1)　額面金額：25,000千円

必要な資料のみをピックアップする

(2)　発行価額：25,000千円（社債の対価部分：25,000千円、新株予約権の対価部分：零）

(3)　償還期限：×23年9月30日

(4)　利率：利息は付さない。

(5)　新株予約権の内容

①　新株予約権の総数：200個

②　新株予約権の目的となる株式の数：普通株式200株（新株予約権1個につき普通株式1株）

③　新株予約権の権利行使に際して出資をなすべき額（転換価額）：新株予約権1個につき125千円

④　新株予約権の権利行使期間：×18年10月16日から×23年9月15日

⑤　新株予約権の権利行使に伴う資本金組入額：会社法に規定する最低限度額

14

94

13 借入金に関する事項

まず期末残高にチェックをした。借入金のミスの原因は金額が「期末残高」か「当初借入総額」かの読み取りミスが多いからである。また、借入先に「○社」があることもチェックをした。「○社」は関係会社の可能性が高く、関係会社の際には、表示だけでなく、利息もP/L注記の対象として気をつけなくてはならないためである。

❶　K銀行は、1年基準だけでなく、未払利息に関する会計処理を行う。借入金は短期・長期だけでなく、通常利息計算があるはずということを、意識づけておけばミスを防止できる。

❷　J銀行は利息が適正に処理されているため、1年基準の判定のみ。短期は1年以内返済長期借入金となるが、答案用紙にスペースがないことから記載できない。よって短期借入金として計上した。

❸　H社は「○社」ということでチェックしていたが、「H社」はページを戻れば関係会社に該当するため、表示の際に注意する。利息は処理済みであるが、P/L注記が必要である。

所要時間は3分程度であった。

14 社債に関する事項

あと3ページほど、最後に向かって一気に解けそうなものが並んでいる。短時間に正確に解く必要があるが焦らないことがポイントである。

新株予約権付社債は、処理は難しくないが、必然的に資料が多くなる。必要な資料は、権利行使日・権利行使された個数・自己株式の処分価額・社債発行価額・予約権総数であり、他は不要である。また、自己株式の簿価は有価証券の資料から把握するが、事前に○をつけて強調した分、わかりやすく処理できた。

処理により生じた純資産の部の変動は株主資本等変動計算書にメモ代わりに解答した。

所要時間は2分程度であった。

販管費と労務費の読み間違いに注意

10　従業員賞与に関する事項

従業員について、翌期における支給見込額のうち当期負担分23,000千円を賞与引当金に計上する。引当金計上額のうち、本社及び営業部門の負担分は9,430千円、工場の負担分は13,570千円である。なお、残高試算表の賞与引当金21,000千円は前期末残高であり賞与手当に計上した×19年６月支給額と相殺処理する。また、支給額のうち、本社及び営業部門の負担分は8,190千円、工場の負担分は12,810千円である。

15

11　退職給付引当金に関する事項

当社は退職一時金制度を採用しており、従業員の退職給付に備えるため、期末における退職給付債務の見込額に基づき退職給付引当金を計上している。また、当社は従業員が300人未満であり合理的に数理計算上の見積もりを行うことが困難であるため、退職給付に係る期末自己都合要支給額を退職給付債務とする方法（簡便法）を採用している。

(1)　自己都合要支給額の推移等は次のとおりである。

	前期末		当期末	
自己都合要支給額	本社及び営業部門	工場部門	本社及び営業部門	工場部門
	64,384千円	96,576千円	67,603千円	101,404千円

(2)　当期中の退職金の支給状況は次のとおりである。なお、期中の会計処理は退職金支給額を仮払金に計上しているのみである。

項	目	本社及び営業部門	工場部門
前期末	自己都合要支給額	6,040千円	9,070千円
退職時	自己都合要支給額（退職金支給額）	6,200千円	9,500千円

(3)　残高試算表の退職給付引当金残高は前期末残高である。

不要な資料を消す

16

12　役員退職慰労引当金に関する事項

当社は、役員の退職慰労金の支払いに備えるため、内規に基づく期末要支給額の100％の引当金を計上している。当期中の引当金の増減は次のとおりである。

前期末残高	増加	減少	当期末残高
57,970千円	7,300千円	27,000千円	38,270千円

(1)　減少分は、×19年６月の第24期定時株主総会で退任した取締役甲氏に対するものである。

(2)　残高試算表の役員退職慰労引当金残高は前期末残高である。

17

応用問題1

95

15 従業員賞与に関する事項

論点・難易度・分量すべてにおいてラッキー問題と判断した。B/S計上額と販管費のみ算定した。

所要時間は2分程度であった。

16 退職給付引当金に関する事項

「簡便法」であると把握した。簡便法ということで、まず(2)の前期末の自己都合要支給額が紛らわしいので消すことにした。あとは、当期末の自己都合要支給額の合計額を退職給付引当金として記載し、販管費の退職給付費用を当期中の支給額を考慮のうえ、差額から計算した。

所要時間は3分程度であった。

17 役員退職慰労引当金に関する事項

減少時の処理は当期の株主総会の事項であるという点から、すでに処理済であり不要な資料である。また、貸借対照表価額は表に答えが書いてあるため、直接記載した。

本問は上記以外に販管費に増加額を移せばOKであり、ラッキー問題であった。

所要時間は2分程度であった。

表を作成して解いた

13　諸税金に関する事項

(1)　当期の確定年税額（中間納付額及び源泉徴収税額控除前）は、法人税及び住民税63,610千円、事業税16,196千円及び消費税等27,324千円である。残高試算表において、法人税及び住民税の前期分の納付額25,872千円と当期分の中間納付額34,496千円が法人税及び住民税に、事業税の中間納付額8,908千円及び源泉徴収された所得税及び住民税利子割額890千円が販売費及び一般管理費（租税公課）、消費税等の中間納付額10,930千円が仮払消費税等に計上されている。なお、上記各税金について前期末未払計上額と納付額とに過不足はなかった。

(2)　更正による法人税、住民税及び事業税の追徴税額3,180千円を雑損失で処理している。

18

14　税効果会計に関する事項

表を作成して解いた

(1)　決算整理前残高試算表の繰延税金資産は、前期末残高から前期決算の「その他有価証券」に係る評価仕訳の当期首戻入れ（上記「5　有価証券に関する事項」の(3)参照）を計上した残高である。

(2)「5　有価証券に関する事項」で決算整理した「その他有価証券」の評価差額を除く当期末の一時差異及び永久差異は、次のとおりである。

①　将来減算一時差異　　408,300千円（前期末　350,000千円）

~~②　永久差異　　　　　　8,500千円（前期末　　7,200千円）~~

(3)　前期及び当期の法定実効税率は39％である。

(4)　繰延税金資産の回収可能性には問題がないものとする。

19

	890	34,496 8,908	35,512	63,610 16,196
	—			
		10,930	16,394	27,324

繰税

T/B ~~136,500~~	~~136,500~~
159,237	1,950
1,209	
158,496	

法調

136,500	
	159,237
	△22,737

96

18 諸税金に関する事項

❶ 法人税、住民税及び事業税は以下の表を作成し、算定した。

	源泉税	中間納付	未払額	年税額	
法・住	890	34,496	35,512	63,610	P/L 法住事
所得割		8,908		16,196	
外　形	―――		B/S未払法		
消費税		10,930	16,394 B/S未払消	27,324	

消費税は試算表から算定しても同額となる。

❷ 追徴税額は雑損失を試算表修正、追徴税額自体は損益計算書に直接計上した。

所要時間は4分程度であった。

19 税効果会計に関する事項

❶ 法定実効税率の把握は、解答留意事項の確認（上記2参照。）の際に確認済みである。

❷ 本問では、問題文の余白にT勘定により集計した。

所要時間は2分程度であった。

必要な資料をピックアップする

15　ストック・オプションに関する事項

×19年10月に役員に対して下記の条件でストック・オプション（新株予約権）を付与している。なお、各会計期間における費用計上額は、ストック・オプションの公正な評価額のうち、対象勤務期間を基礎として、各会計期間に発生したと認められる額を月割りにより計算するものとする。

〔条　件〕

(1)　付与するストック・オプションの数：従業員30名に対して、１名あたり10個　合計300個

(2)　ストック・オプションの行使により与えられる株式の数：１個あたり１株　合計300株

(3)　ストック・オプションの行使時の払込金額：１株あたり180千円

(4)　ストック・オプションの公正な評価額：2,100千円

(5)　ストック・オプションの対象勤務期間：×19年10月１日から×21年９月30日

(6)　ストック・オプションの権利確定日：×21年９月30日

20

応用問題1

飛ばしたことが分かるよう○をつけた

⑯　その他の参考事項

×20年６月に第25期定時株主総会の開催を予定している。当該株主総会で、次の剰余金の処分の承認を受ける予定である。

配当財産の種類：金銭

配当財産の割当てに関する事項及びその他：×20年３月31日現在の株主に対して、普通株式１株につき600円

当該剰余金の処分によって減少する剰余金：繰越利益剰余金

21

20 ストック・オプションに関する事項

ストック・オプションの特徴は、新株予約権付社債と同様に、資料が多いことである。必要な資料をピックアップする力が、スピード面や正確性に差をつける。

本問では、当期からの設定で失効見込者無しであることから、簡単と判断した。今回は、公正な評価額が直接与えられているため按分のみで終わりだった。具体的には⑷⑸のみで処理できる。

所要時間は２分程度であった。

21 その他の参考事項

❶　株主資本等変動計算書の注記対象であるが、自己株式の変動があるため、とりあえず○をつけて飛ばした。

❷　株主資本等変動計算書の注記で発行済株式数や自己株式数を集計し、記載した状態で、電卓のみで翌期の剰余金の配当を計算し注記した。

所要時間は１分程度であった。

22 残り時間

一通りの解答が終えた時点で、５分程度時間が余った。

集計もれや転記もれがないかを確認し、解答を整えた。

応用問題 2

問　【資料１】、【資料２】及び【資料３】に基づき、次の(1)及び(2)の各問について、答えなさい。

(1)　株式会社レッド商事の第27期（自×27年４月１日　至×28年３月31日）における貸借対照表及び損益計算書を、会社法及び会社計算規則に準拠して作成しなさい。

(2)　答案用紙に示した販売費及び一般管理費の明細を作成しなさい。

（解答留意事項）

イ　消費税及び地方消費税（以下「消費税等」という。）の会計処理は、指示のない限り税抜方式で処理されているものとし、また、特に指示のない限り消費税等について考慮する必要はないものとする。

ロ　税効果会計は、特に記述のない項目については適用しない。また、前期及び当期における各税率で算定した当社の法定実効税率は40％である。なお、税率の改正により来期以降の当社の法定実効税率は37％となった。税務上の処理との差額は一時差異に該当し、繰延税金資産の回収可能性については問題のないものとする。

ハ　会計処理及び表示方法については、特に指示のない限り原則的方法によるものとし、金額の重要性は考慮しないものとする。

ニ　関係会社に対する金銭債権債務は、独立科目表示法によることとする。

ホ　解答金額については、【資料１】の残高試算表における金額の数値のように、３桁ごとにカンマで区切り、解答金額がマイナスとなる場合には、金額の前に「△」を付すこと。この方法によっていない場合には正解としないので注意すること。

ヘ　計算の過程で生じた千円未満の端数は、百円の位で四捨五入するものとする。ただし、単価の計算については、この限りではない。なお、キャッシュ・フロー見積法により将来キャッシュ・フローを当初の約定利子率で割り引く際には、各期の将来キャッシュ・フローに基づく現在価値の総和を求めた段階で端数処理するものとする。

ト　日数の計算は、すべて月割計算で行うものとする。

チ　「会計上の変更及び誤謬の訂正に関する会計基準」に規定されている過去の誤謬は生じていないものとする。

【資料1】 残高試算表

残　高　試　算　表

×28年3月31日

（単位：千円）

勘定科目	金額	勘定科目	金額
現金預金	510,969	支払手形	22,296
受取手形	159,100	買掛金	33,962
売掛金	90,290	借入金	1,140,000
繰越商品	88,880	未払金	28,100
貯蔵品	2,360	未払費用	3,210
貸付金	63,200	仮受金	96,030
仮払金	135,000	預り金	23,864
繰延税金資産	27,620	未払消費税等	107,012
建物	1,200,000	賞与引当金	51,207
車両運搬具	70,000	貸倒引当金	26,216
備品	60,000	減価償却累計額	150,750
土地	200,000	資本金	810,000
建設仮勘定	719,946	資本準備金	70,250
ソフトウェア	7,350	その他資本剰余金	11,480
ソフトウェア仮勘定	18,000	利益準備金	41,560
投資有価証券	305,711	新築積立金	200,000
新株予約権	1,000	別途積立金	77,759
前払年金費用	15,000	繰越利益剰余金	641,370
商品仕入高	1,208,300	評価差額金	0
販売費及び一般管理費	942,000	売上高	2,320,190
支払利息	1,550	受取利息・配当金	5,616
社債利息	600	為替差益	2,007
雑損失	1,968	雑収入	165
法人税等	34,800	固定資産売却益	600
合計	5,863,644	合計	5,863,644

【資料2】 販売費及び一般管理費の主な明細

（単位：千円）

勘定科目	金額	勘定科目	金額
広告宣伝費	70,773	荷造運搬費	13,005
給料手当	607,914	租税公課	31,966
役員報酬	25,000	減価償却費	33,000
賞与引当金繰入額	51,207	支払保険料	1,920
法定福利費	11,280	その他	74,075
旅費交通費	21,860	合計	942,000

【資料３】 決算整理の未済事項及び参考事項

1　現金預金に関する事項

残高試算表の現金預金の内訳は次のとおりである。

種　　類	帳簿残高	備　考
現　　　金	2,562千円	下記(1)参照
当 座 預 金	257,712千円	下記(2)参照
普 通 預 金	121,095千円	下記(3)参照
定 期 預 金	129,600千円	下記(4)参照

(1) 金庫内に得意先より掛代金として回収した小切手1,890千円が保管されており、記帳漏れであった。

(2) 銀行残高確認書の金額は287,812千円であった。帳簿残高257,712千円との差異を調査したところ、本社ビルの外壁の修繕代金として渡した小切手が未取付けであったことが判明した。

(3) 銀行残高確認書の金額は119,095千円であり、帳簿残高121,095千円との差異を調査した結果、×28年１月10日に支払った買掛金を記帳漏れであったことによるものである。

(4) 帳簿残高は全額×27年７月１日に預入期間３年で預け入れた外貨建定期預金である。預入金額1,200千ドル利率年0.25％、利払日は年２回（12月末及び６月末）である。なお、未収利息の計上は未了である。また、決算期末日の為替相場は120円／ＵＳドルである。

2　貸倒引当金等に関する事項

(1) 貸倒引当金の計上は次のとおりとする。

① 金銭債権は、一般債権、貸倒懸念債権及び破産更生債権等に区分し設定している。当社は、一般債権に対しては、期末における受取手形（下記(3)を除く）及び売掛金に対して、１％の貸倒引当金を引当計上している。残高試算表の貸倒引当金残高は、前期末の貸倒引当金残高であり、各資産区分の貸倒引当金が一括して処理されている。貸倒懸念債権に対しては、キャッシュ・フロー見積法又は財務内容評価法により引当計上している。キャッシュ・フロー見積法については、債権の元本の回収及び利息の受取りに係る将来キャッシュ・フローを当初の約定利子率で割り引いた金額の総額と債権の帳簿価額との差額を引当計上している（債権金額から前期末において当該債権に対して設定した貸倒引当金を控除した額に当初約定利子率を乗じた額を利息の発生額（受取利息・配当金として処理する。）とする方法により引当計上する。）。財務内容評価法については、債権額から担保による処分見込額及び保証による回収見込額を控除した残額について、債務者の財政状態及び経営成績等を考慮して設定した貸倒率を乗じた額を引当計上している。破産更生債権等については、債権総額から担保の処分見込額等を控除した残額を引当計上する。

② 貸倒引当金の貸借対照表上の表示は、各資産区分の末尾にそれぞれ一括して控除科目として表示する。

③　損益計算書においては、繰入額と戻入額とを相殺した純額で表示し、破産更生債権等に係るものは、特別損益の部に計上する。

④　貸倒懸念債権は一般債権と同一の科目で表示し、破産更生債権等は独立科目として表示する。

(2)　得意先A社に対する受取手形45,000千円が前期において決済されなかったため、前期より同社に対する債権については、貸倒懸念債権の区分にしていた。当社は当期に入りA社との取引を一時的に停止するとともに、当期より担保（土地：当期末時価10,000千円）を入手している。A社は×28年１月に破産手続きの申立てを行った。A社の債権は当期中に一度も回収がないため、当期末残高は前期末残高と同じく受取手形45,000千円及び売掛金2,500千円であり、今後１年以内に回収される見込みはない。

なお、前期末においては、A社に対する金銭債権に対し、貸倒引当金23,750千円が設定されている。

(3)　受取手形のうち18,200千円は×27年９月21日にB社に土地を売却した際に受け取ったものである。この手形の額面金額は１枚につき1,300千円であり、×27年10月30日を初回として毎月末に一枚ずつ期限が到来するものである。なお、当期末までの手形決済は滞りなく行なわれており、適正に処理している。

(4)　貸付金には×26年４月１日にC社に貸し付けたものが14,000千円ある。当初の契約内容は期間４年、金利年４％（利払日：年１回３月31日）である。C社はかねてより業績不振であり、当社はC社より支払条件の緩和を求められていたため、×27年３月末に、返済期日は変更せず×27年４月１日より金利を年１％とする旨の契約に変更した。当社は前期から貸倒懸念債権に分類し、キャッシュ・フロー見積法により貸倒引当金を設定している。なお、×28年３月末には変更後の契約に基づき利息の支払いが行われ、現金受取額のみを受取利息・配当金として処理している。

【契約変更後におけるキャッシュ・フローの比較表】

	×28年３月31日	×29年３月31日	×30年３月31日	合　計
当初の契約内容	560千円	560千円	14,560千円	15,680千円
変更後の契約内容	140千円	140千円	14,140千円	14,420千円

(5)　貸付金のうち49,200千円はD社に対するものであり、元本は×32年６月25日に一括返済される予定である。なお、当期の利息1,476千円は適正に処理されている。

(6)　残高試算表に計上されている貸倒引当金の金額は前期末残高であり、A社債権及びC社債権に係る額以外のものは、一般債権に係るものである。

3　投資有価証券に関する事項

残高試算表の投資有価証券の内訳は次のとおりである。

銘　　柄	数　　量	取得原価	期末における1株当たり時価	1株当たりの純資産額	備　　考
V 社 株 式	1,400千株	70,000千円	70円	―――	下記(2)①参照
W 社 株 式	44千株	79,200千円	1,900円	―――	下記(2)②参照
X 社 株 式	126千株	27,720千円	―――	212円	下記(2)③参照
Y 社 株 式	50千株	86,000千円	1,360円	―――	下記(2)④参照
Z 社 株 式	100千株	25,600千円	―――	120円	下記(2)⑤参照
D 社 株 式	222千株	15,540千円	―――	80円	下記(2)⑥参照
自 己 株 式	8千株	1,651千円	215円	―――	下記(2)⑦参照
合　　計		305,711千円			

(1)　投資有価証券は子会社株式・関連会社株式に該当するもの以外はすべて「その他有価証券」に該当し、「その他有価証券」のうち、時価のあるものは時価法（評価差額は全部純資産直入法により処理し、税効果会計を適用する。）、時価がないものは原価法により評価している。時価又は実質価額が取得原価より50%以上下落した場合には減損処理を行う（税務上も全額損金となり、一時差異には該当しないものとする。）。前期決算の「その他有価証券」に係る時価評価の仕訳（税効果に関する仕訳を含む。）は期首に戻入れを行っている。

(2)　上記の投資有価証券の備考の内容は以下のとおりである。

①　V社株式は上場株式であり、当期首時点で議決権の14%を所有していた。当社は当期において同社の株式1,000千株（1株当たり65円）を市場から買い取り、当期末の議決権は合計24%となっているが、当社は買い増し分について仮払金処理をしているのみである。

②　W社株式は上場株式であり、議決権は10%を所有しており、業務提携目的で保有している。

③　X社株式は非上場株式であり、当社は議決権の40%を所有している。なお、当社と同一の内容の議決権を行使することに同意している当社の株主がX社の議決権の12%を所有している。

④　Y社株式は上場株式であり、当社は議決権の8%を所有している。また、X社が同社の議決権の10%を所有している。

⑤　Z社株式は非上場株式であり、当社は議決権の5%を所有しており、長期保有目的で保有している。

⑥　D社株式は非上場株式であり、当社は議決権の15%を所有している。また、同社に対しては貸付金（上記2(5)）があり、同貸付金は重要な融資に該当する。

⑦　自己株式は、すべて×27年1月に公開買い付けにより適法に一時に取得したものである。

(3)　残高試算表の新株予約権はG社が以下の条件で発行したものを発行と同時に取得したものである。

発行日	×26年4月1日
新株予約権の目的たる株式数	普通株式10,000株
新株予約権1個につき発行する株式数	250株
払込金額	1個につき25,000円
行使価額	1株につき4,000円
権利行使期間	×27年4月1日から×28年9月30日

当該新株予約権については、×28年3月15日にすべて権利行使を行い、G社株式を取得している。当社のG社に対する議決権の所有割合は9％であり、G社株式の期末時価は、1株当たり4,250円である。当社は権利行使に際し、払込金額を仮払金で処理しているのみである。

4　棚卸資産に関する事項

商品の期末数量等の内訳は次のとおりである。商品は平均原価法に基づく原価法（収益性の低下による簿価切下げの方法）により評価しており、帳簿棚卸高に記載の単価は平均原価法により適正に計算されている。

	帳簿棚卸高		実地棚卸高	差異の内訳等
	数量	単価	数量	
甲商品	10,100個	6,500円	9,980個	下記(2)、(4)参照
乙商品	8,100個	12,900円	8,000個	下記(3)、(4)参照
貯蔵品	——	——	800個	——

貯蔵品はすべて梱包資材であり、購入時に販売費及び一般管理費（荷造運搬費）で処理している。期末においては実地棚卸に基づく未使用分を最終仕入原価法により評価しており、3,560千円である。

(1)　残高試算表の繰越商品及び貯蔵品の残高は前期末残高である。

(2)　甲商品の棚卸差異のうち500個については、×28年3月31日に1個6,500円で掛仕入した商品を担当者が会計処理を失念していたものである。残りの棚卸差異については原因が不明であるため、棚卸減耗として売上原価処理する。

(3)　乙商品の棚卸差異については原因が不明であるため、棚卸減耗として売上原価処理する。

(4)　期末における各商品の売価及び見積販売直接経費は次のとおりである。

	売価（1個当たり）	見積販売直接経費（1個当たり）
甲商品	8,600円	600円
乙商品	13,000円	800円

なお、前期末の棚卸資産について収益性の低下による簿価切下げは行っていない。

5　有形固定資産に関する事項

減価償却費の計算は、以下に記載されている事項を除き適正に処理されている。なお、残高試算表の減価償却累計額の内訳は、建物に係るものが93,750千円、車両運搬具に係るものが42,000千円、備品に係るものが15,000千円である。残存価額はすべて零とする定額法により減価償却を行い、表示は減価償却累計額を控除した残額のみを記載する方法による。

(1)　建物のうち250,000千円は当社の従業員向けの社宅であり、×26年８月１日より使用を開始している。建物は耐用年数を50年とし、定額法により減価償却計算を行っている。また、当該建物の火災保険として、年１回８月１日に１年分の保険料を前払いしているが、当期における支払額全額を販売費及び一般管理費（支払保険料）として処理している。なお、販売費及び一般管理費の明細の支払保険料1,920千円は全て当該建物に係るものである。また、毎月の保険料の額は契約期間中同額である。なお、当期首における再振替処理は適正に行われている。

(2)　車両運搬具を×27年12月15日に中古車買取業者に1,100千円で売却しているが、期首帳簿価額と売却代金との差額1,130千円につき雑損失に計上しているのみである。なお、当該車両運搬具の減価償却は耐用年数５年、期首減価償却累計額は11,770千円である。

(3)　備品については当期首において著しい機能的減価が生じ、「会計上の変更及び誤謬の訂正に関する会計基準」に基づきプロスペクティブ方式により以下のように処理することとする。なお、過年度の減価償却計算は適正に行なわれている。

取得原価	使用開始日	期首減価償却累計額	当初耐用年数	変更後耐用年数	償却方法
60,000千円	×25年４月９日	15,000千円	８年	６年	定額法

6　ソフトウェア等に関する事項

(1)　ソフトウェアの内訳は次のとおりである。当期の償却計算は未了である。いずれも社内利用のソフトウェアであり、その利用により将来の費用削減効果が確実と認められる。償却年数は５年として前期まで適正に償却している。

システム	利用開始時期	前期末帳簿価額	備　考
会計処理	×24年１月１日	4,200千円	下記(2)参照
営業管理	×25年10月１日	3,150千円	―――

(2)　同会計処理システムは新会計処理システムの稼動に伴い×28年３月31日付で廃棄した。廃棄したソフトウェアについては当期首から廃棄時までの償却を行う。

(3)　残高試算表のソフトウェア仮勘定は×27年11月25日に引渡しを受けた新会計処理システムに係るものであり、当該ソフトウェアは×27年12月１日から×27年12月31日までの試験運転を行い、×28年１月１日から業務の用に供している。なお、試験運転期間中に支出した当社の仕様に合わせるための修正作業費用3,600千円と当該ソフトウェアの操作研修費用2,400千円が仮払金に含まれている。

7　社債に関する事項

当社は、次の条件により、×27年６月１日に社債を発行している。

(1)　発行価額：１口額面100千円につき３％割り引いた額

(2)　発行口数：1,000口

(3)　償還期限：×32年５月31日

(4)　利率：年1.2％（毎年５月末と11月末の年２回）

当社は、発行価額の１％の社債発行費用を社債金額から控除した手取額を仮受金として処理しているため、適正な会計処理に改める。当該社債については、定額法による償却原価法により評価することとする。また、期中に支払った利息は適正に処理済みであるが、経過利息の計上は未済である。

8　借入金に関する事項

(1)　残高試算表の借入金のうち60,000千円は運転資金に充てるため×28年３月31日に借り入れたもので、×28年４月30日より毎月末12,000千円の均等返済を行う予定である。

(2)　本社ビルの移転の資金に充てるため、×27年12月１日に1,080,000千円の借入れを行っている。その最終返済期日は×36年11月末で、元金返済（均等返済）及び利息支払は×28年５月末を初回とし、毎年11月末及び５月末の年２回である。経過利息の計上は適正に行われている。

(3)　上記(2)の借入に際して、変動金利を固定金利に変換することを目的として、期間10年、想定元本1,080,000千円のスワップ契約を締結している。スワップ契約は、ヘッジ会計の適用要件を満たしており、時価評価されているヘッジ手段に係る損益又は評価差額を、ヘッジ対象に係る損益が認識されるまで純資産の部において繰り延べる方法を採用する。×28年３月31日における金利スワップの時価は、1,000千円である。なお、当該金利スワップについては税効果会計を適用する。

9　退職給付会計に関する事項

当社は確定給付型の企業年金制度を採用しており、退職給付会計の適用について、原則法によって処理している。なお、退職給付に関する処理は未処理であるため適切に処理する。

（単位：千円）

前期末退職給付債務	145,000
前期末年金資産の評価額（公正な評価額）	162,000
前期末に計算された未認識数理計算上の差異（貸方差異）	2,000
当期勤務費用	10,200
当期年金掛け金の支出額	12,000
年金基金からの年金支払額	6,000
当期末退職給付債務	160,000
当期末年金資産の評価額（公正な評価額）	165,000

⑴ 未認識数理計算上の差異は、発生年度の翌年から平均残存勤務期間10年間で定額法により償却計算を行なう。なお、前期末に計算された未認識数理計算上の差異（貸方差異）以外の未認識数理計算上の差異はすべて前期末までに償却済みである。

⑵ 割引率は年2.0%である。

⑶ 長期期待運用収益率は年1.2%である。

⑷ 当期年金掛け金の支出額は、仮払金として処理されている。

⑸ 前払年金費用の全額が一時差異に該当することから、税効果会計を適用する。なお、前期において前払年金費用に税効果会計を適用して計上した繰延税金負債は6,000千円であり、残高試算表の繰延税金資産（長期）と相殺し計上している。

10 諸税金に関する事項

⑴ 各税目とも前期末未払計上額と納付額に過不足はなかった。

⑵ 当期の確定年税額（中間納付額及び源泉徴収税額控除前）は、法人税及び住民税が64,320千円、事業税が10,272千円（付加価値割及び資本割により算定された税額2,310千円を含む。）である。

残高試算表において、法人税及び住民税の中間納付額30,200千円並びに事業税の中間納付額4,600千円は法人税等に、源泉徴収された所得税額800千円は租税公課に計上されている。

11 税効果会計に関する事項

⑴ 残高試算表の繰延税金資産は、前期末残高から前期決算の「その他有価証券」に係る評価仕訳の当期戻入れ（上記３⑴参照）を計上した残高である。

⑵ 「３　投資有価証券に関する事項」で決算整理した「その他有価証券」の評価差額、「８　借入金に関する事項」おける⑶金利スワップ及び「９　退職給付会計に関する事項」を除く当期末の一時差異残高及び永久差異は次のとおりである。なお、前期末における繰延税金資産は、流動項目及び固定項目ともに、実効税率を40%として計算している。

① 将来減算一時差異　97,800千円（前期末：84,050千円）

② 永久差異　3,960千円（前期末：1,720千円）

12 その他

⑴ 販売費及び一般管理費（旅費交通費）には、当社役員の出張旅費（×28年３月25日～×28年３月30日）の概算払い額300千円が含まれている。以下のように×28年３月31日に報告を受けたが、残額の回収は未了である。

確定額：宿泊代…205千円　交通費…87千円　合計…292千円

⑵ 当社に商標権の侵害があったとして、かねてより損害賠償請求を受け係争中であったが、×27年４月25日に敗訴が確定し、×27年５月10日に12,000千円の賠償金を支払い済みであるが、当社はこれに関して仮払金処理をしているのみである。

(3)　当社は×28年２月分の社会保険料及び源泉所得税について、納付額（個人負担分と会社負担分の合計額）を給料手当として処理しているため、適正な科目に振り替えることとする。なお、当社は従業員から従業員負担分の源泉所得税及び社会保険料を源泉徴収した際に預り金として処理している。源泉徴収した所得税は翌月10日までに納付することとしており、×28年１月分までは適正に納付及び処理されている。また社会保険料については、給料から天引きした前月の個人負担分に同額の会社負担分を加えた額を毎月末に納付することとしている。

３月に納付した×28年２月分の従業員負担の社会保険料	1,180千円
３月に納付した×28年２月分の会社負担分の社会保険料	1,180千円
３月に納付した×28年２月分の従業員の源泉所得税	1,780千円

また、当期の３月分の社会保険料1,200千円の会社負担分が未処理であるため見越し計上する。

チェック表

チェック項目	1回目	2回目	3回目
手順1　答案用紙のチェックをした			
手順2			
(1)　解答留意事項はしっかり読んだ			
(2)　個別問題の有無をチェックした			
(3)　残高試算表のチェックをした			
手順3			
(1)　問題文の大事なところにマーキングなどした			
(2)　問題の取捨選択は正確にできた			
(3)　仕訳は正確にできた			
(4)　集計は正確にできた			
(5)　表示			
①　簿記の科目と迷わなかった			
②　表示区分で迷わなかった			
③　科目の順番について迷わなかった			
手順4　自分の解答を整えた			

メモ

MEMO

解　答

※■内の数字は配点を示す。

問

(1)

貸借対照表
×28年3月31日現在

株式会社レッド商事　　　　　　　　　　　　　　　　　　　（単位：千円）

科　目	金　額	科　目	金　額
資産の部		負債の部	
Ⅰ 流動資産	（743,449）	Ⅰ 流動負債	（488,533）
現金預金	1　381,259	支払手形	22,296
受取手形	1　95,900	買掛金	1　35,212
売掛金	1　85,900	短期借入金	60,000
商品	1　162,470	1年以内返済長期借入金	1　120,000
貯蔵品	1　3,560	未払金	28,100
未収金	1　8	未払法人税等	1　38,992
前払費用	1　480	未払消費税等	107,012
未収収益	1　90	未払費用	1　4,810
短期固定資産売却受取手形	1　15,600	預り金	1　20,904
貸倒引当金	△　1,818	賞与引当金	51,207
Ⅱ 固定資産	（2,760,484）	Ⅱ 固定負債	（1,057,500）
1 有形固定資産	（2,082,946）	社債	1　97,500
建物	1,101,250	長期借入金	960,000
車両運搬具	1　28,000	負債の部合計	1,546,033
備品	1　33,750	純資産の部	
土地	200,000	Ⅰ 株主資本	（1,964,893）
建設仮勘定	719,946	1 資本金	810,000
2 無形固定資産	（22,770）	2 資本剰余金	（81,730）
ソフトウェア	1　22,770	(1) 資本準備金	70,250
3 投資その他の資産	（654,768）	(2) その他資本剰余金	11,480
投資有価証券	1　206,100	3 利益剰余金	（1,074,814）

関係会社株式	1　178,260	(1) 利益準備金	41,560
前払年金費用	1　16,044	(2) その他利益剰余金	(1,033,254)
長期貸付金	14,000	新築積立金	200,000
関係会社長期貸付金	1　49,200	別途積立金	77,759
長期預金	144,000	繰越利益剰余金	755,495
破産更生債権等	1　47,500	4 自己株式	1 △　1,651
金利スワップ	1　1,000	Ⅱ 評価・換算差額等	(△　6,993)
長期固定資産売却受取手形	1　2,600	1 その他有価証券評価差額金	1 △　7,623
繰延税金資産	1　34,357	2 繰延ヘッジ損益	1　630
貸倒引当金	1 △　38,293	純資産の部合計	1,957,900
資産の部合計	3,503,933	負債及び純資産の部合計	3,503,933

損益計算書

株式会社
レッド商事

自　×27年4月1日
至　×28年3月31日

（単位：千円）

科目	金	額
Ⅰ　売上高		2,320,190
Ⅱ　売上原価		1　1,137,960
売上総利益		1,182,230
Ⅲ　販売費及び一般管理費		1　976,666
営業利益		205,564
Ⅳ　営業外収益		
受取利息・配当金	1　6,079	
為替差益	1　16,407	
雑収入	165	22,651
Ⅴ　営業外費用		
支払利息	1,550	
社債利息	1　1,500	
社債発行費	1　970	
雑損失	838	4,858
経常利益		223,357
Ⅵ　特別利益		
固定資産売却益	1　1,570	1,570
Ⅶ　特別損失		
貸倒引当金繰入額	1　13,750	
投資有価証券評価損	1　13,600	
ソフトウェア廃棄損	1　1,800	
損害補償損失	1　12,000	41,150
税引前当期純利益		183,777
法人税、住民税及び事業税	1　72,282	
法人税等調整額	△2,630	69,652
当期純利益		114,125

(2) 販売費及び一般管理費の明細　(単位：千円)

科目	金額	
荷造運搬費	1 11,805	
広告宣伝費	70,773	
給料手当	603,774	
役員報酬	25,000	
賞与引当金繰入額	51,207	
退職給付費用	1 10,956	
法定福利費	1 13,660	
旅費交通費	21,852	
支払保険料	1 1,440	
租税公課	1 33,476	
減価償却費	1 51,350	
ソフトウェア償却	4,380	
ソフトウェア導入費	1 2,400	
貸倒引当金繰入額	1 518	
その他	74,075	976,666

【配　点】 1 ×50カ所＝50点　　合計50点

解答への道

（仕訳の単位：千円）

1　現金預金に関する事項

(1)　現金

借方	金額	貸方	金額
（現　金　預　金）	1,890	（売　　掛　　金）	1,890

(2)　当座預金

銀行側の調整項目であるため、処理なし。

(3)　普通預金

借方	金額	貸方	金額
（買　　掛　　金）	2,000	（現　金　預　金）＊	2,000

＊　121,095千円（帳簿残高）－119,095千円（銀行残高）＝2,000千円

(4)　定期預金

借方	金額	貸方	金額
（長　期　預　金）	144,000	（現　金　預　金）	129,600
		（為　替　差　益）＊１	14,400
（未　収　収　益）＊２	90	（受取利息・配当金）	90

＊１　1,200千ドル×120円／USドル－129,600千円＝14,400千円（差益）

＊２　1,200千ドル×0.25％×$\frac{3\text{カ月}}{12\text{カ月}}$×120円／USドル＝90千円

2　貸倒引当金等に関する事項

(1)　A社に対する受取手形及び売掛金

借方	金額	貸方	金額
（破産更生債権等）＊ 〈投資その他の資産〉	47,500	（受　取　手　形）	45,000
		（売　　掛　　金）	2,500

＊　A社は破産手続きの申立てを行っているため、A社に対する金銭債権は「破産更生債権等」として表示する。また、問題文に「今後１年以内に回収される見込みはない」とあるため、１年基準により投資その他の資産に表示する。

(2)　土地の売却に係る受取手形

借方	金額	貸方	金額
（短期固定資産売却受取手形）＊ 〈流　動　資　産〉	15,600	（受　取　手　形）	18,200
（長期固定資産売却受取手形）＊ 〈投資その他の資産〉	2,600		

＊　手形の枚数：18,200千円（帳簿価額）÷1,300千円＝14枚

翌期回収分：1,300千円／枚×12枚＝15,600千円

翌々期以降回収分：1,300千円／枚×（14枚－12枚）＝2,600千円

(3)　C社に対する貸付金

借方	金額	貸方	金額
（長期貸付金）＊ 〈投資その他の資産〉	14,000	（貸　　付　　金）	14,000

＊　翌々期以降に返済日が到来するため１年基準により固定項目となり、「長期貸付金」として投資その他の資産に表示する。

(4)　Ｄ社に対する貸付金

(関係会社長期貸付金)＊ 〈投資その他の資産〉	49,200	(貸　　付　　金)	49,200

＊　翌々期以降に返済日が到来するため、１年基準により固定項目となり、またＤ社は関連会社（下記3(6)参照）に該当するため「関係会社長期貸付金」として投資その他の資産に表示する。

(5)　一般債権

(貸　倒　引　当　金)＊１	1,300	(貸倒引当金戻入額)	1,300
(貸倒引当金繰入額)	1,818	(貸　倒　引　当　金)＊２	1,818

＊１　26,216千円－23,750千円－1,166千円(※１)＝1,300千円
　　　T/B計上額　　A社債権　　　C社債権

※１　×28年３月31日のキャッシュ・フロー：140千円÷1.04　＝　134.61…千円
　　　×29年３月31日のキャッシュ・フロー：140千円÷$(1.04)^2$　＝　129.43…千円
　　　×30年３月31日のキャッシュ・フロー：14,140千円÷$(1.04)^3$　＝　12,570.40…千円
　　　　　　　　　　　　　　　　　　　　　合計　12,834千円（千円未満四捨五入）

　　14,000千円－12,834千円＝1,166千円（前期設定額）
　　帳簿価額　　割引価値

＊２　受取手形：95,900千円(※２)×１％＝　959千円
　　　売 掛 金：85,900千円(※３)×１％＝　859千円
　　　　　　　　　　　　　　　　　合計　1,818千円

※２　159,100千円－45,000千円－18,200千円＝95,900千円
　　　T/B計上額　　破産　　　　固定売却

※３　90,290千円－1,890千円－2,500千円＝85,900千円
　　　T/B計上額　　回収分　　破産

(6)　貸倒懸念債権（Ｃ社長期貸付金）

(貸　倒　引　当　金)＊	373	(受取利息・配当金)	373

＊　利息配分額：(14,000千円－　1,166千円　)×　　4％　　＝513千円（千円未満四捨五入）
　　　　　　　　　　　　　前期設定の貸引　　当初約定利子率

　　戻　入　額：　513千円　－　140千円　＝373千円
　　　　　　　　利息配分額　　現金受取額

※　戻入額は問題文の指示により「受取利息・配当金」で処理することに留意する。また、当期末の貸倒引当金は戻入れにより793千円（＝1,166千円－373千円）となる。

(7)　破産更生債権等（Ａ社債権）

(貸　倒　引　当　金)	23,750	(貸倒引当金戻入額)	23,750
(貸倒引当金繰入額)	37,500	(貸　倒　引　当　金)＊	37,500

＊　47,500千円－　10,000千円　＝37,500千円
　　債権額　　土地の当期末時価

(8) 貸倒引当金の貸借対照表表示

① 流動資産：959千円（受取手形）＋859円（売掛金）＝1,818千円

② 投資その他の資産：793千円（長期貸付金）＋37,500千円（破産更生債権等）＝38,293千円

(9) 貸倒引当金繰入額の損益計算書表示

① 販売費及び一般管理費：1,818千円（繰入（一般））－1,300千円（戻入（一般））＝518千円

② 特別損失：37,500千円（繰入（破産））－23,750千円（戻入（破産））＝13,750千円

3 投資有価証券に関する事項

(1) V社株式（関連会社株式）

（関係会社株式）＊2 〈投資その他の資産〉	135,000	（投資有価証券）	70,000
		（仮払金）＊1	65,000

＊1 65円/株×1,000千株＝65,000千円

＊2 その他有価証券が当該株式の追加取得により持分比率が増加（14%→24%）し、関連会社株式に該当することとなったことから、帳簿価額で振り替える。

(2) W社株式（その他有価証券）

（投資有価証券）＊	83,600	（投資有価証券）	79,200
		（繰延税金負債）＊ 〈固定〉	1,628
		（その他有価証券評価差額金）＊ 〈評価・換算差額等〉	2,772

＊ 貸借対照表価額：1,900円/株×44千株＝83,600千円

評価差額：83,600千円（B/S価額）－79,200千円（T/B計上額）＝4,400千円（評価差益）

繰延税金負債：4,400千円（評価差額）×37%＝1,628千円

その他有価証券評価差額金：4,400千円（評価差額）－1,628千円（繰延税金負債）＝2,772千円

(3) X社株式（子会社株式）

（関係会社株式）＊ 〈投資その他の資産〉	27,720	（投資有価証券）	27,720

＊ 当社の議決権の保有割合が40%以上50%以下であっても、緊密な者及び同意している者の議決権を合わせると50%超の場合、子会社に該当することになり「関係会社株式」として投資その他の資産に表示する。

(4)　Y社株式（その他有価証券）

借方	金額	貸方	金額
(投資有価証券)＊	68,000	(投資有価証券)	86,000
(繰延税金資産)＊ 〈固定〉	6,660		
(その他有価証券評価差額金)＊ 〈評価・換算差額等〉	11,340		

＊　貸借対照表価額：1,360円/株×50千株＝68,000千円

評価差額：86,000千円（T/B計上額）－68,000千円（B/S価額）＝18,000千円（評価差損）

繰延税金資産：18,000千円（評価差額）×37%＝6,660千円

その他有価証券評価差額金：18,000千円（評価差額）－6,660千円（繰延税金資産）＝11,340千円

(5)　Z社株式（その他有価証券）

借方	金額	貸方	金額
(投資有価証券) 〈投資その他の資産〉	12,000	(投資有価証券)	25,600
(投資有価証券評価損)＊ 〈特別損失〉	13,600		

＊　25,600千円（取得原価）×50%＝12,800千円　≧　120円/株×100千株＝12,000千円（実質価額）

減損処理の適用要件を満たすため、減損処理を行う。

25,600千円（取得原価）－12,000千円（実質価額）＝13,600千円

(6)　D社株式（関連会社株式）

借方	金額	貸方	金額
(関係会社株式)＊ 〈投資その他の資産〉	15,540	(投資有価証券)	15,540

＊　当社の議決権の保有割合が15%以上20%未満の場合、「財務及び事業の方針の決定に対して重要な影響を与えることができる場合」の要件を満たすためには、以下のいずれかの事実が必要となる。

① 自己の役員、社員、使用人等が他の会社の代表取締役、取締役等に就任していること
② 重要な融資を行っていること
③ 重要な技術を提供していること
④ 重要な事業上の取引があること
⑤ 財務及び事業の方針の決定に対して重要な影響を与えることができることが推測される事実が存在すること

問題文に重要な融資に該当する貸付金があることから、②の事実に該当する。したがって、「財務及び事業の方針の決定に対して重要な影響を与えることができる場合」に該当し、D社は当社の関係会社（関連会社）に該当することとなる。したがって、「関係会社株式」として投資その他の資産に表示する。

(7) 自己株式

借方	金額	貸方	金額
(自　己　株　式)	1,651	(投資有価証券)	1,651

(8) 新株予約権

① 新株予約権（その他有価証券）

借方	金額	貸方	金額
(投資有価証券) 〈投資その他の資産〉	41,000	(仮　払　金)＊1	40,000
		(新株予約権)＊2	1,000

＊1　4,000円/株（行使価額）×10,000株＝40,000千円

＊2　T/B計上額

② G社株式（その他有価証券）

借方	金額	貸方	金額
(投資有価証券)＊ 〈投資その他の資産〉	42,500	(投資有価証券)	41,000
		(繰延税金負債)＊	555
		(その他有価証券評価差額金)＊	945

＊　貸借対照表価額：4,250円/株×10,000株＝42,500千円

評価差額：42,500千円（B/S価額）－41,000千円（取得原価）＝1,500千円（評価差益）

繰延税金負債：1,500千円（評価差額）×37％＝555千円

その他有価証券評価差額金：1,500千円（評価差額）－555千円（繰延税金負債）＝945千円

4　棚卸資産に関する事項

(1) 貯蔵品（梱包資材）

借方	金額	貸方	金額
(販売費及び一般管理費) 〈荷造運搬費〉	2,360	(貯　蔵　品)	2,360
(貯　蔵　品)	3,560	(販売費及び一般管理費) 〈荷造運搬費〉	3,560

(2) 掛仕入

借方	金額	貸方	金額
(商品仕入高)＊	3,250	(買　掛　金)	3,250

＊　6,500円/個×500個＝3,250千円

これにより甲商品の帳簿数量は10,600個（＝10,100個＋500個）に修正される。

また、商品仕入高は1,211,550千円（1,208,300千円＋3,250千円）となる。

(3) 商品

(売上原価)〈期首商品たな卸高〉	88,880	(繰越商品)	88,880
(売上原価)〈当期商品仕入高〉	1,211,550	(商品仕入高)	1,211,550
(売上原価)＊〈商品減耗損〉	5,320	(売上原価)＊〈期末商品たな卸高〉	173,390
(売上原価)＊〈商品評価損〉	5,600		
(商品)＊	162,470		

＊① 甲商品

8,600円/個（売価）－600円/個（見積販売直接経費）＝8,000円/個（正味売却価額）≧ 6,500円/個（取得原価） ∴ 収益性の低下なし

期末帳簿棚卸高：6,500円/個（原価）×10,600個（修正後の帳簿数量）＝68,900千円

商品減耗損：6,500円/個（原価）×（10,600個（修正後の帳簿数量）－9,980個（実地数量））＝4,030千円

B/S商品：68,900千円（帳簿棚卸高）－4,030千円（減耗損）＝64,870千円

② 乙商品

13,000円/個（売価）－800円/個（見積販売直接経費）＝12,200円/個（正味売却価額）＜ 12,900円/個（取得原価） ∴ 収益性の低下あり

期末帳簿棚卸高：12,900円/個（原価）×8,100個（帳簿数量）＝104,490千円

商品減耗損：12,900円/個（原価）×（8,100個（帳簿数量）－8,000個（実地数量））＝1,290千円

商品評価損：（12,900円/個（原価）－12,200円/個（正味売却価額））×8,000個（実地数量）＝5,600千円

B/S商品：104,490千円（帳簿棚卸高）－1,290千円（減耗損）－5,600千円（評価損）＝97,600千円

③ 期末帳簿棚卸高

68,900千円（甲商品）＋104,490千円（乙商品）＝173,390千円

④ 商品減耗損

4,030千円（甲商品）＋1,290千円（乙商品）＝5,320千円

⑤ 商品評価損

5,600千円（乙商品）

⑥ B/S商品

64,870千円（甲商品）＋97,600千円（乙商品）＝162,470千円

⑦ 売上原価

$$\underset{期首}{\underline{88,880千円}}+\underset{当期}{\underline{1,211,550千円}}-\underset{期末}{\underline{173,390千円}}+\underset{減耗損}{\underline{5,320千円}}+\underset{評価損}{\underline{5,600千円}}=1,137,960千円$$

5 有形固定資産に関する事項

(1) 建物

① 減価償却

(販売費及び一般管理費)＊ 〈減 価 償 却 費〉	5,000	(建物減価償却累計額)	5,000

＊ $250,000千円\times\frac{1年}{50年}=5,000千円$

② 火災保険料の繰延べ

(前 払 費 用)＊ 〈流 動 資 産〉	480	(販売費及び一般管理費) 〈支 払 保 険 料〉	480

＊ $1,920千円\times\frac{4カ月}{12カ月+4カ月（※）}=480千円$

※ 前期に繰延べた4カ月分の振替処理が適正に処理されていることに留意する。

(2) 車両運搬具

(販売費及び一般管理費)＊ 〈減 価 償 却 費〉	2,100	(雑 損 失)	1,130
		(固定資産売却益) 〈特 別 利 益〉	970

＊ $\underset{取得原価}{\underline{(1,130千円+1,100千円+11,770千円)}}\times\frac{1年}{5年}\times\frac{9カ月}{12カ月}=2,100千円$

(3) 備 品

(販売費及び一般管理費)＊ 〈減 価 償 却 費〉	11,250	(備品減価償却累計額)	11,250

＊ $\underset{未償却残高}{\underline{(60,000千円-15,000千円)}}\div\underset{残存耐用年数}{\underline{(6年-2年)}}=11,250千円$

(4) 貸借対照表表示

建　物：$\underset{取得原価}{\underline{1,200,000千円}}-\underset{期末減価償却累計額}{\underline{(93,750千円+5,000千円)}}=1,101,250千円$

車両運搬具：$\underset{取得原価}{\underline{70,000千円}}-\underset{期末減価償却累計額}{\underline{42,000千円}}=28,000千円$

備　品：$\underset{取得原価}{\underline{60,000千円}}-\underset{期末減価償却累計額}{\underline{(15,000千円+11,250千円)}}=33,750千円$

6　ソフトウェアに関する事項

(1)　会計処理システム

①　廃棄分

(販売費及び一般管理費)＊1 〈ソフトウェア償却〉	2,400	(ソフトウェア)	4,200
(ソフトウェア廃棄損)＊2 〈特別損失〉	1,800		

＊1　4,200千円×$\frac{12カ月}{5年×12カ月－39カ月}$＝2,400千円

＊2　4,200千円(期首未償却残高)－2,400千円(当期償却額)＝1,800千円

②　新規分

(ソフトウェア)＊1	21,600	(ソフトウェア仮勘定)	18,000
(販売費及び一般管理費)＊2 〈ソフトウェア償却〉	1,080	(ソフトウェア)	1,080
(販売費及び一般管理費)＊3 〈ソフトウェア導入費〉	2,400	(仮払金)	6,000

＊1　(18,000千円(ソフトウェア本体)＋3,600千円(修正作業費))＝21,600千円

＊2　21,600千円×$\frac{3カ月}{5年×12カ月}$＝1,080千円

「研究開発費及びソフトウェアの会計処理に関する実務指針」14により、自社の仕様に合わせるために行う付随的な修正作業等の費用はソフトウェアの取得価額に含める。

＊3　「研究開発費及びソフトウェアの会計処理に関する実務指針」16(2)により、ソフトウェアに関するトレーニング費用は、発生時に費用処理する。

(2)　営業管理システム

(販売費及び一般管理費)＊ 〈ソフトウェア償却〉	900	(ソフトウェア)	900

＊　3,150千円×$\frac{12カ月}{5年×12カ月－18カ月}$＝900千円

7　社債に関する事項

(1)　発行時の処理に係る修正

(仮受金)＊3	96,030	(社債)＊1	97,000
(社債発行費)＊2	970		

＊1　100千円/口×1,000口＝100,000千円（額面金額）

100,000千円(額面金額)×（1－0.03）＝97,000千円（発行価額）

＊2　97,000千円(発行価額)×1％＝970千円

＊3　貸借差額

(2) 経過勘定

(社　債　利　息)＊　400　(未　払　費　用)＊　400
〈営　業　外　費　用〉　〈流　動〉

＊ $\underset{\text{額面金額}}{\underline{100,000\text{千円}}} \times 1.2\% \times \frac{4\text{カ月}}{12\text{カ月}} = 400\text{千円}$

(3) 社債の期末評価

(社　債　利　息)＊　500　(社　債)＊　500
〈営　業　外　費　用〉

＊ $(\underset{\text{額面金額}}{\underline{100,000\text{千円}}} - \underset{\text{発行価額}}{\underline{97,000\text{千円}}}) \times \frac{10\text{カ月}}{5\text{年} \times 12\text{カ月}} = 500\text{千円}$

8　借入金に関する事項

(1) 運転資金に充てるための借入金

(借　入　金)　60,000　(短　期　借　入　金)＊　60,000
〈流　動〉

＊ 60,000千円÷12,000千円/月＝5回

よって当期に借入、翌期中に完済されるので流動負債に「短期借入金」として表示する。

(2) 本社ビル移転資金

(借　入　金)　1,080,000　(1年以内返済長期借入金)＊1　120,000
〈流　動〉
(長　期　借　入　金)＊2　960,000
〈固　定〉

＊1 $1,080,000\text{千円} \times \frac{2\text{回}}{18\text{回}} = 120,000\text{千円}$

＊2 1,080,000千円－120,000千円＝960,000千円

(3) 金利スワップ

(金　利　ス　ワ　ッ　プ)　1,000　(繰　延　税　金　負　債)＊1　370
〈投資その他の資産〉　〈固　定　負　債〉
(繰　延　ヘ　ッ　ジ　損　益)＊2　630

＊1 1,000千円×37％＝370千円

＊2 1,000千円－370千円＝630千円

9　退職給付会計に関する事項

(1) 退職給付費用の計上

(販売費及び一般管理費)＊　10,956　(退　職　給　付　引　当　金)　10,956
〈退　職　給　付　費　用〉

＊① 勤務費用

10,200千円

② 利息費用

$\underset{\text{期首退職給付債務}}{\underline{145,000\text{千円}}} \times \underset{\text{割引率}}{\underline{2.0\%}} = 2,900\text{千円}$

③　期待運用収益

$\underset{\text{期首年金資産}}{\underline{162,000\text{千円}}} \times \underset{\text{長期期待運用収益率}}{\underline{1.2\%}} = 1,944\text{千円}$

④　数理計算上の費用処理額（利得）

$\underset{\text{前期末未認識数理計算上の差異}}{\underline{2,000\text{千円}}} \times \frac{1\text{年}}{10\text{年}} = 200\text{千円}$

⑤　退職給付費用

①＋②－③－④＝10,956千円

(2)　掛金拠出額の処理に係る修正

（退 職 給 付 引 当 金）	12,000	（仮　　払　　金）	12,000

(3)　前払年金費用との相殺処理

（前 払 年 金 費 用）＊	1,044	（退 職 給 付 引 当 金）	1,044

＊　$\underset{\text{上記(2)}}{\underline{12,000\text{千円}}} - \underset{\text{上記(1)}}{\underline{10,956\text{千円}}} = 1,044\text{千円}$

※　前払年金費用の貸借対照表計上額

$\underset{\text{T/B計上額}}{\underline{15,000\text{千円}}} + \underset{\text{上記(3)}}{\underline{1,044\text{千円}}} = 16,044\text{千円}$

(4)　税効果会計

（法 人 税 等 調 整 額）＊	5,936	（繰 延 税 金 負 債）＊ 〈固　定　負　債〉	5,936

＊　16,044千円×37％＝5,936千円（千円未満四捨五入）

10　諸税金に関する事項

（法人税、住民税及び事業税）＊3	72,282	（法　人　税　等）＊1	34,800
（販売費及び一般管理費）＊4 〈租　税　公　課〉	2,310	（販売費及び一般管理費）＊2 〈租　税　公　課〉	800
		（未 払 法 人 税 等）＊5	38,992

＊1　残高試算表に計上された法人税及び住民税並びに事業税の中間納付額

＊2　残高試算表に計上された源泉徴収された所得税及び住民税利子割額

＊3　$\underset{\text{法人税・住民税の年税額}}{\underline{64,320\text{千円}}} + \underset{\text{事業税（所得割）の年税額}}{\underline{(10,272\text{千円} - 2,310\text{千円})}} = 72,282\text{千円}$

＊4　事業税（付加価値割・資本割）の年税額

＊5　貸借差額

11　税効果会計に関する事項

(1)　前期分

（法 人 税 等 調 整 額）	27,620	（繰 延 税 金 資 産）	27,620

(2) 当期分

(繰延税金資産)＊	36,186	(法人税等調整額)	36,186

＊ 97,800千円(将来減算一時差異)×37％＝36,186千円

(3) 繰延税金資産の貸借対照表表示

36,186千円(上記(2)) − 1,628千円(W社株式) ＋ 6,660千円(Y社株式) − 555千円(G社株式) − 370千円(金利スワップ) − 5,936千円(前払年金費用)

＝34,357千円

(4) 法人税等調整額の損益計算書表示

36,186千円(上記(2)) − 5,936千円(前払年金費用) − 27,620千円(上記(1))

＝2,630千円（貸方残高　∴　法人税、住民税及び事業税から減算）

12 その他

(1) 仮払旅費交通費

(販売費及び一般管理費)＊2 〈旅費交通費〉	292	(販売費及び一般管理費)＊1 〈旅費交通費〉	300
(未収金)＊3	8		

＊1 概算払い額

＊2 205千円(宿泊代)＋87千円(交通費)＝292千円

＊3 貸借差額

(2) 損害賠償金

(損害補償損失) 〈特別損失〉	12,000	(仮払金)	12,000

(3) 給料手当

① 社会保険料及び源泉所得税

(預り金)＊ 〈流動負債〉	2,960	(販売費及び一般管理費) 〈給与手当〉	4,140
(販売費及び一般管理費) 〈法定福利費〉	1,180		

＊ 1,180千円(社会保険料) ＋ 1,780千円(源泉所得税) ＝2,960千円

② 経過勘定

(販売費及び一般管理費) 〈法定福利費〉	1,200	(未払費用) 〈流動負債〉	1,200

13 繰越利益剰余金

641,370千円(T/B計上額)＋114,125千円(当期純利益)＝755,495千円

MEMO

講師の解答方法

リード文や解答留意事項で基礎情報を収集し、チェックを付した

応用問題 2

配点 50点　制限時間 80分

問　【資料１】、【資料２】及び【資料３】に基づき、次の(1)及び(2)の各問について、答えなさい。

(1)　株式会社レッド商事の第27期（自×27年４月１日　至×28年３月31日）における貸借対照表及び損益計算書を、会社法及び会社計算規則に準拠して作成しなさい。→１年基準～×29年3月31日

(2)　答案用紙に示した販売費及び一般管理費の明細を作成しなさい。

（解答留意事項）

イ　消費税及び地方消費税（以下「消費税等」という。）の会計処理は、指示のない限り税抜方式で処理されているものとし、また、特に指示のない限り消費税等について考慮する必要はないものとする。

ロ　税効果会計は、特に記述のない項目については適用しない。また、前期及び当期における各税率で算定した当社の法定実効税率は40％である。なお、税率の改正により来期以降の当社の法定実効税率は37％となった。税務上の処理との差額は一時差異に該当し、繰延税金資産の回収可能性については問題のないものとする。

ハ　会計処理及び表示方法については、特に指示のない限り原則的方法によるものとし、金額の重要性は考慮しないものとする。

ニ　関係会社に対する金銭債権債務は、独立科目表示法によることとする。

ホ　解答金額については、【資料１】の残高試算表における金額の数値のように、３桁ごとにカンマで区切り、解答金額がマイナスとなる場合には、金額の前に「△」を付すこと。この方法によっていない場合には正解としないので注意すること。

ヘ　計算の過程で生じた千円未満の端数は、百円の位で四捨五入するものとする。ただし、単価の計算については、この限りではない。なお、キャッシュ・フロー見積法により将来キャッシュ・フローを当初の約定利子率で割り引く際には、各期の将来キャッシュ・フローに基づく現在価値の総和を求めた段階で端数処理するものとする。

ト　日数の計算は、すべて月割計算で行うものとする。

チ　「会計上の変更及び誤謬の訂正に関する会計基準」に規定されている過去の誤謬は生じていないものとする。

2

142

1 答案用紙のチェック

アプローチ編でも述べたように、解答戦略を練る上で答案用紙の分析は欠かすことができない。

本問では、以下の５点を答案用紙から分析・把握した。

(1) 商品が印字済みなので、商業ベースである。
(2) 貸倒引当金は一括間接控除法を採用していることから、金銭債権に難問が含まれている場合には後回しにする必要がある。
(3) 減価償却累計額は直接控除法が採用していることから、平易な項目を優先的に解答する必要がある。
(4) 「前払年金費用」「金利スワップ」などの表示科目が印字済みである。
(5) 販売費及び一般管理費は内訳を示すパターンであることから、部分点を狙う必要がある。

2 解答留意事項

答案用紙をチェックしたあとで、問題から解答の基礎となる情報を集めた。

本問では、当社の社名（自己株式に対応するためである)、当期の会計期間と翌期末（１年基準に対応するためである)、税率、関係会社に対する金銭債権債務の表示方法及び端数処理をチェックした。

※ **資産・費用及び負債・純資産・収益ごとに境界線を引いておくと良い**

【資料1】 残高試算表

残　高　試　算　表

×28年3月31日　　　　　　　　　（単位：千円）

	勘　定　科　目	金　　額	勘　定　科　目	金　　額	
△129,600 △2,000 +1,890	現　金　預　金	510,969	支　払　手　形	22,296	
△18,200 △45,000	受　取　手　形	159,100	買　　掛　　金	33,962	△2,000 +3,250
△2,500 △1,890	売　　掛　　金	90,290	借　　入　　金	1,140,000	
	繰　越　商　品	88,880	未　　払　　金	28,100	
+3,560 △2,360	貯　　蔵　　品	2,360	未　払　費　用	3,210	+400 +1,200
	貸　　付　　金	63,200	仮　　受　　金	96,030	△96,030
△6,000 △40,000 △65,000	仮　　払　　金	135,000	預　　り　　金	23,864	△2,960
△12,000 △12,000	繰延税金資産	27,620	未払消費税等	107,012	
△5,000 △93,750	建　　　　　物	1,200,000	賞　与　引　当　金	51,207	
△42,000	車　両　運　搬　具	70,000	貸　倒　引　当　金	26,216	△23,750 △1,166 残1,300
△11,250 △15,000	備　　　　　品	60,000	減価償却累計額	150,750	※
	土　　　　　地	200,000	資　　本　　金	810,000	
	建　設　仮　勘　定	719,946	資　本　準　備　金	70,250	
△900 △1,080 +3,600 +18,000 △4,200	ソ　フ　ト　ウ　ェ　ア	7,350	その他資本剰余金	11,480	
△18,000	ソフトウェア仮勘定	18,000	利　益　準　備　金	41,560	
	投　資　有　価　証　券	305,711	新　築　積　立　金	200,000	
△1,000	新　株　予　約　権	1,000	別　途　積　立　金	77,759	
※ △10,956 +12,000	前　払　年　金　費　用	15,000	繰越利益剰余金	641,370	
	商　品　仕　入　高	1,208,300	評　価　差　額　金	0	※
	販売費及び一般管理費	942,000	売　　上　　高	2,320,190	
	支　払　利　息	1,550	受取利息・配当金	5,616	+90 +373
+500 +400	社　債　利　息	600	為　替　差　益	2,007	+14,400
△1,130	雑　　損　　失	1,968	雑　　収　　入	165	
	法　人　税　等	34,800	固定資産売却益	600	+970
	合　　　計	5,863,644	合　　　計	5,863,644	

【資料2】 販売費及び一般管理費の主な明細

（単位：千円）

	勘　定　科　目	金　　額	勘　定　科　目	金　　額	
	広　告　宣　伝　費	70,773	荷　造　運　搬　費	13,005	+2,360 △3,560
△4,140	給　料　手　当	607,914	租　税　公　課	31,966	+2,310 △800
	役　員　報　酬	25,000	減　価　償　却　費	33,000	+5,000 +2,100 +11,250
	賞与引当金繰入額	51,207	支　払　保　険　料	1,920	△480
+1,200 +1,180	法　定　福　利　費	11,280	そ　　の　　他	74,075	
+292 △300	旅　費　交　通　費	21,860	合　　　計	942,000	

3 全体像の把握

問題の全体像を把握すべく、問題全体の素読みをし、以下のことを行った。

❶ 残高試算表に着目し「資産・費用」「負債・純資産・収益」の境界線に線を引くことで、集計作業の便宜を図った。

❷ 有価証券に関する資料に着目しV社、X社とD社が関係会社に該当することを確認した。なお、有価証券については、表示科目の確認と同時に評価まで決定してしまうという方法も考えられるが、本問では１株当りの時価等が与えられていることから解答に時間を要すると考え、順番通りに解答することとした。

なお、資料を素読みする中で以下のような印象を抱いた。

❶ ページ数は10ページと平均的であり、個別問題もないことから、一つひとつの論点を丁寧に解いて得点に結びつける必要がありそうだ。

❷ キャッシュ・フロー見積法の資料があり、貸倒引当金の計算には時間がかかりそうだ。

❸ 退職給付については「前払年金費用」が印字済みなので、慎重に解く必要がありそうだ。

これらを踏まえて、今回は各資料にA・B・Cのランク付けを行い、Aランクを１回転目、Bランクを２回転目で解答し、残った時間でCランクを解答することとした。

答案用紙のチェックと併せて、所要時間は５分であった。

【資料３】 決算整理の未済事項及び参考事項

A 1 **現金預金に関する事項**

残高試算表の現金預金の内訳は次のとおりである。

種　　類	帳簿残高	備　考
現　　　金	2,562千円	下記(1)参照
当 座 預 金	257,712千円	下記(2)参照
普 通 預 金	121,095千円	下記(3)参照
定 期 預 金	129,600千円	下記(4)参照

(1) 金庫内に得意先より掛代金として回収した小切手1,890千円が保管されており、記帳漏れであった。

(2) 銀行残高確認書の金額は287,812千円であった。帳簿残高257,712千円との差異を調査したところ、本社ビルの外壁の修繕代金として渡した小切手が未取付けであったことが判明した。

(3) 銀行残高確認書の金額は119,095千円であり、帳簿残高121,095千円との差異を調査した結果、×28年１月10日に支払った買掛金を記帳漏れであったことによるものである。 △2,000

(4) 帳簿残高は全額×27年７月１日に預入期間３年で預け入れた外貨建定期預金である。預入金額1,200千ドル（利率年0.25%）、利払日は年２回（12月末及び６月末）である。なお、未収利息の計上は未了である。また、決算期末日の為替相場は120円／ＵＳドルである。 未収収益90

C 2 **貸倒引当金等に関する事項**

(1) 貸倒引当金の計上は次のとおりとする。

① 金銭債権は、一般債権、貸倒懸念債権及び破産更生債権等に区分し設定している。当社は、一般債権に対しては、期末における受取手形（下記(3)を除く）及び売掛金に対して、1％の貸倒引当金を引当計上している。残高試算表の貸倒引当金残高は、前期末の貸倒引当金残高であり、各資産区分の貸倒引当金が一括して処理されている。貸倒懸念債権に対しては、キャッシュ・フロー見積法又は財務内容評価法により引当計上している。キャッシュ・フロー見積法については、債権の元本の回収及び利息の受取りに係る将来キャッシュ・フローを当初の約定利子率で割り引いた金額の総額と債権の帳簿価額との差額を引当計上している（債権金額から前期末において当該債権に対して設定した貸倒引当金を控除した額に当初約定利子率を乗じた額を利息の発生額（受取利息・配当金として処理する。）とする方法により引当計上する。）。財務内容評価法については、債権額から担保による処分見込額及び保証による回収見込額を控除した残額について、債務者の財政状態及び経営成績等を考慮して設定した貸倒率を乗じた額を引当計上している。破産更生債権等については、債権総額から担保の処分見込額等を控除した残額を引当計上する。

② 貸倒引当金の貸借対照表上の表示は、各資産区分の末尾にそれぞれ一括して控除科目として表示する。

144

4 現金預金に関する事項

❶ 小切手については、「現金及び預金」を増加させ、得意先より掛代金として回収したものなので「売掛金」を減少させた。また、未取付小切手について、当社の処理は不要である。

❷ 銀行勘定の調整は、買掛金の修正のみと平易であった。

❸ 定期預金については１年基準から長期預金として表示することとなる。また外貨建ての定期預金であるため、換算を丁寧に行った。ここでこの後も使用するかもしれない決算期末日のレート120円/ＵＳドルを念のため、計算用紙1にメモ書きした。

ここで、「長期預金」に該当するものは、これ以降の資料で登場する可能性は低いと判断し、残高試算表に集計せずに直ちにB/Sに転記をした。経過勘定項目が未処理なため、月数按分など丁寧に計算をした。経過勘定項目はこれ以降の資料で登場する可能性はあるが、転記漏れが怖いので、このタイミングで「未収収益」もB/Sに計上した。

所要時間５分

5 貸倒引当金等に関する事項

貸倒引当金の計算は勿論、後回しにするが、資料の中に「受取手形」、「売掛金」「破産更正債権等」等の平易な問題が含まれているため、それらは積極的に解答することとした。

❶ Ａ社については、破産手続きの申立てを行っていることから、同社に対する営業債権は破産更生債権等に振り替える。なお、この段階で破産更生債権等に関する引当金の計算を同時に行ってもよい。特に貸倒引当金繰入額の表示場所が特別損失の場合は、すぐに解いて得点につなげよう。今回は問題文の指示で特別損益とあるのでB/S、P/Lともに転記をした。

❷ Ｂ社に対する受取手形は営業外受取手形となり、一年基準により流動・固定に区別していく。計算処理そのものは難問ではないので、丁寧に問題の読み取りを行った。この段階で「短期固定資産売却受取手形」及び「長期固定資産売却受取手形」をB/Sに転記した。

❸ Ｃ社に対する貸付金については、貸倒引当金の計上はキャッシュ・フロー見積法を使用するものの、一括間接控除法なので貸付金の金額そのものはすぐに計算できると考えた。１年基準の判定により「長期貸付金」となる。

❹ Ｄ社に対する貸付金については、Ｄ社が関係会社に該当し、１年基準の判定により「長期貸付金」となる。

Ｄ社の貸付金に関する処理が終了した段階で、「現金預金」・「受取手形」・「売掛金」・「長期貸付金」・「関係会社長期貸付金」「短期固定資産売却受取手形」「長期固定資産売却受取手形」の転記を行った。

所要時間５分

③　損益計算書においては、繰入額と戻入額とを相殺した純額で表示し、破産更生債権等に係るものは、特別損益の部に計上する。

④　貸倒懸念債権は一般債権と同一の科目で表示し、破産更生債権等は独立科目として表示する。

(2)　得意先Ａ社に対する受取手形45,000千円が前期において決済されなかったため、前期より同社に対する債権については、貸倒懸念債権の区分にしていた。当社は当期に入りＡ社との取引を一時的に停止するとともに、当期より担保（土地：当期末時価10,000千円）を入手している。Ａ社は×28年１月に破産手続きの申立てを行った。Ａ社の債権は当期中に一度も回収がないため、当期末残高は前期末残高と同じく受取手形45,000千円及び売掛金2,500千円であり、今後１年以内に回収される見込みはない。

なお、前期末においては、Ａ社に対する金銭債権に対し、貸倒引当金23,750千円が設定されている。

14回＜12回－15,600　2回－ 2,600

(3)　受取手形のうち18,200千円は×27年９月21日にＢ社に土地を売却した際に受け取ったものである。この手形の額面金額は１枚につき1,300千円であり、×27年10月30日を初回として毎月末に一枚ずつ期限が到来するものである。なお、当期末までの手形決済は滞りなく行なわれており、適正に処理している。

(4)　貸付金には×26年４月１日にＣ社に貸し付けたものが14,000千円ある。当初の契約内容は期間４年、金利年4％（利払日：年１回３月31日）である。Ｃ社はかねてより業績不振であり、当社はＣ社より支払条件の緩和を求められていたため、×27年３月末に、返済期日は変更せず×27年４月１日より金利を年1％とする旨の契約に変更した。当社は前期から貸倒懸念債権に分類し、キャッシュ・フロー見積法により貸倒引当金を設定している。なお、×28年３月末には変更後の契約に基づき利息の支払いが行われ、現金受取額のみを受取利息・配当金として処理している。

【契約変更後におけるキャッシュ・フローの比較表】

	×28年３月31日	×29年３月31日	×30年３月31日	合　計
当初の契約内容	~~560千円~~	~~560千円~~	~~14,560千円~~	~~15,680~~千円
変更後の契約内容	140千円	140千円	14,140千円	~~14,420~~千円

使用しない資料はあらかじめ消しておいた

(5)　貸付金のうち49,200千円はＤ社に対するものであり、元本は×32年６月25日に一括返済される予定である。なお、当期の利息1,476千円は適正に処理されている。

(6)　残高試算表に計上されている貸倒引当金の金額は前期末残高であり、Ａ社債権及びＣ社債権に係る額以外のものは、一般債権に係るものである。

応用問題2

5（続き）

5 貸倒引当金等に関する事項（続き）

〈後回し分〉

❶ 本問の貸倒引当金の設定は、一般債権については「受取手形」及び「売掛金」のみであるので、按分計算の必要もなく、ポイントはキャッシュ・フロー見積法にあると考えた。

❷ 一般債権分については受取手形95,900千円及び売掛金85,900千円の１％を設定する。時間の短縮のために電卓を叩いて、すぐに貸倒引当金1,818千円を転記した。

❸ キャッシュ・フロー見積法は、本問は２年目であるので、まずは前期の貸倒引当金の設定額を計算する必要がある。また、端数の関係から問題文の指示通りに解答しないとズレが生じる場合があるので注意すること。

前期の割引現在価値12,834千円を計算し、貸倒引当金1,166千円を計算した。

次に問題文の指示から12,834千円に４％を乗じて513千円を計算し、そこから現金受取額140千円を控除した残額373千円を受取利息・配当金として試算表に転記した。

❹ 残高試算表の貸倒引当金26,216千円から23,750千円（破産更生債権等）及び1,166千円（貸倒懸念債権）を減算し、一般債権分1,300千円を計算した。

当期設定額1,818千円と前期設定額1,300千円の差額を貸倒引当金繰入額518千円として販売費及び一般管理費の明細に転記した。

所要時間８分

資料が１株当たりの時価・純資産が与えられているため機械的に株式数を乗じて計算をした

3　投資有価証券に関する事項

残高試算表の投資有価証券の内訳は次のとおりである。

	銘柄	数量	取得原価	期末における1株当たり時価	1株当たりの純資産額	備考
関	V 社 株 式	1,400千株	70,000千円	70円	――	下記(2)①参照
投	W 社 株 式	44千株	79,200千円	1,900円	――	下記(2)②参照
関	X 社 株 式	126千株	27,720千円	――	212円	下記(2)③参照
投	Y 社 株 式	50千株	86,000千円	1,360円	――	下記(2)④参照
投	Z 社 株 式	100千株	25,600千円	――	120円	下記(2)⑤参照
関	D 社 株 式	222千株	15,540千円	――	80円	下記(2)⑥参照
自	自 己 株 式	8千株	1,651千円	215円	――	下記(2)⑦参照
	合計		305,711千円			

(1) 投資有価証券は子会社株式・関連会社株式に該当するもの以外はすべて「その他有価証券」に該当し、「その他有価証券」のうち、時価のあるものは時価法（評価差額は全部純資産直入法により処理し、税効果会計を適用する。）、時価がないものは原価法により評価している。時価又は実質価額が取得原価より50％以上下落した場合には減損処理を行う（税務上も全額損金となり、一時差異には該当しないものとする。）。前期決算の「その他有価証券」に係る時価評価の仕訳（税効果に関する仕訳を含む。）は期首に戻入れを行っている。

(2) 上記の投資有価証券の備考の内容は以下のとおりである。

① V社株式は上場株式であり、当期首時点で議決権の14％を所有していた。当社は当期において同社の株式1,000千株（１株当たり65円）を市場から買い取り、当期末の議決権は合計24％となっているが、当社は買い増し分について仮払金処理をしているのみである。

② W社株式は上場株式であり、議決権は10％を所有しており、業務提携目的で保有している。

③ X社株式は非上場株式であり、当社は議決権の40％を所有している。なお、当社と同一の内容の議決権を行使することに同意している当社の株主がX社の議決権の12％を所有している。

④ Y社株式は上場株式であり、当社は議決権の８％を所有している。また、X社が同社の議決権の10％を所有している。

⑤ Z社株式は非上場株式であり、当社は議決権の５％を所有しており、長期保有目的で保有している。

⑥ D社株式は非上場株式であり、当社は議決権の15％を所有している。また、同社に対しては貸付金（上記２(5)）があり、同貸付金は重要な融資に該当する。

⑦ 自己株式は、すべて×27年１月に公開買い付けにより適法に一時に取得したものである。

146

6

6 投資有価証券に関する事項

❶ 資料が１株当たり時価及び１株当たりの純資産で与えられているため、まずは機械的に株式数を乗じて計算をし、表の余白に転記をした。結果として使用しないものもある可能性はあるが、減損の対象になる可能性があるため、すべてを計算した。

❷ Ｖ社株式、Ｘ社株式及びＤ社株式については、減損処理の適用はないことから、取得原価70,000千円＋65,000千円（Ｖ社株追加取得分）＋27,720千円＋15,540千円の合計178,260千円をすぐにB/Sに計上した。この際、Ｖ社株式の追加取得分の集計漏れに注意すること。

❸ Ｗ社株式及びＹ社株式は市場価格のあるその他有価証券に該当し、かつ減損処理の適用はないことから全部純資産直入法を適用し、繰延税金負債及びその他有価証券評価差額金を集計表（計算用紙２参照）に転記した。なお、減損処理や全部純資産直入法の適用後に取得原価を使用することはないため、この段階で金額を消しておくと集計ミスを防ぐことができる。

❹ Ｚ社株式は、市場価格のないその他の有価証券に該当するが、減損処理の適用があるため、投資有価証券評価損13,600千円をすぐにP/Lに転記した。

❺ 自己株式は、B/S株主資本の末尾にすぐに転記をした。

❻ 自己株式の処理を終えたところで、投資有価証券206,100千円及びその他有価証券評価差額金△7,623千円をB/Sに転記した。

所要時間８分

(3) 残高試算表の新株予約権はG社が以下の条件で発行したものを発行と同時に取得したものである。

発　　行　　日	×26年4月1日
新株予約権の目的たる株式数	普通株式10,000株
新株予約権1個につき発行する株式数	250株
払　込　金　額	1個につき25,000円
行　使　価　額	1株につき4,000円
権　利　行　使　期　間	×27年4月1日から×28年9月30日

取得原価 40,000＋1,000 ＝41,000
時価 42,500

6 (続き)

当該新株予約権については、×28年3月15日にすべて権利行使を行い、G社株式を取得している。当社のG社に対する議決権の所有割合は9%であり、G社株式の期末時価は、1株当たり4,250円である。当社は権利行使に際し、払込金額を仮払金で処理しているのみである。

応用問題2

A

4 棚卸資産に関する事項

あらかじめ数量×単価で計算をした

商品の期末数量等の内訳は次のとおりである。商品は平均原価法に基づく原価法（収益性の低下による簿価切下げの方法）により評価しており、帳簿棚卸高に記載の単価は平均原価法により適正に計算されている。

	帳簿棚卸高		実地棚卸高	差異の内訳等
	数　量	単　価	数　量	
甲　商　品	10,100個 (+500)	6,500円 (68,900)	9,980個 (64,870)	下記(2)、(4)参照
乙　商　品	8,100個	12,900円 (104,490)	8,000個 (103,200)	下記(3)、(4)参照
貯　蔵　品	——	—— (173,390)	800個 (△5,600 B/S162,470)	——

△620個 → 4,030千円
△100個 → 1,290千円

貯蔵品はすべて梱包資材であり、購入時に販売費及び一般管理費（荷造運搬費）で処理している。期末においては実地棚卸に基づく未使用分を最終仕入原価法により評価しており、3,560千円である。

7

(1) 残高試算表の繰越商品及び貯蔵品の残高は前期末残高である。

(2) 甲商品の棚卸差異のうち500個については、×28年3月31日に1個6,500円で掛仕入した商品を担当者が会計処理を失念していたものである。残りの棚卸差異については原因が不明であるため、棚卸減耗として売上原価処理する。

(3) 乙商品の棚卸差異については原因が不明であるため、棚卸減耗として売上原価処理する。

(4) 期末における各商品の売価及び見積販売直接経費は次のとおりである。

	売価（1個当たり）	見積販売直接経費（1個当たり）
甲　商　品	8,600円	600円
乙　商　品	13,000円	800円

12,200 → (12,900－12,200)×8,000＝5,600千円

なお、前期末の棚卸資産について収益性の低下による簿価切下げは行っていない。

7 棚卸資産に関する事項

❶ 貯蔵品を慎重に解き、B/Sに転記した。
❷ 甲商品について仕入れの計上漏れを修正、減耗損を計算する。今回は表を作成せずに問題文の表に合計などをメモする方法を用いた。
❸ 正味売却価額を資料から計算した。正味売却価額を使用しない場合も考えられるが、いったん計算した後で使用しないものは×をつけている。
❹ 一通りの処理が終了した時点で、商品162,470千円をB/S、売上原価1,137,960千円をP/Lに転記した。
所要時間５分

減価償却計算の状況は
しっかりチェックしよう！

5　有形固定資産に関する事項

減価償却費の計算は、以下に記載されている事項を除き適正に処理されている。なお、残高試算表の減価償却累計額の内訳は、建物に係るものが93,750千円、車両運搬具に係るものが42,000千円、備品に係るものが15,000千円である。残存価額はすべて零とする定額法により減価償却を行い、表示は減価償却累計額を控除した残額のみを記載する方法による。

(1)　建物のうち250,000千円は当社の従業員向けの社宅であり、×26年８月１日より使用を開始している。建物は耐用年数を50年とし、定額法により減価償却計算を行っている。また、当該建物の火災保険として、年１回８月１日に１年分の保険料を前払いしているが、当期における支払額全額を販売費及び一般管理費（支払保険料）として処理している。なお、販売費及び一般管理費の明細の支払保険料1,920千円は全て当該建物に係るものである。また、毎月の保険料の額は契約期間中同額である。なお、当期首における再振替処理は適正に行われている。

(2)　車両運搬具を×27年12月15日に中古車買取業者に1,100千円で売却しているが、期首帳簿価額と売却代金との差額1,130千円につき雑損失に計上しているのみである。なお、当該車両運搬具の減価償却は耐用年数５年、期首減価償却累計額は11,770千円である。

当社の仕訳
㊀ 11,770 / ㊀
㊀ 1,130
㊀ 1,100

(3)　備品については当期首において著しい機能的減価が生じ、「会計上の変更及び誤謬の訂正に関する会計基準」に基づきプロスペクティブ方式により以下のように処理することとする。なお、過年度の減価償却計算は適正に行なわれている。

取得原価	使用開始日	期首減価償却累計額	当初耐用年数	変更後耐用年数	償却方法
60,000千円	×25年４月９日	15,000千円	８年	６年	定額法

6　ソフトウェア等に関する事項

(1)　ソフトウェアの内訳は次のとおりである。当期の償却計算は未了である。いずれも社内利用のソフトウェアであり、その利用により将来の費用削減効果が確実と認められる。償却年数は５年として前期まで適正に償却している。

不要な資料は消しておく

システム	利用開始時期	前期末帳簿価額	備　考
会計処理	×24年１月１日	~~4,200千円~~	下記(2)参照
営業管理	×25年10月１日	3,150千円	――

21,600千円　2,400 900 1,080 4,380

(2)　同会計処理システムは新会計処理システムの稼動に伴い×28年３月31日付で廃棄した。廃棄したソフトウェアについては当期首から廃棄時までの償却を行う。

(3)　残高試算表のソフトウェア仮勘定は×27年11月25日に引渡しを受けた新会計処理システムに係るものであり、当該ソフトウェアは×27年12月１日から×27年12月31日までの試験運転を行い、×28年１月１日から業務の用に供している。なお、試験運転期間中に支出した当社の仕様に合わせるための修正作業費用3,600千円と当該ソフトウェアの操作研修費用2,400千円が仮払金に含まれている。

8

9

148

8 有形固定資産に関する事項

一通り読んだところ、特に難しいところは感じられなかった。減価償却及び有形固定資産の簿価は残高試算表で集計することとした。

❶ 減価償却は平易であるが、保険料については注意を要する。再振替処理は適正に行われているので、残高試算表の1,920千円は１年分ではなく、再振替をした４カ月分が含まれていることになる。よって１月当たりの保険料は120千円となり４カ月分の480千円が前払費用となる。前払費用については、これ以降の資料で登場する可能性もあるが、転記漏れが怖いので、このタイミングで「前払費用」をB/Sに、「支払保険料」を販売費及び一般管理費に転記した。

❷ 車両運搬具は平易と思われたが取得原価が資料にないため、取得原価をｘとして当社の誤った仕訳をもとに考えていく。仕訳から取得原価は14,000千円と判明し、減価償却費、固定資産売却益を計算した。なお、このタイミングで「雑損失」及び「固定資産売却益」をP/Lに転記した。

❸ 備品の耐用年数の変更は残存価額が零であり、平易な問題であった。

❹ 残高試算表で集計をし、「建物」「車両運搬具」「備品」をB/Sに、「減価償却費」を販売費及び一般管理費に転記した。

所要時間10分

9 ソフトウェアに関する事項

ここからは、資料の分量もさほど多くないことからスピードアップを図りたいところである。

本問では、廃棄損、ソフトウェア仮勘定の振替及び付随費用の範囲がポイントとなる。「設定作業」「修正作業」がキーワードとなる。

償却計算を行い、ソフトウェア22,770千円をB/Sにソフトウェア償却4,380千円、ソフトウェア導入費2,400千円及びソフトウェア廃棄損1,800千円をP/Lに転記した。

所要時間３分

A
7　社債に関する事項

当社は、次の条件により、×27年6月1日に社債を発行している。

(1)　発行価額：1口額面100千円につき3％割り引いた額

97,000×1％＝970

(2)　発行口数：1,000口

(3)　償還期限：×32年5月31日

(4)　利率：年1.2％（毎年5月末と11月末の年2回）

当社は、発行価額の1％の社債発行費用を社債金額から控除した手取額を仮受金として処理しているため、適正な会計処理に改める。当該社債については、定額法による償却原価法により評価することとする。また、期中に支払った利息は適正に処理済みであるが、経過利息の計上は未済である。

10

A
8　借入金に関する事項

(1)　残高試算表の借入金のうち60,000千円は運転資金に充てるため×28年3月31日に借り入れたもので、×28年4月30日より毎月末12,000千円の均等返済を行う予定である。

短

(2)　本社ビルの移転の資金に充てるため、×27年12月1日に1,080,000千円の借入れを行っている。その最終返済期日は×36年11月末で、元金返済（均等返済）及び利息支払は×28年5月末を初回とし、毎年11月末及び5月末の年2回である。経過利息の計上は適正に行われている。

一年 120,000
長 960,000

(3)　上記(2)の借入に際して、変動金利を固定金利に変換することを目的として、期間10年、想定元本1,080,000千円のスワップ契約を締結している。スワップ契約は、ヘッジ会計の適用要件を満たしており、時価評価されているヘッジ手段に係る損益又は評価差額を、ヘッジ対象に係る損益が認識されるまで純資産の部において繰り延べる方法を採用する。×28年3月31日における金利スワップの時価は、1,000千円である。なお、当該金利スワップについては税効果会計を適用する。

金利スワップ　1,000 ／ 繰延税金負債　370
　　　　　　　　　　／ 繰延ヘッジ損益　630

11

応用問題2

B
9　退職給付会計に関する事項

当社は確定給付型の企業年金制度を採用しており、退職給付会計の適用について、原則法によって処理している。なお、退職給付に関する処理は未処理であるため適切に処理する。

（単位：千円）

前期末退職給付債務	145,000
前期末年金資産の評価額（公正な評価額）	162,000
前期末に計算された未認識数理計算上の差異（貸方差異）	2,000
当期勤務費用	10,200
当期年金掛け金の支出額	12,000
年金基金からの年金支払額	6,000
~~当期末退職給付債務~~	~~160,000~~
~~当期末年金資産の評価額（公正な評価額）~~	~~165,000~~

2,900
－ 1,944
－ 200
＋10,200
10,956

12

使用しない資料はすぐに消しておくとよい

149

10 社債に関する事項

発行価額が与えられていないタイプの問題なので慎重に問題を読みとる必要がある。発行価額は問題文から100千円×（100％－３％）×1,000口＝97,000千円である。

社債発行費はこの97,000千円の１％で970千円となり、仮受金の金額は96,030千円になる。この金額と残高試算表の仮受金の金額は一致している。

あとは償却原価法と経過勘定の計算を行い、社債97,500千円をB/S、社債利息1,500千円、社債発行費970千円をP/L、未払費用400千円を残高試算表に転記した。

なお、期中の社債利息は適正に処理済とあるので残高試算表分の集計漏れをしないこと、繰延資産の会計処理については、特に指示がないことから原則的会計処理である全額を発生時費用処理することに注意しよう。

所要時間５分

11 借入金に関する事項

運転資金のための借入金については、毎月末12,000千円を返済し、合計金額が60,000千円のため、あと５回の返済である。よって当期に借入、かつ翌期に完済されるので表示科目は「短期借入金」になる。

本社ビルの移転資金のための借入金については、１回当り年二回の返済で返済期間から60,000千円であることが計算でき、１年以内返済長期借入金が２回分の120,000千円、残額が長期借入金960,000千円となる。

なお、金利スワップについては借入金の金額に影響を与えないので、短期借入金60,000千円、１年以内返済長期借入金120,000千円、長期借入金960,000千円をB/Sに転記した。

金利スワップについては、後回しにしてもよいが、仕訳をきりB/Sに転記し、集計表（計算用紙2参照）に転記した。

所要時間５分

12 退職給付に関する事項

答案用紙から、前払年金費用が計上されることになるので２回転目で解答することとした。

〈後回し分〉

数理計算上の差異が翌年からの処理であるので、前払年金費用が計上される以外はそれほど難しくないと判断した。

数理計算上の差異については問題文に貸方差異とあるので利得に該当するが、不安があれば期首時点で退職給付債務のボックスを作成してもよいだろう。

(1) 未認識数理計算上の差異は、発生年度の翌年から平均残存勤務期間10年間で定額法により償却計算を行なう。なお、前期末に計算された未認識数理計算上の差異（貸方差異）以外の未認識数理計算上の差異はすべて前期末までに償却済みである。
(2) 割引率は年2.0%である。
(3) 長期期待運用収益率は年1.2%である。
(4) 当期年金掛け金の支出額は、仮払金として処理されている。
(5) 前払年金費用の全額が一時差異に該当することから、税効果会計を適用する。~~なお、前期において前払年金費用に税効果会計を適用して計上した繰延税金負債は6,000千円であり、残高試算表の繰延税金資産（長期）と相殺し計上している。~~

12（続き）

税効果会計の処理は、洗替法で行うこととしているので、前期に関する資料は消しておいた

A
10 諸税金に関する事項
~~(1) 各税目とも前期末未払計上額と納付額に過不足はなかった。~~
(2) 当期の確定年税額（中間納付額及び源泉徴収税額控除前）は、法人税及び住民税が64,320千円、事業税が10,272千円（付加価値割及び資本割により算定された税額2,310千円を含む。）である。
残高試算表において、法人税及び住民税の中間納付額30,200千円並びに事業税の中間納付額4,600千円は法人税等に、源泉徴収された所得税額800千円は租税公課に計上されている。

表を作成して解いた

13

C
11 税効果会計に関する事項
(1) 残高試算表の繰延税金資産は、前期末残高から前期決算の「その他有価証券」に係る評価仕訳の当期戻入れ（上記3(1)参照）を計上した残高である。
(2) 「3 投資有価証券に関する事項」で決算整理した「その他有価証券」の評価差額、「8 借入金に関する事項」おける(3)金利スワップ及び「9 退職給付会計に関する事項」を除く当期末の一時差異残高及び永久差異は次のとおりである。なお、前期末における繰延税金資産は、流動項目及び固定項目ともに、実効税率を40%として計算している。
① 将来減算一時差異　97,800千円（前期末：84,050千円）
~~② 永久差異　3,960千円（前期末：1,720千円）~~

表を作成して解いた

14

A
12 その他
(1) 販売費及び一般管理費（旅費交通費）には、当社役員の出張旅費（×28年3月25日～×28年3月30日）の概算払い額300千円が含まれている。以下のように×28年3月31日に報告を受けたが、残額の回収は未了である。
確定額：宿泊代…205千円　交通費…87千円　合計…292千円　未収金 8
(2) 当社に商標権の侵害があったとして、かねてより損害賠償請求を受け係争中であったが、×27年4月25日に敗訴が確定し、×27年5月10日に12,000千円の賠償金を支払い済みであるが、当社はこれに関して仮払金処理をしているのみである。

15

150

12 退職給付に関する事項（続き）

退職給付の費用の計算に必要な金額が算定できたところで、退職給付費用10,956千円をP/Lに計上した。本問はB/Sに前払年金費用が計上されているので、掛金拠出分12,000千円分と、退縮給付費用10,956千円を相殺して前払年金費用に加算した。退職給付引当金を計上する場合と符合が逆になるので注意が必要である。

所要時間５分

13 諸税金に関する事項

外形基準が絡む問題は集計ミスが生じやすいため、ボックスを作成しながら解答した。本問は外形分の中間納付額が与えられていないが、未払分は所得割及び外形分ともに未払法人税等になるので、外形分の中間納付額はゼロとして計算した。集計表（計算用紙3）を参照。

所要時間３分

14 税効果会計に関する事項

本問は一時差異の一部はまとめて与えられているものの、金利スワップ、前払年金費用と応用論点が絡んでいるので、後回しにした。

また、税率の変更があり当期は37%で計算することに注意が必要である。

本問では、（計算用紙2）に示すようなＴ勘定により集計した。

所要時間２分

15（続き）

(3) 当社は×28年２月分の社会保険料及び源泉所得税について、納付額（個人負担分と会社負担分の合計額）を給料手当として処理しているため、適正な科目に振り替えることとする。なお、当社は従業員から従業員負担分の源泉所得税及び社会保険料を源泉徴収した際に預り金として処理している。源泉徴収した所得税は翌月10日までに納付することとしており、×28年１月分までは適正に納付及び処理されている。また社会保険料については、給料から天引きした前月の個人負担分に同額の会社負担分を加えた額を毎月末に納付することとしている。

３月に納付した×28年２月分の従業員負担の社会保険料	1,180千円	} 預り金
３月に納付した×28年２月分の会社負担分の社会保険料	1,180千円	} 法定福利費
３月に納付した×28年２月分の従業員の源泉所得税	1,780千円	} 預り金

また、当期の３月分の社会保険料1,200千円の会社負担分が未処理であるため見越し計上する。

応用問題2

15 その他の事項

❶ 出張旅費の概算払いについては、報告を受けかつ残額の回収が未了とある。概算払い分が旅費交通費に含まれているので、概算分300千円を減算し、報告分292千円分を加算した。また、残額が未回収とあるので未収金８をB/Sに転記した。
❷ 賠償金はラッキー問題、科目名に注意してすぐにP/Lに転記した。
❸ 社会保険料及び源泉所得税については、慎重な問題の読取りが必要であると感じた。問題文の表の納付金額の横に正しい科目もメモし、正確性を確保した。
所要時間５分

〔計算用紙〕

1 120円／ＵＳドル

2 税効果会計

繰税

	借方	貸方
T/B	~~27,620~~	~~27,620~~
	36,186	
		5,936
		1,628
	6,660	555
		370
	34,357	

法調

借方	貸方
27,620	
	36,186
5,936	
	△2,630

3 諸税金

	源泉税	中間納付	未払額	年税額
法・住 所得割	800	30,200 4,600	36,682	64,320 10,272 −2,310 } 72,282 P/L法住事
外　形	−	0	2,310	2,310
合　計			38,992 B/S未払法	

第3章

本試験問題

本試験問題

アルファ株式会社（以下「当社」という。）は、国内及び海外から仕入れた各種アパレル製品を小売販売し、首都圏の各種百貨店を中心に出店している。また、一部の得意先に対しては制服の受注販売も行っている。

上記を前提として、【資料１】、【資料２】、【資料３】及び【資料４】に基づき、次の**問１～問３**に答えなさい。

問１　当社の第77期（自×3年４月１日　至×4年３月31日）における会社法及び会社計算規則に準拠した貸借対照表及び損益計算書を作成しなさい。

問２　会社計算規則に基づく附属明細書のうち、「販売費及び一般管理費の明細」を作成しなさい。

問３　【資料４】は当社の第77期における個別注記表（一部抜粋）である。【資料４】の空欄（　Ａ　）～（　Ｉ　）に当てはまる金額を答えなさい。

解答上の留意事項

イ　【資料１】の決算整理前残高試算表及び【資料２】の販売費及び一般管理費の内訳は、【資料３】に記載されている事項を除き、決算整理は適切に終了している。

ロ　消費税及び地方消費税（以下「消費税等」という。）の会計処理は、税抜方式による。なお、特に指示のない限り、消費税等について考慮する必要はない。

ハ　税効果会計は、特に指示のない項目については適用しない。その適用に当たっての法定実効税率は、前期及び当期ともに30％とする。将来減算一時差異に係る繰延税金資産の回収可能性については問題ないものとする。

ニ　会計処理及び表示方法については、特に指示のない限り原則的な方法によることとし、金額の重要性は考慮しない。

ホ　解答金額については、【資料１】の決算整理前残高試算表における金額欄の数値のように３桁ごとにカンマで区切ること。また、解答金額がマイナスとなる場合には金額の前に「△」印を付すこと。この方法によっていない場合には正解としない。

ヘ　計算の過程で生じた千円未満の端数は、計算の都度、切り捨てること。

ト　期間配分は、全て月割計算とする。

【資料1】当社の決算整理前残高試算表

決算整理前残高試算表
×4年3月31日現在
(単位：千円)

勘定科目	金額	勘定科目	金額
現金	29,800	電子記録債務	1,020,021
当座預金	6,742,570	買掛金	410,212
定期預金	894,850	未払金	1,299,920
売掛金	1,660,920	未払費用	363,068
繰越商品	3,300,235	仮受金	547,500
貯蔵品	62,637	仮受消費税等	2,002,010
仮払金	1,403,250	預り金	872,839
前払費用	8,211	前受収益	1,820
前払金	212,211	長期借入金	2,000,000
仮払消費税等	1,653,000	貸倒引当金	18,030
建物	2,882,000	退職給付引当金	2,355,000
器具及び備品	2,582,000	役員退職慰労引当金	305,000
土地	917,391	建物減価償却累計額	1,120,000
ソフトウェア	142,000	器具及び備品減価償却累計額	1,772,000
投資有価証券	207,040	資本金	4,000,000
出資金	22,100	資本準備金	500,000
長期貸付金	200,000	その他資本剰余金	500,000
繰延税金資産	807,399	利益準備金	250,000
敷金及び保証金	1,945,113	繰越利益剰余金	3,400,000
火災未決算	364,100	新株予約権	10,500
仕入	6,722,321	売上高	21,213,961
販売費及び一般管理費	11,212,180	受取利息	30,956
支払利息	45,010	受取配当金	2,300
雑損失	1,921	雑収入	23,122
合計	44,018,259	合計	44,018,259

本試験問題

【資料２】販売費及び一般管理費の内訳

（単位：千円）

勘定科目	金額	勘定科目	金額
販売手数料	330,210	租税公課	450
広告宣伝費	838,992	賃借料	1,822,392
役員報酬	69,221	店舗管理費	830,499
報酬及び給料手当	4,221,231	衛生費	54,020
賞与	402,100	業務委託費	2,223,121
修繕費	21,199	その他	398,490
消耗品費	255	合計	11,212,180

【資料３】決算整理の未済事項及び参考事項

１　現金及び預金に関する事項

(1)　当社の現金の帳簿残高について、当期末に金庫を確認したところ、売掛金の回収として受け取った当座小切手1,200千円が見つかったが、未処理である。当該売掛金は、「２　貸倒引当金に関する事項」に記載の「売掛金の内訳」の「その他」に該当する。

(2)　当社の預金の帳簿残高は次のとおりである。なお、いずれの定期預金も満期日は当期末より１年以内となっている。

（単位：千円）

	当座預金	定期預金	合計
ＡＡ銀行	1,565,570	230,000	1,795,570
ＢＢ銀行	12,000	200,000	212,000
ＣＣ銀行	5,165,000	464,850	5,629,850
合計	6,742,570	894,850	7,637,420

①　ＡＡ銀行について

銀行残高証明書の当座預金の金額は1,565,080千円であったので、差異を調査したところ、当社所有のビルの修繕費を×3年７月１日に支払ったが、未処理であった。なお、当該支出は収益的支出と考えられる。消費税等を考慮する必要はない。

②　ＢＢ銀行について

当社はＢＢ銀行との間で当座借越契約を締結している。銀行残高証明書の当座預金残高はマイナス8,000千円であった。差異の原因を調査した結果、買掛金20,000千円を支払った際の処理が未処理であった。

③　ＣＣ銀行について

海外からの仕入れに対して決済を行うために、海外の銀行であるＣＣ銀行に口座を保有しているが、全て外貨預金である。ＣＣ銀行の残高証明書では当座預金50,000千米ドル、定期預金4,500千米ドルと記載されている。

ＣＣ銀行の定期預金（契約日：×3年４月１日、満期日：×5年３月31日）の元金について、×3年７月１日に×5年３月31日を決済予定日とする為替予約を締結した。

次は円／米ドルの直物レート及び先物レートの表である。

	直物レート	先物レート
契約日：×3年４月１日	103.3	104.0
予約日：×3年７月１日	103.8	104.5
決算日：×4年３月31日	106.3	107.5

なお、当社では利息の処理については適切に処理しているが、元金に関しては契約日以外の会計処理が未処理であり、為替予約の会計処理は振当処理とすること。為替予約の差額については、利息の調整項目とし、配分方法は月割りの定額法によるものとする。

2　貸倒引当金に関する事項

当社は売掛金の期末残高に対して貸倒引当金を設定するが、一般債権、貸倒懸念債権及び破産更生債権等に区分して算定している。

一般債権については、過去の貸倒実績率に基づき、期末残高の２％（ただし、各種百貨店に対する売掛金は１％）を引当計上している。破産更生債権等については、債権総額から担保の処分見込額等を控除した残額を引当計上している。

なお、繰入れは差額補充法によることとし、破産更生債権等に対する貸倒引当金繰入額は特別損失に計上する。

売掛金の内訳は次のとおりである。

（単位：千円）

甲社 下記(1)参照	乙社 下記(2)参照	各種百貨店 に対する売掛金	その他	合計
100,220	11,000	844,000	705,700	1,660,920

(1)　当社では甲社の従業員の制服を受注販売している。甲社は、前期までの業績は好調であったが、当期になって深刻な経営難となり、×3年12月をもって破産手続開始の申立てを行った。なお、当該債権に関して、当社では甲社保有の土地に担保を設定しており、担保設定時の時価は14,000千円であり、当期末現在の時価は10,000千円であった。

(2)　当社では乙社の従業員の制服を受注販売している。乙社では当期において業績が悪化しており、当社は乙社に対する売掛金を貸倒懸念債権とする決定をした。当社は乙社の財政状態及び経営成績を考慮した結果、乙社から預かっている営業保証金6,000千円を除いて、60％を貸倒引当金として計上することとした。

(3)　金銭債権としては売掛金のほか、当社には仕入先である丙社に対し長期貸付金があり、決算整理前残高試算表の全額が丙社に対するものである。

当該貸付金について、当期末に約定初回利息の入金後、財務内容の悪化を理由に翌期以降、金利引下要請を受けた。当社はこの要請を受諾し、当該貸付金を貸倒懸念債権とした。当該貸付金に対する貸倒引当金の繰入基準はキャッシュ・フロー見積法を採用する。当該貸倒引当金繰入額については、営業外費用として計上する。なお、当社は当期末、丙社に対して当該貸付金以外の金銭債権債務を有していない。

当該貸付金の内容は次のとおりである。

項目	内容
貸付実行日	×3年４月１日
返済期日	×7年３月31日（一括返済）
利払日	毎年３月31日
金利条件	金利引下げ前：15% 金利引下げ後：５%

なお、計算に当たっては、以下の現価係数表及び年金現価係数表を用いること。

現価係数表

年＼割引率	５%	10%	15%
１年	0.952	0.909	0.870
２年	0.907	0.826	0.756
３年	0.864	0.751	0.658

年金現価係数表

年＼割引率	５%	10%	15%
１年	0.952	0.909	0.870
２年	1.859	1.735	1.626
３年	2.723	2.486	2.284

(4)　貸倒引当金は税効果会計を適用する。

3　仕入れ及び棚卸資産に関する事項

(1)　当社は棚卸資産の評価基準については、先入先出法による原価法を採用しており、貸借対照表価額は収益性の低下による簿価切下げの方法によって算定している。なお、決算整理前残高試算表に記載されている繰越商品の金額は、前期末残高であり、前期末において棚卸資産の時価の下落はない。

(2)　棚卸資産の内訳は次のとおりである。

種類	帳簿棚卸高			実地棚卸数量	時価（単価）
	数量	単価	金額		
A商品	14,300着	9.0千円	128,700千円	12,350着	8.5千円
B商品	10,200着	3.0千円	30,600千円	9,100着	3.5千円
その他商品	（略）	（略）	3,022,050千円	（略）	（略）

- A商品について収益性が低下していることが判明した。
- A商品は販売するにあたり１着当たり見積販売直接経費は500円となっている。

・　A商品の収益性の低下による簿価切下額は売上原価に計上する。

・　A商品の棚卸減耗損は原価性が認められることから、「販売費及び一般管理費」の棚卸減耗損として表示する。

・　B商品の棚卸減耗損は盗難によるものであることから、原価性は認められず、「営業外費用」の棚卸減耗損として表示する。

(3)　期中にその他商品から500千円分の商品を見本品として使用しているが、会計上未処理である。見本品の費用は「販売費及び一般管理費」の広告宣伝費として表示する。

(4)　商品評価損は税効果会計を適用する。

4　投資有価証券に関する事項

(1)　当社の有価証券の評価基準及び評価方法は、満期保有目的の債券は償却原価法（定額法)、子会社株式及び関連会社株式は移動平均法による原価法によっている。また、その他有価証券については、時価があるものは時価法（評価差額は部分純資産直入法で処理し、税効果会計を適用する。)、時価がないものは原価法によっている。なお、時価が取得原価の50％以上下落した場合には減損処理を行うこととしている。

(2)　決算整理前残高試算表に計上されている投資有価証券の内訳は次のとおりである。

銘柄	保有数	取得原価(単価)	期末時価(単価)	備考
W社株式	15,000株	@2,000円	@1,980円	(注１)
X社株式	21,000株	@4,400円	−	(注２)
Y社株式	5,000株	@100英ポンド	@105英ポンド	(注３)
Z社社債	20,000口	@980円	@990円	(注４)
自己株式	200株	@2,200円	@2,240円	(注５)

(注１) W社は上場会社で当社の得意先であり、関係強化のために株式を保有している。なお、前期末の時価は１株当たり2,020円であった。

(注２) X社は非上場会社であり、その株式は当期以前より保有している。X社の発行済株式総数は25,000株であり、期中は投資有価証券として処理している。

なお、X社は当期において財政状態が著しく悪化し、直近（×3年12月31日現在）の貸借対照表では、資産260,000千円、負債220,000千円、資本金110,000千円、利益剰余金△70,000千円となっている。実質価額が著しく減少したため、X社株式の減損処理を行う。なお、実質価額はX社の直近の貸借対照表を基に算定する。当該減損金額については、税効果会計を適用しない。

（注３）Ｙ社はイギリスにあるカジュアルファッションの非上場の卸業者で、当社には主に女性向けインナーを卸している。

当社は関係強化のため×2年９月１日に5,000株を取得した。

当期に入り、当社ではレディースカジュアルにも力を入れていく方針であることから、その一環としてＹ社との繋がりをより深く持つべく、残りの全株式を持つ経営陣と交渉を重ね、×3年７月23日に残り全ての株式を取得し完全子会社化した。

以下は、Ｙ社株式の取得状況である。なお、発行済株式数は×2年９月１日の段階で30,000株であり、その後変動はない。

	円／英ポンド	１株当たり取得価額	取得株式数
×2年９月１日	129.2	@100英ポンド	5,000株
×3年３月31日	133.5	－	－
×3年７月23日	136.1	@102英ポンド	25,000株
×4年３月31日	137.0	－	－

当社は当期Ｙ社株式取得時の代金を仮払金として処理したのみである。

また、当社とＹ社との取引は全て円貨建て取引であり、当社は当期末にＹ社に対して、前払金8,334千円、買掛金12,542千円の金銭債権債務を有しており、完全子会社化した×3年７月23日以降の商品の仕入高は823,225千円となっている。

（注４）Ｚ社社債は満期保有目的であり、当期首に発行と同時に取得したもので、１口当たり額面は1,000円、償還期間は４年、約定利子率は年２％、利払日は３月31日である。

受け取った利息は仮受金として処理している。

（注５）自己株式については、当期に取得したものであるが、取得時に投資有価証券として処理している。なお、当期中に自己株式の全てを消却し、その他資本剰余金から減額することとしたが、消却の処理は行っていない。

本試験問題

5　有形固定資産に関する事項

⑴　当社の建物、器具及び備品の内訳は次のとおりである。

部門名	資産名	取得日	償却方法	耐用年数	償却率	取得価額(千円)
K支店	建物K	×3年7月1日	定額法	39年	0.026	450,000
L支店	建物L	×3年10月1日	定額法	39年	0.026	112,000
その他	その他の建物	当期以前	定額法	39年	0.026	2,320,000
合計						2,882,000
K支店	器具及び備品K	×3年7月1日	定率法	4年	0.500	250,000
L支店	器具及び備品L	×3年10月1日	定率法	4年	0.500	110,000
その他	その他の器具及び備品	当期以前	定率法	4年	0.500	2,222,000
合計						2,582,000

有形固定資産については、当期の減価償却計算は行われていない。減価償却計算は残存価額はゼロとし、期中に取得したものは月割計算を行う。

⑵　K支店について

建物KはK支店に属する有形固定資産である。K支店については、前期に火災により旧建物が全焼しており、新たに建設し、当期7月1日に完成後、同日より営業の用に供している。なお、決算整理前残高試算表の火災未決算勘定は全て旧建物に関するものである。

火災にあった旧建物については火災保険契約が付されていたため、当期中に保険金404,100千円の支払を受けており、自己資金45,900千円と合わせて建物Kを建てている。

当社では建物Kの取得の仕訳については適正に処理しているが、保険金の受領については仮受金と処理したのみである。保険差益相当額については積立金方式により圧縮記帳を行うものとし、減価償却相当額の取崩を実施する。なお、圧縮記帳に関しては税効果会計を適用しないものとする。

⑶　L支店について

L支店は当期10月1日より新たに開設した支店である。

建物Lについて、テナント建物の内装工事によるものであるが、テナントとの契約により原状回復義務を負っている。原状回復に係る費用としては25,000千円と見積もられているが、資産除去債務に係る会計処理が未了である。資産除去債務の算定に当たり、割引率は2.4%とし、現在価値に割り引く際の現価係数は0.40とする。なお、時の経過による資産除去債務の調整額は「資産除去債務に関する会計基準」に準拠した適切な科目で処理する。また、資産除去債務は税効果会計を適用しない。

(4)　当社では×3年４月１日より、輸送用トラックについてリース契約を締結しており、同日より事業の用に供している。当該リース契約の内容は次のとおりである。

解約不能リース期間	４年
リース物件の経済的耐用年数	５年
リース料	年額8,000千円（総額32,000千円） 第一回支払日を×4年３月末、最終支払日×7年３月末とする毎年３月末日払いである。
所有権移転条項及び割安購入選択権	いずれも該当なし。 なお、当該リース物件は特別な仕様ではない。
リース料総額の現在価値	28,400千円 なお、貸手の計算利子率は不明であり、当社の追加借入利子率は５％である。
リース物件の見積購入価額	30,000千円

当該リース取引については、当年度末に支払ったリース料を仮払金として処理したのみである。リース資産及びリース債務の計上額を算定するに当たっては、リース料総額から、これに含まれる利息相当額の合理的な見積額を控除する方法によることとし、当該利息相当額についてはリース期間にわたり利息法で配分する方法によることとする。

また、減価償却はリース期間を耐用年数とし、残存価額をゼロとする定額法によって行う。リース資産及びリース債務の貸借対照表表示は「リース取引に関する会計基準」に準拠し、原則的な処理によるものとする。

6　ソフトウェアに関する事項

決算整理前残高試算表のソフトウェアの内訳は次のとおりである。

システム名称	利用開始日	取得価額（千円）
店舗管理システム	×2年10月１日	各自推定
事務管理システム	制作途中	25,000

当期の償却計算は未了であるが、いずれも社内利用のソフトウェアであり、その利用により将来の費用削減効果が確実と認められる。償却期間は５年である。

7　借入金及び債務保証に関する事項

(1)　当社は当期首に運転資金に充てるため125,000千円を借入れており、×5年３月末に一括返済予定であるが、入金額を仮受金として処理している。支払金利は年2.5％で、期末に支払った利息は仮払金として処理している。なお、当該借入れに当たり、当社保有の土地（簿価100,000千円、時価150,000千円）を担保に供している。

(2)　当社は、得意先の丁社の長期借入金20,000千円に対して、債務保証を行っている。

8　退職給付引当金に関する事項

当社は退職給付会計の適用に当たり、原則法によって処理している。なお、退職給付に関する処理は前期末までの処理は適正に行われているが当期に係る処理については未処理である。

（単位：千円）

前期末退職給付債務	8,575,000
前期末年金資産の評価額	6,125,000
前期末に計算された未認識数理計算上の差異	（借方差異）95,000
当期の勤務費用	290,000
当期の年金掛け金の支出額	200,000
年金基金からの支払額	230,000

(1)　未認識数理計算上の差異は、発生年度の翌年から平均残存勤務期間10年間にわたり定額法により償却計算を行っている。

(2)　割引率は0.8％、長期期待運用収益率は2.2％である。

(3)　当期の年金掛け金の支出額は仮払金で処理している。

(4)　退職給付引当金は税効果会計を適用する。

9　ストック・オプションに関する事項

当社は×1年６月に開催された株主総会において、エリア・マネージャー10名に対しストック・オプションを付与することを決議した。そのストック・オプションの条件は次のとおりである。

なお、当該ストック・オプションに係る前期末までの処理は適正に行われているが当期に係る処理については未処理である。

ストック・オプションの数	エリア・マネージャー１名当たり2,000個
ストック・オプション１個当たりに付与される株式数	１株
ストック・オプションの行使時の払込金額	１株当たり1,500円
ストック・オプション付与日のストック・オプションの公正な評価額	１個当たり600円
ストック・オプションの権利確定日	×3年６月30日
ストック・オプションの権利行使期限	×4年７月31日まで

(1)　決算整理前残高試算表の新株予約権は全てこのストック・オプションに係るものである。

(2)　権利確定日にエリア・マネージャー10名全員の権利が確定した。

(3)　×3年７月１日にエリア・マネージャー６名が権利行使を行い、権利行使に伴う払込金額全額が、当社の当座預金に振り込まれたが、仮受金として処理したのみである。なお、払込資本となる金額のうち、２分の１を資本準備金に計上する。

(4)　当該ストック・オプションに係る費用は、「ストック・オプション等に関する会計基準」に準拠した適切な科目で処理し、税効果会計を適用しない。

10　役員退職慰労引当金に関する事項

当社は規定に基づき、期末要支給額を役員退職慰労引当金として計上しており、当期末の要支給額が306,050千円である。決算整理前残高試算表の役員退職慰労引当金は前期末残高のままであり、当期首に退任した役員に対して支払った退職慰労金26,050千円は仮払金として処理している。役員退職慰労引当金は税効果会計を適用する。

11　諸税金に関する事項

(1)　各税目とも前期末未払計上額と納付額に過不足はなかった。なお、当期に納付した事業税の前期末未払計上額は13,300千円であった。

(2)　中間納付税額及び源泉徴収税額控除前の当期の確定年税額は、法人税653,000千円、住民税123,900千円、事業税32,100千円（内、付加価値割及び資本割13,200千円）である。

(3)　決算整理前残高試算表の仮払金には法人税の中間納付額430,000千円、住民税の中間納付額54,000千円、事業税の中間納付額14,000千円、源泉徴収された所得税700千円が含まれている。

(4)　当期の消費税等の確定年税額は349,000千円である。消費税等の中間納付額320,320千円が仮払金として計上されている。なお、消費税等については、確定納付税額を未払消費税等に計上し、仮払消費税等と仮受消費税等の相殺残高との差額が出た場合、租税公課又は雑収入で処理する。

(5)　事業税の未払計上額は税効果会計を適用する。

【資料４】個別注記表（一部抜粋）

（中略）

３．貸借対照表に関する注記

⑴　担保に供している資産及び担保に係る債務

①　担保に供している資産

土　　地	（　A　）千円
計	（　A　）千円

②　担保に係る債務

１年内返済予定長期借入金	（　B　）千円
計	（　B　）千円

⑵　有形固定資産の減価償却累計額

建物	（　C　）千円
器具及び備品	（　D　）千円
リース資産	（　E　）千円
計	〔各自推定〕千円

⑶　偶発債務

丁社の長期借入金に対する保証債務	（　F　）千円

⑷　関係会社に対する金銭債権・債務

短期金銭債権	
前払金	（　G　）千円
短期金銭債務	
買掛金	（　H　）千円

４．損益計算書に関する注記

⑴　関係会社との取引高

営業取引による取引高	
仕入高	（　I　）千円

（中略）

チェック表

チェック項目	1回目	2回目	3回目
手順1　答案用紙のチェックをした			
手順2			
(1)　解答上の留意事項はしっかり読んだ			
(2)　個別問題の有無をチェックした			
(3)　残高試算表のチェックをした			
手順3			
(1)　問題文の大事なところにマーキングなどした			
(2)　問題の取捨選択は正確にできた			
(3)　仕訳は正確にできた			
(4)　集計は正確にできた			
(5)　表示			
①　簿記の科目と迷わなかった			
②　表示区分で迷わなかった			
③　科目の順番について迷わなかった			
手順4　自分の解答を整えた			

メモ

解　答

※ 内の数字は配点を示す。

問１　貸借対照表及び損益計算書

貸借対照表

×4年３月31日現在

（単位：千円）

資産の部		負債の部	
科目	金額	科目	金額
Ⅰ 流動資産	(12,776,009)	Ⅰ 流動負債	(4,428,569)
〔現金及び預金〕	(1 7,811,330)	電子記録債務	(1,020,021)
売掛金	(1,559,500)	買掛金	(390,212)
商品	(1 3,147,650)	短期借入金	(1 8,000)
貯蔵品	(62,637)	〔1年内返済予定長期借入金〕	(125,000)
前払費用	(8,211)	〔リース債務〕	(6,909)
前払金	(212,211)	未払金	(1,299,920)
貸倒引当金	(1 △ 25,530)	未払費用	(363,068)
Ⅱ 固定資産	(6,712,006)	〔未払法人税等〕	(1 310,300)
有形固定資産	(3,103,760)	〔未払消費税等〕	(1 28,680)
建物	(1 1,701,319)	預り金	(872,839)
器具及び備品	(463,750)	前受収益	(1 3,620)
土地	(917,391)	Ⅱ 固定負債	(4,719,431)
〔リース資産〕	(1 21,300)	長期借入金	(2,000,000)
無形固定資産	(116,000)	長期リース債務	(1 14,911)
ソフトウェア	(91,000)	退職給付引当金	(2,388,350)
〔ソフトウェア仮勘定〕	(1 25,000)	役員退職慰労引当金	(306,050)
投資その他の資産	(3,492,246)	〔資産除去債務〕	(1 10,120)
投資有価証券	(1 49,400)	負債合計	(9,148,000)
〔関係会社株式〕	(1 445,255)	純資産の部	
出資金	(22,100)	Ⅰ 株主資本	(10,335,215)
長期貸付金	(200,000)	資本金	(1 4,012,600)
〔破産更生債権等〕	(100,220)	資本剰余金	(1,012,160)
繰延税金資産	(1 865,938)	資本準備金	(512,600)
敷金及び保証金	(1,945,113)	その他資本剰余金	(499,560)
貸倒引当金	(1 △ 135,780)	利益剰余金	(5,310,455)
		利益準備金	(250,000)
		その他利益剰余金	(5,060,455)
		〔固定資産圧縮積立金〕	(1 39,220)
		繰越利益剰余金	(5,021,235)
		Ⅱ 〔新株予約権〕	(1 4,800)
		純資産合計	(10,340,015)
資産合計	(19,488,015)	負債及び純資産合計	(19,488,015)

損益計算書
自　×3年4月1日
至　×4年3月31日
(単位：千円)

科目	金	額
売上高		(21,213,961)
売上原価		(1 6,853,556)
売上総利益		(14,360,405)
販売費及び一般管理費		(11,963,521)
営業利益		(2,396,884)
営業外収益		
受取利息	(1 32,306)	
有価証券利息	(1 500)	
受取配当金	(2,300)	
〔**為替差益**〕	(1 152,250)	
雑収入	(1 23,132)	(210,488)
営業外費用		
支払利息	(1 49,555)	
〔**投資有価証券評価損**〕	(1 300)	
棚卸減耗損	(1 3,300)	
貸倒引当金繰入額	(1 45,560)	
雑損失	(1,921)	(100,636)
経常利益		(2,506,736)
特別利益		
〔**保険差益**〕	(1 40,000)	(40,000)
特別損失		
〔**関係会社株式評価損**〕	(1 58,800)	
貸倒引当金繰入額	(1 90,220)	(149,020)
税引前当期純利益		(2,397,716)
〔**法人税、住民税及び事業税**〕	(1 795,800)	
〔**法人税等調整額**〕	(△ 58,539)	(737,261)
当期純利益		(1,660,455)

問2　販売費及び一般管理費の明細

（単位：千円）

科目	金額
販売手数料	（ 330,210）
広告宣伝費	（1 839,492）
役員報酬	（ 69,221）
報酬及び給料手当	（ 4,221,231）
〔**株式報酬費用**〕	（1 1,500）
賞与	（ 402,100）
消耗品費	（ 255）
棚卸減耗損	（1 17,550）
租税公課	（1 13,650）
減価償却費	（1 450,031）
修繕費	（1 21,689）
貸倒引当金繰入額	（1 7,500）
役員退職慰労引当金繰入額	（1 27,100）
退職給付費用	（1 233,350）
賃借料	（ 1,822,392）
店舗管理費	（ 830,499）
〔**利息費用**〕	（ 120）
衛生費	（ 54,020）
業務委託費	（ 2,223,121）
その他	（ 398,490）
合計	（ 11,963,521）

問3　個別注記表（一部抜粋）

A	1	100,000	B	1	125,000
C	1	1,190,681	D	1	2,118,250
E	1	7,100	F	1	20,000
G	1	8,334	H	1	12,542
I	1	823,225			

【配　点】1×50カ所　　合計50点

解答への道

（仕訳の単位：千円）

1　現金及び預金に関する事項

(1)　表示科目の振替

借方	金額	貸方	金額
(現金及び預金)	7,667,220	(現　　　　金)	29,800
		(当 座 預 金)	6,742,570
		(定 期 預 金)	894,850

(2)　現金

借方	金額	貸方	金額
(現金及び預金)	1,200	(売　掛　金)	1,200

(3)　預金

①　ＡＡ銀行

借方	金額	貸方	金額
(修　繕　費)〈販売費及び一般管理費〉	490	(現金及び預金)	490

②　ＢＢ銀行

借方	金額	貸方	金額
(買　掛　金)	20,000	(現金及び預金)	20,000
(現金及び預金)＊	8,000	(短 期 借 入 金)	8,000

＊　当座預金残高△8,000千円を短期借入金に振替える。

③　ＣＣ銀行

イ　当座預金の期末換算

借方	金額	貸方	金額
(現金及び預金)＊	150,000	(為 替 差 益)〈営業外収益〉	150,000

＊　50,000千米ドル×106.3円／米ドル（貸借対照表価額）－5,165,000千円（帳簿残高）＝150,000千円

ロ　定期預金の為替予約

（イ）　直々差額

借方	金額	貸方	金額
(現金及び預金)＊	2,250	(為 替 差 益)〈営業外収益〉	2,250

＊　4,500千米ドル×（103.8円／米ドル（予約日直物）－103.3円／米ドル（取引日直物））＝2,250千円

※　直々差額は、為替予約締結日までに生じている為替相場の変動による差額であるため、為替差損益として処理を行う。

（ロ）　直先差額

借方	金額	貸方	金額
(現金及び預金)	3,150	(前 受 収 益)＊1	3,150
(前 受 収 益)	1,350	(受 取 利 息)＊2〈営業外収益〉	1,350

＊1　4,500千米ドル×（104.5円／米ドル（予約日先物）－103.8円／米ドル（予約日直物））＝3,150千円

＊2　3,150千円×$\frac{9カ月}{21カ月}$＝1,350千円

本試験問題

※　「外貨建取引等の会計処理に関する実務指針」では、各期に配分された為替予約差額の損益計算書上の表示について以下の記述がある。

> 各期に配分された為替予約差額の損益計算書上の表示（注解（注７））
> ９．各期に配分された外貨建金銭債権債務等に係る為替予約差額は、為替差損益に含めて表示するが、合理的な方法により配分された直先差額は、金融商品会計実務指針における債券に係る償却原価法に準じて、利息法又は定額法により利息の調整項目として処理することができる。

本問は、問題文の指示により直先差額である前受収益を受取利息に振り替えることとなる。

２　貸倒引当金に関する事項

(1)　甲社

(破産更生債権等)＊	100,220	(売掛金)	100,220

＊　破産手続開始の申立てを行ったため、甲社に対する金銭債権を破産更生債権等として表示する。

(2)　乙社

仕訳なし＊

＊　貸倒懸念債権に該当しても、特別な表示は要しない。

(3)　貸倒引当金

①　一般債権及び貸倒懸念債権（営業債権）

(貸倒引当金繰入額)＊ 〈販売費及び一般管理費〉	7,500	(貸倒引当金)	7,500

＊　イ　営業債権に係る戻入額

18,030千円（試算表）

※　貸倒引当金の前期末残高に内訳が示されていないため、すべて一般債権及び貸倒懸念債権の営業債権に充当している。

ロ　営業債権に係る繰入額

各種百貨店：844,000千円×１％＝8,440千円

そ の 他：(705,700千円－1,200千円（上記１(2)）)×２％＝14,090千円

懸念債権：(11,000千円（乙社）－6,000千円（営業保証金）)×60％＝3,000千円

合　　計：8,440千円＋14,090千円＋3,000千円＝25,530千円

ハ　ロ－イ＝7,500千円

② 貸倒懸念債権（営業外債権）

（貸倒引当金繰入額）＊ 〈営　業　外　費　用〉	45,560	（貸　倒　引　当　金）	45,560

＊ イ 貸付金の現在価値

200,000千円×５％×2.284（利息の受取額）＋200,000千円×0.658（元本の受取額）＝154,440千円

※ 割引計算は当初の約定利子率に基づくことに留意すること。

ロ 貸倒引当金

200,000千円（試算表）－154,440千円（上記イ）＝45,560千円

③ 破産更生債権等

（貸倒引当金繰入額）＊ 〈特　別　損　失〉	90,220	（貸　倒　引　当　金）	90,220

＊ 100,220千円（甲社）－10,000千円（担保期末時価）＝90,220千円

(4) 貸借対照表表示

流動：25,530千円（一般債権及び貸倒懸念債権（営業債権））

固定：45,560千円（長期貸付金）＋90,220千円（破産）＝135,780千円

(5) 税効果会計

（繰　延　税　金　資　産）＊	48,393	（法 人 税 等 調 整 額）	48,393

＊ ① 会計上の貸倒引当金

25,530千円＋135,780千円（上記(4)）＝161,310千円

② 税務上の貸倒引当金

0千円

③ （①－②）×30％＝48,393千円

本試験問題

3 仕入及び棚卸資産に関する事項

(1) 売上原価

(売上原価)	3,300,235	(繰越商品)	3,300,235
(売上原価)	6,722,321	(仕入)	6,722,321
(広告宣伝費)＊1 〈販売費及び一般管理費〉	500	(売上原価) 〈広告宣伝費振替高〉	500
(棚卸減耗損)＊2 〈営業外費用〉	3,300	(売上原価) 〈棚卸減耗損振替高〉	3,300
(棚卸減耗損)＊3 〈販売費及び一般管理費〉	17,550	(売上原価)＊5	3,177,550
(売上原価)＊4 〈商品評価損〉	12,350		
(商品)＊6	3,147,650		

＊1 その他商品

500千円（広告）

＊2 B商品

(10,200着（帳簿） − 9,100着（実地）) × 3.0千円（単価） = 3,300千円

※ 盗難による減耗だが、問題文の指示により「棚卸減耗損」として営業外費用に計上する。

＊3 A商品

(14,300着（帳簿） − 12,350着（実地）) × 9.0千円（単価） = 17,550千円

＊4 A商品

12,350着（実地） × (9.0千円（単価） − 8.0千円（※）（正味売却価額）) = 12,350千円

※ 正味売却価額（単価）：8.5千円（時価） − 0.5千円（直接経費） = 8.0千円

＊5 128,700千円（A商品帳簿） + (30,600千円（B商品帳簿） − 3,300千円（上記＊2）) + (3,022,050千円（その他帳簿） − 500千円（上記＊1）) = 3,177,550千円

＊6 3,177,550千円（上記＊5） − 17,550千円（上記＊3） − 12,350千円（上記＊4） = 3,147,650千円

※ 売上原価

3,300,235千円（期首商品） + 6,722,321千円（仕入） − 500千円（上記＊1） − 3,300千円（上記＊2） − 3,177,550千円（上記＊5） + 12,350千円（上記＊4） = 6,853,556千円

(2) 税効果会計

(繰延税金資産)＊	3,705	(法人税等調整額)	3,705

＊ ① 会計上の評価損

12,350千円（上記(1)＊4）

② 税務上の評価損

0千円

③　(①－②)×30%＝3,705千円

4　投資有価証券に関する事項

(1)　W社株式（その他有価証券）

（投資有価証券）＊2	29,700	（投資有価証券）＊1	30,000
（投資有価証券評価損）＊3 〈営業外費用〉	300		
（繰延税金資産）＊4	90	（法人税等調整額）	90

＊1　15,000株×@2,000円＝30,000千円

＊2　15,000株×@1,980円＝29,700千円

＊3　30,000千円－29,700千円＝300千円

※　問題文の指示により、評価差額は部分純資産直入法で処理することとなる。その他有価証券について、部分純資産直入法を適用した場合の評価損は、投資有価証券評価損の科目で営業外費用に表示される。

＊4　300千円×30%＝90千円

(2)　X社株式（子会社株式）

（関係会社株式）＊2	33,600	（投資有価証券）＊1	92,400
（関係会社株式評価損）＊3 〈特別損失〉	58,800		

＊1　21,000株×@4,400円＝92,400千円

＊2　当社の保有株数21,000株÷X社の発行済株式総数25,000株＝84%＞50%　∴　子会社に該当

実質価額：(X社資産260,000千円－X社負債220,000千円)×84%＝33,600千円
（下線部：X社純資産額）

＊3　92,400千円－33,600千円＝58,800千円

(3)　Y社株式（子会社株式）

（関係会社株式）	411,655	（投資有価証券）＊1	64,600
		（仮払金）＊2	347,055

＊1　5,000株×@100英ポンド×129.2円／英ポンド＝64,600千円

＊2　25,000株×@102英ポンド×136.1円／英ポンド＝347,055千円

※　株式の追加取得により持分比率が増加し、その他有価証券が子会社株式又は関連会社株式に該当することとなった場合には、帳簿価額で振り替える。

注記　関係会社に対する金銭債権・債務につき、貸借対照表等に関する注記が必要である。

前払金：8,334千円

買掛金：12,542千円

注記　関係会社に対する営業取引高につき、損益計算書に関する注記が必要である。

仕入高：823,225千円

(4)　Z社社債（満期保有目的の債券）

（投資有価証券）＊3	19,700	（投資有価証券）＊1	19,600
（仮受金）	400	（有価証券利息）＊2	500

＊1　20,000口×@980円＝19,600千円

＊2　償却原価法による償却額：$(20,000口×@1,000円－20,000口×@980円)×\frac{12カ月}{48カ月}$＝100千円

利息受取額：20,000口×@1,000円×2％＝400千円

合計：100千円＋400千円＝500千円

＊3　19,600千円＋100千円＝19,700千円

(5)　自己株式

（自己株式）＊	440	（投資有価証券）	440
（その他資本剰余金）	440	（自己株式）	440

＊　200株×@2,200円＝440千円

5　有形固定資産に関する事項

(1)　建物

①　建物K

（仮受金）	404,100	（火災未決算）	364,100
		（保険差益）＊1	40,000
（減価償却費）＊2 〈販売費及び一般管理費〉	8,775	（建物減価償却累計額）	8,775

＊1　404,100千円－364,100千円＝40,000千円

＊2　$450,000千円×0.026×\frac{9カ月}{12カ月}$＝8,775千円

②　圧縮記帳

（繰越利益剰余金）	39,220	（固定資産圧縮積立金）＊	39,220

＊　$40,000千円－40,000千円×0.026×\frac{9カ月}{12カ月}$＝39,220千円

※　問題文の指示により、圧縮記帳に関しては税効果会計を適用しないことに留意する。

③　建物L

（建物）	10,000	（資産除去債務）＊1	10,000
（利息費用）＊2 〈販売費及び一般管理費〉	120	（資産除去債務）	120
（減価償却費）＊3 〈販売費及び一般管理費〉	1,586	（建物減価償却累計額）	1,586

＊1　25,000千円×0.40＝10,000千円

＊2　$10,000千円×2.4\%×\frac{6カ月}{12カ月}$＝120千円

※　時の経過による資産除去債務の調整額は、損益計算書上、当該資産除去債務に関連する有形

固定資産の減価償却費と同じ区分に含めて計上する。本問では、「資産除去債務に関する会計基準」に準拠した適切な科目で処理する旨の指示があるため、「利息費用」として販売費及び一般管理費に計上している。

＊３　(112,000千円＋10,000千円)×0.026×$\frac{6カ月}{12カ月}$＝1,586千円

④　その他の建物

借方	金額	貸方	金額
(減価償却費)＊ 〈販売費及び一般管理費〉	60,320	(建物減価償却累計額)	60,320

＊　2,320,000千円×0.026＝60,320千円

(2)　器具及び備品

①　器具及び備品Ｋ

借方	金額	貸方	金額
(減価償却費)＊ 〈販売費及び一般管理費〉	93,750	(器具及び備品減価償却累計額)	93,750

＊　250,000千円×0.500×$\frac{9カ月}{12カ月}$＝93,750千円

②　器具及び備品Ｌ

借方	金額	貸方	金額
(減価償却費)＊ 〈販売費及び一般管理費〉	27,500	(器具及び備品減価償却累計額)	27,500

＊　110,000千円×0.500×$\frac{6カ月}{12カ月}$＝27,500千円

③　その他の器具及び備品

借方	金額	貸方	金額
(減価償却費)＊ 〈販売費及び一般管理費〉	225,000	(器具及び備品減価償却累計額)	225,000

＊　(2,222,000千円〔取得価額〕－1,772,000千円〔減価償却累計額（試算表）〕)×0.500＝225,000千円

(3)　リース取引

借方	金額	貸方	金額
(リース資産)＊１	28,400	(リース債務)	28,400
(支払利息)＊２	1,420	(仮払金)	8,000
(リース債務)＊３	6,580		
(減価償却費)＊４ 〈販売費及び一般管理費〉	7,100	(リース資産減価償却累計額)	7,100
(リース債務)	14,911	(長期リース債務)＊５	14,911

＊１　28,400千円〔現在価値〕＜30,000千円〔見積現金購入価額〕　∴　28,400千円

＊２　28,400千円×５％＝1,420千円

＊３　8,000千円－1,420千円＝6,580千円（当期返済額）

＊４　28,400千円×$\frac{12カ月}{48カ月}$＝7,100千円

＊５　当期末のリース債務残高：28,400千円－6,580千円＝21,820千円

翌期の利息相当額：21,820千円×５％＝1,091千円

翌期のリース債務返済額：8,000千円－1,091千円＝6,909千円

翌々期以降のリース債務返済額：21,820千円－6,909千円（翌期返済分）＝14,911千円

(4) 貸借対照表価額

建物：2,882,000千円（試算表）＋10,000千円（上記(1)③）－1,190,681千円（減累（※））＝1,701,319千円

器具及び備品：2,582,000千円（試算表）－2,118,250千円（減累（※））＝463,750千円

リース資産：28,400千円（上記(3)）－7,100千円（減累（※））＝21,300千円

土地：917,391千円（試算表）

（※）減価償却累計額

建物：1,120,000千円（試算表）＋8,775千円（上記(1)①）＋1,586千円（上記(1)③）＋60,320千円（上記(1)④）＝1,190,681千円

器具及び備品：1,772,000千円（試算表）＋93,750千円（上記(2)①）＋27,500千円（上記(2)②）＋225,000千円（上記(2)③）＝2,118,250千円

リース資産：7,100千円（上記(3)）

注記　減価償却累計額につき、貸借対照表等に関する注記が必要である。

6　ソフトウェアに関する事項

(1) 店舗管理システム

借方	金額	貸方	金額
（減価償却費）＊〈販売費及び一般管理費〉	26,000	（ソフトウェア）	26,000

＊　（142,000千円（試算表）－25,000千円（下記(2)））× 12カ月 / (60カ月－6カ月) ＝26,000千円

※　本来は「ソフトウェア償却」とすべきであるが、販売費及び一般管理費の明細にスペースがないため、「減価償却費」に含めて表示するものとする。

(2) 事務管理システム

借方	金額	貸方	金額
（ソフトウェア仮勘定）＊〈投資その他の資産〉	25,000	（ソフトウェア）	25,000

7　借入金及び債務保証に関する事項

(1) 借入金

借方	金額	貸方	金額
（仮受金）	125,000	（1年内返済予定長期借入金）＊	125,000

＊　当期首に借入れており、かつ、翌期中に返済が完了するため、本来は「短期借入金」に該当するが、問題【資料４】個別注記表から担保に係る債務の科目が「１年内返済予定長期借入金」と与えられているため、「１年内返済予定長期借入金」として流動負債に計上することとなる。

(2) 支払利息

(支払利息)＊	3,125	(仮払金)	3,125

＊ 125,000千円 × $\frac{2.5\%}{支払年利}$ = 3,125千円

注記 担保に係る債務につき、貸借対照表等に関する注記が必要である。

注記 債務保証につき、貸借対照表等に関する注記が必要である。

8 退職給付引当金に関する事項

(1) 退職給付費用の計上

(退職給付費用)＊ 〈販売費及び一般管理費〉	233,350	(退職給付引当金)	233,350

＊ ① 勤務費用

290,000千円

② 利息費用

$\frac{8,575,000千円}{期首退職給付債務}$ × 0.8% = 68,600千円

③ 期待運用収益

$\frac{6,125,000千円}{期首年金資産}$ × 2.2% = 134,750千円

④ 数理計算上の差異の費用処理額

$\frac{95,000千円}{前期末未認識数理計算上の差異}$ ÷ 10年 = 9,500千円 (借方差異)

⑤ 退職給付費用

$\frac{290,000千円}{勤務費用}$ + $\frac{68,600千円}{利息費用}$ − $\frac{134,750千円}{期待収益}$ + $\frac{9,500千円}{数理差異費用処理}$ = 233,350千円

(2) 年金掛け金の支出額

(退職給付引当金)	200,000	(仮払金)	200,000

(3) 税効果会計

(繰延税金資産)＊	716,505	(法人税等調整額)	716,505

＊ ① 会計上の退職給付引当金

$\frac{2,355,000千円}{試算表}$ + $\frac{233,350千円}{上記(1)}$ − $\frac{200,000千円}{上記(2)}$ = 2,388,350千円

② 税務上の退職給付引当金

0千円

③ (① − ②) × 30% = 716,505千円

9　ストック・オプションに関する事項

(1)　新株予約権

(株式報酬費用)＊ 〈販売費及び一般管理費〉	1,500	(新株予約権)	1,500

＊　600円／個×2,000個×10名－10,500千円（試算表）＝1,500千円

※　本問では、ストック・オプションに係る費用は、「ストック・オプション等に関する会計基準」に準拠した適切な科目で処理する旨の指示があるため、「株式報酬費用」として販売費及び一般管理費に計上することとなる。

(2)　権利行使

(仮受金)＊1	18,000	(資本金)＊3	12,600
(新株予約権)＊2	7,200	(資本準備金)＊3	12,600

＊1　1,500円／株×2,000株×6名（払込金額）＝18,000千円

＊2　600円／個×2,000個×6名＝7,200千円

＊3　(18,000千円＋7,200千円)÷2＝12,600千円

10　役員退職慰労引当金に関する事項

(1)　退職慰労金の支払い

(役員退職慰労引当金)	26,050	(仮払金)	26,050

(2)　当期の繰入れ

(役員退職慰労引当金繰入額)＊ 〈販売費及び一般管理費〉	27,100	(役員退職慰労引当金)	27,100

＊　306,050千円（当期末の要支給額）－(305,000千円（試算表）－26,050千円（上記(1)）)＝27,100千円

(3)　税効果会計

(繰延税金資産)＊	91,815	(法人税等調整額)	91,815

＊　①　会計上の役員退職慰労引当金

306,050千円

②　税務上の役員退職慰労引当金

0千円

③　(①－②)×30％＝91,815千円

11　諸税金に関する事項

(1)　法人税、住民税及び事業税

(法人税、住民税及び事業税)＊1	795,800	(仮払金)＊3	498,700
(租税公課)＊2 〈販売費及び一般管理費〉	13,200	(未払法人税等)＊4	310,300

＊１　653,000千円＋123,900千円＋(32,100千円－13,200千円)＝795,800千円
法人税・住民税　事業税(所得割)

＊２　13,200千円
事業税(外形分)

＊３　430,000千円＋54,000千円＋14,000千円＋700千円＝498,700千円
法人税・住民税　事業税　所得税

＊４　貸借差額

(2)　消費税等

(仮受消費税等)	2,002,010	(仮払消費税等)	1,653,000
		(仮払金)	320,320
		(未払消費税等)＊１	28,680
		(雑収入)＊２	10

＊１　349,000千円－320,320千円＝28,680千円
年税額　中間納付額

＊２　貸借差額

(3)　税効果会計

(繰延税金資産)＊	5,430	(法人税等調整額)	5,430

＊　①　会計上の未払事業税

32,100千円－14,000千円＝18,100千円
年税額　中間納付額

②　税務上の未払事業税

０千円

③　(①－②)×30％＝5,430千円

12　税効果会計

(1)　前期分

(法人税等調整額)	807,399	(繰延税金資産)	807,399

(2)　財務諸表表示

①　繰延税金資産

48,393千円＋3,705千円＋　90千円　＋716,505千円＋91,815千円＋5,430千円＝865,938千円
貸引　商品　その他有価証券　退職給付　役員慰労　未払事業

②　法人税等調整額

48,393千円＋3,705千円＋　90千円　＋716,505千円＋91,815千円＋5,430千円－807,399千円
貸引　商品　その他有価証券　退職給付　役員慰労　未払事業　上記(1)

＝58,539千円

(貸方残高　∴法人税、住民税及び事業税から減算)

13　繰越利益剰余金

3,400,000千円（試算表）－39,220千円（圧縮積立金）＋1,660,455千円（当期純利益）＝5,021,235千円

参考

個別注記表（一部抜粋）

（中略）

3　貸借対照表に関する注記

(1)　担保に供している資産及び担保に係る債務

①　担保に供している資産

土地	（100,000）千円
計	（100,000）千円

②　担保に係る債務

1年内返済予定長期借入金	（125,000）千円
計	（125,000）千円

(2)　有形固定資産の減価償却累計額

建物	（1,190,681）千円
器具及び備品	（2,118,250）千円
リース資産	（7,100）千円
計	［3,316,031］千円

(3)　偶発債務

丁社の長期借入金に対する保証債務	（20,000）千円

(4)　関係会社に対する金銭債権・債務

短期金銭債権

前払金	（8,334）千円

短期金銭債務

買掛金	（12,542）千円

4　損益計算書に関する注記

(1)　関係会社との取引高

営業取引による取引高

仕入高	（823,225）千円

（中略）

MEMO

講師の解答方法

本試験問題

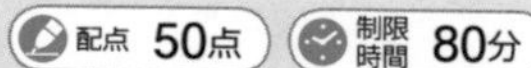

アルファ株式会社（以下「当社」という。）は、国内及び海外から仕入れた各種アパレル製品を小売販売し、首都圏の各種百貨店を中心に出店している。また、一部の得意先に対しては制服の受注販売も行っている。

上記を前提として、【資料１】、【資料２】、【資料３】及び【資料４】に基づき、次の**問１～問３**に答えなさい。

×5.3.31

問１　当社の第77期（自×3年４月１日　至×4年３月31日）における会社法及び会社計算規則に準拠した貸借対照表及び損益計算書を作成しなさい。

問２　会社計算規則に基づく附属明細書のうち、「販売費及び一般管理費の明細」を作成しなさい。

問３　【資料４】は当社の第77期における個別注記表（一部抜粋）である。【資料４】の空欄（　Ａ　）～（　Ｉ　）に当てはまる金額を答えなさい。

2

解答上の留意事項

イ　【資料１】の決算整理前残高試算表及び【資料２】の販売費及び一般管理費の内訳は、【資料３】に記載されている事項を除き、決算整理は適切に終了している。

ロ　消費税及び地方消費税（以下「消費税等」という。）の会計処理は、税抜方式による。なお、特に指示のない限り、消費税等について考慮する必要はない。

ハ　税効果会計は、特に指示のない項目については適用しない。その適用に当たっての法定実効税率は、前期及び当期ともに30％とする。将来減算一時差異に係る繰延税金資産の回収可能性については問題ないものとする。

ニ　会計処理及び表示方法については、特に指示のない限り原則的な方法によることとし、金額の重要性は考慮しない。

ホ　解答金額については、【資料１】の決算整理前残高試算表における金額欄の数値のように３桁ごとにカンマで区切ること。また、解答金額がマイナスとなる場合には金額の前に「△」印を付すこと。この方法によっていない場合には正解としない。

ヘ　計算の過程で生じた千円未満の端数は、計算の都度、切り捨てること。

ト　期間配分は、全て月割計算とする。

3

192

1 答案用紙のチェック

アプローチ編でも述べたように、戦略を練る上で答案用紙の分析は欠かすことができない。

本問では、以下の6点を答案用紙から分析・把握した。

❶ 商品が印字済みなので、商業がベースである。

❷ 貸倒引当金が一括間接控除法を採用していることから、金銭債権に難問が含まれている場合には後回しにする必要がある。

❸ 減価償却累計額が直接控除法を採用していることから、平易な項目を優先的に解答する必要がある。

❹ 流動資産の答案用紙のスペースから「仮払金」「仮受金」の集計はしなくてもよさそう。

❺ 注記の個別問題が出題されている。

❻ 答案用紙の区分名・利益名は純資産の部を除いてすべて埋まっている。

所要時間2分

2 個別問題

【資料4】本問の個別問題は「貸借対照表に関する注記」「損益計算書に関する注記」であり、金額を埋めていく問題であることを確認した。総合問題を解きながら該当金額を埋めていくこととした。

3 解答上の留意事項

答案用紙・個別問題をチェックしたあとで、問題から解答の基礎となる情報を集めた。本問では、当社の社名（自己株式に対応するためである）、当期の会計期間と翌期末（一年基準に対応するためである）、税率、端数処理をチェックした。

【資料１】当社の決算整理前残高試算表

決算整理前残高試算表

×4年３月31日現在　　　　(単位：千円)

書込み	勘定科目	金額	勘定科目	金額	書込み
1,200 −490 −20,000 +8,000 +150,000 +5,400 (現金・当座預金・定期預金)	現金	29,800	電子記録債務	1,020,021	
	当座預金	6,742,570	買掛金	410,212	−20,000
	定期預金	894,850	未払金	1,299,920	
−100,220−1,200	売掛金	1,660,920	未払費用	363,068	
	繰越商品	3,300,235	仮受金	547,500	
✓	貯蔵品	62,637	仮受消費税等	2,002,010	未消349,010
	仮払金	1,403,250	預り金	872,839	
✓	前払費用	8,211	前受収益	1,820	+1,800
	前払金	212,211	長期借入金	2,000,000	
	仮払消費税等	1,653,000	貸倒引当金	18,030	
+10,000	建物	2,882,000	退職給付引当金	2,355,000	
	器具及び備品	2,582,000	役員退職慰労引当金	305,000	
	土地	917,391	建物減価償却累計額	1,120,000	+70,681
	ソフトウェア	142,000	器具及び備品減価償却累計額	1,772,000	+346,250
	投資有価証券	207,040	資本金	4,000,000	+12,600
	出資金	22,100	資本準備金	500,000	+12,600
	長期貸付金	200,000	その他資本剰余金	500,000	−440
	繰延税金資産	807,399	利益準備金	250,000	
	敷金及び保証金	1,945,113	繰越利益剰余金	3,400,000	
	火災未決算	364,100	新株予約権	10,500	
✓	仕入	6,722,321	売上高	21,213,961	
	販売費及び一般管理費	11,212,180	受取利息	30,956	+1,350
+3,125+1,420	支払利息	45,010	受取配当金	2,300	
	雑損失	1,921	雑収入	23,122	+10
	合計	44,018,259	合計	44,018,259	

【資料２】販売費及び一般管理費の内訳

（単位：千円）

	勘定科目	金額	勘定科目	金額	
	販売手数料	330,210	租税公課	450	+13,200
+500	広告宣伝費	838,992	賃借料	1,822,392	
	役員報酬	69,221	店舗管理費	830,499	
	報酬及び給料手当	4,221,231	衛生費	54,020	
	賞与	402,100	業務委託費	2,223,121	
+490	修繕費	21,199	その他	398,490	
	消耗品費	255	合計	11,212,180	

カワセ

+150,000

+2,250

4 全体像の把握

問題の全体像を把握すべく、問題文全体を素読みした。

まずは、決算整理前残高試算表に着目し、「資産・費用」「負債・純資産・収益」の境界線に線を引くことで、科目の内容の把握を図った。さらに仮払消費税等と仮受消費税等にチェックをし、両者を相殺してＴ/Ｂの未払消費税等としてメモ書きＴ/Ｂ349,010を残した。

なお、資料を素読みする中で以下のような印象を抱いた。

❶ ページ数は12ページと例年に比べるとやや多い。
❷ 資料の多さから金銭債権・有形固定資産が山になりそう。
❸ キャッシュ・フロー見積法の資料がある。
❹ 商品・有価証券・リースなど見慣れた資料が多い。
❺ 販売費及び一般管理費の明細がある。
❻ 税効果はまとめた資料がなく、税効果に関する注記もないので後回しにすると判断した。
❼ 注記は個別に得点していくと判断した。

これらを踏まえ、貸倒引当金（破産更生債権等を除く）、税効果会計を除いて各論点を確実に点数に結びつけていく意識を強く持ち解答に着手した。

解答上の留意事項のチェックと併せて、ここまでの所要時間は２～３分であった。

【資料３】決算整理の未済事項及び参考事項

1　現金及び預金に関する事項

(1)　当社の現金の帳簿残高について、当期末に金庫を確認したところ、売掛金の回収として受け取った当座小切手1,200千円が見つかったが、未処理である。当該売掛金は、「２　貸倒引当金に関する事項」に記載の「売掛金の内訳」の「その他」に該当する。現1,200/売掛1,200

(2)　当社の預金の帳簿残高は次のとおりである。なお、いずれの定期預金も満期日は当期末より１年以内となっている。

（単位：千円）

	当座預金	定期預金	合計
ＡＡ銀行	1,565,570	230,000	1,795,570
ＢＢ銀行	12,000	200,000	212,000
ＣＣ銀行	5,165,000	464,850	5,629,850
合計	6,742,570	894,850	7,637,420

①　ＡＡ銀行について

銀行残高証明書の当座預金の金額は1,565,080千円であったので、差異を調査したところ、当社所有のビルの修繕費を×3年７月１日に支払ったが、未処理であった。なお、当該支出は収益的支出と考えられる。消費税等を考慮する必要はない。修繕490/現490

②　ＢＢ銀行について

当社はＢＢ銀行との間で当座借越契約を締結している。銀行残高証明書の当座預金残高はマイナス8,000千円であった。差異の原因を調査した結果、買掛金20,000千円を支払った際の処理が未処理であった。

買掛20,000/現　20,000
現　8,000/短　8,000

③　ＣＣ銀行について

海外からの仕入れに対して決済を行うために、海外の銀行であるＣＣ銀行に口座を保有しているが、全て外貨預金である。ＣＣ銀行の残高証明書では当座預金50,000千米ドル、定期預金4,500千米ドルと記載されている。

5,315,000千円
現150,000/カワセ150,000

ＣＣ銀行の定期預金（契約日：×3年４月１日、満期日：×5年３月31日）の元金について、×3年７月１日に×5年３月31日を決済予定日とする為替予約を締結した。

次は円／米ドルの直物レート及び先物レートの表である。

	直物レート	先物レート
契約日：×3年４月１日	103.3	104.0
予約日：×3年７月１日	103.8	104.5
決算日：×4年３月31日	106.3	107.5

なお、当社では利息の処理については適切に処理しているが、元金に関しては契約日以外の会計処理が未処理であり、為替予約の会計処理は振当処理とすること。為替予約の差額については、利息の調整項目とし、配分方法は月割りの定額法によるものとする。

現　5,400 / カワセ　2,250
受利　1,350
前収益　1,800

×3 4/1 103.3　×3 7/1 103.3 103.8 104.5　9ヶ月　×4 3/31　12ヶ月　×5 3/31

2,250カワセ
3,150 ― 9月 ― 1,350 受利
12月 ― 1,800 前収益

5

本試験問題

5 現金及び預金に関する事項

❶ 金庫を確認した結果の当座小切手について、未処理とあるので、仕訳をきり残高試算表に集計をした。

また、196ページの貸倒引当金（売掛金の表）の資料のその他に－1,200をメモした。

❷ 預金の資料は、問題文から「長期預金」はないと判断した。

ＡＡ銀行の差異について、収益的支出とあるので差額を修繕費として仕訳をきった。

この段階で修繕費をいったん集計して、21,689千円を答案用紙に転記した。

❸ ＢＢ銀行の差異について、未処理である買掛金の仕訳をきった。差異△8,000について当座借越契約を締結しているので現金8,000／短期借入金8,000の仕訳をきり、買掛金と短期借入金は集計したうえで答案用紙に転記した。なお、短期借入金については、この後修正も考えられるが、ひとまず転記している。

❹ ＣＣ銀行について、当座預金について表から決算日のレート106.3円を読みとり換算替えを行った。残高試算表のページの空白部分に為替差損益のＴ勘定を作成した。

また、定期預金については、タイムテーブルのメモ書きをしながら、慎重に計算を行った。なお、問題文の指示により為替予約の差額については利息の調整項目として処理することに注意する。2,250千円を為替差益、1,350千円を受取利息、1,800千円を前受収益と計算した。

それぞれの科目を残高試算表（為替差益はＴ勘定）で集計し、答案用紙に転記した。

❺ 残高試算表の「現金」「当座預金」「定期預金」を合計し、「現金及び預金」を集計、答案用紙に転記した。

所要時間８分

2　貸倒引当金に関する事項

当社は売掛金の期末残高に対して貸倒引当金を設定するが、一般債権、貸倒懸念債権及び破産更生債権等に区分して算定している。

一般債権については、過去の貸倒実績率に基づき、期末残高の2％（ただし、各種百貨店に対する売掛金は1％）を引当計上している。破産更生債権等については、債権総額から担保の処分見込額等を控除した残額を引当計上している。

なお、繰入れは差額補充法によることとし、破産更生債権等に対する貸倒引当金繰入額は特別損失に計上する。

売掛金の内訳は次のとおりである。

（単位：千円）

甲社 下記(1)参照	乙社 下記(2)参照	各種百貨店 に対する売掛金	その他	合計
100,220	11,000	844,000	−1,200　705,700	1,660,920

100,220
−10,000
引当　90,220

(1)　当社では甲社の従業員の制服を受注販売している。甲社は、前期までの業績は好調であったが、当期になって深刻な経営難となり、×3年12月をもって破産手続開始の申立てを行った。なお、当該債権に関して、当社では甲社保有の土地に担保を設定しており、担保設定時の時価は14,000千円であり、当期末現在の時価は10,000千円であった。

(2)　当社では乙社の従業員の制服を受注販売している。乙社では当期において業績が悪化しており、当社は乙社に対する売掛金を貸倒懸念債権とする決定をした。当社は乙社の財政状態及び経営成績を考慮した結果、乙社から預かっている営業保証金6,000千円を除いて、60％を貸倒引当金として計上することとした。

(3)　金銭債権としては売掛金のほか、当社には仕入先である丙社に対し長期貸付金があり、決算整理前残高試算表の全額が丙社に対するものである。

当該貸付金について、当期末に約定初回利息の入金後、財務内容の悪化を理由に翌期以降、金利引下要請を受けた。当社はこの要請を受諾し、当該貸付金を貸倒懸念債権とした。当該貸付金に対する貸倒引当金の繰入基準はキャッシュ・フロー見積法を採用する。当該貸倒引当金繰入額については、営業外費用として計上する。なお、当社は当期末、丙社に対して当該貸付金以外の金銭債権債務を有していない。

×5 3/31　　×6 3/31　　×7 3/31

10,000　　10,000　　10,000
　　　　　　　　　　　200,000
× 0.87　　× 0.756　　× 0.658
8,700 ＋ 7,560 ＋ 138,180 ＝154,440

200,000−154,440＝45,560（貸引）

6

196

6 貸倒引当金に関する事項

❶ 本問は素読みの段階でキャッシュ・フロー見積法を使用することが判明しているので、貸倒引当金は後回しにする。ただ、ここまで「破産更生債権等」の資料がないので、「破産更生債権等」を探すつもりで問題文を読みすすめた。

❷ 甲社が破産手続の申立てを行っているので「破産更生債権等」100,220千円を答案用紙に転記した。

また、破産更生債権等に対する貸倒引当金繰入額は特別損失に計上するとあるので、この貸倒引当金だけ先に計算した。特別損失「貸倒引当金繰入額」90,220千円を答案用紙に転記した。なお、残高試算表の貸倒引当金の内訳が示されていないので、すべて一般債権・貸倒懸念債権と考える。

所要時間2分

〈後回し分〉

❶ 長期貸付金にキャッシュ・フロー見積法を適用するので、タイムテーブルを使いながら丁寧に計算した。ここで使用しない現価係数や年金現価係数は×をしてケアレスミスを防いだ。なお、この段階で営業費用「貸倒引当金繰入額」45,560千円を答案用紙に転記してもよい。また、投資その他の資産の「貸倒引当金」は「破産更生債権等」及び「長期貸付金」のみであるので△90,220千円＋△45,560千円＝△135,780千円を答案用紙に転記してもよい。

❷ 差額補充法であり、前期において設定された貸倒引当金の内訳が示されていないため、すべて一般債権及び貸倒懸念債権の営業債権として計算することとした。

一般債権、貸倒懸念債権、破産更生債権等に区分、丁寧に集計（集計表①参照）し、ミスを防いだ。なお、本問は百貨店に対する売掛金は貸倒率が異なることに注意が必要である。

この段階で残りの貸倒引当金及び貸倒引当金繰入額を答案用紙に転記した。

❸ 貸倒引当金の総額161,310千円（＝25,530千円＋135,780千円）×30％＝48,393千円を税効果会計の集計表②に転記した。

所要時間5分

当該貸付金の内容は次のとおりである。

項目	内容
貸付実行日	×3年4月1日
返済期日	×7年3月31日（一括返済）
利払日	毎年3月31日
金利条件	金利引下げ前：15% 金利引下げ後：5%

なお、計算に当たっては、以下の現価係数表及び年金現価係数表を用いること。

現価係数表

年＼割引率	5%	10%	15%
1年	0.952	0.909	0.870
2年	0.907	0.826	0.756
3年	0.864	0.751	0.658

年金現価係数表

年＼割引率	5%	10%	15%
1年	0.952	0.909	0.870
2年	1.859	1.735	1.626
3年	2.723	2.486	2.284

(4) 貸倒引当金は税効果会計を適用する。

6（続き）

3 仕入れ及び棚卸資産に関する事項

(1) 当社は棚卸資産の評価基準については、先入先出法による原価法を採用しており、貸借対照表価額は収益性の低下による簿価切下げの方法によって算定している。なお、決算整理前残高試算表に記載されている繰越商品の金額は、前期末残高であり、前期末において棚卸資産の時価の下落はない。

(2) 棚卸資産の内訳は次のとおりである。

種類	帳簿棚卸高			実地棚卸数量	時価（単価）
	数量	単価	金額		
A商品	14,300着	9.0千円	128,700千円	12,350着	8.5千円
B商品	10,200着	3.0千円	30,600千円	9,100着	3.5千円
その他商品	（略）	（略）	3,022,050千円	（略）	（略）

・ A商品について収益性が低下していることが判明した。

・ A商品は販売するにあたり1着当たり見積販売直接経費は500円となっている。

7

売原 3,300,235 +6,722,321 −3,180,850 6,841,706 +12,350 −500 6,853,556

計3,180,850　8.0　−500

減耗 評価損 17,550 12,350 3,300 B/S 3,147,650

本試験問題

7 仕入れ及び棚卸資産に関する事項

❶ 近年の本試験では商品受払管理表など見慣れない資料が出題される場合もあるが、今回は定番の資料であることから積極的に解答する。
❷ 定番の資料であるので、減耗損、評価損を問題文の指示に従い、丁寧に計算する。
❸ A商品について、正味売却価額は問題文により8.0千円となる。実地との数量差額は、減耗損に該当し、問題文から販売費及び一般管理費に表示する。問題文の表、右側の余白部分に減耗損17,550千円、評価損12,350千円をメモした。
❹ B商品について、実地との数量差額は盗難によるとあるが、問題文の指示により営業外費用「棚卸減耗費」として表示する。問題文の表、右側の余白部分に減耗損3,300千円をメモした。
❺ その他商品について、500千円を見本品として使用、未処理とあるので仕訳をきり、表上の「その他商品」の帳簿金額に－500千円をメモ書きした。また、広告宣伝費500千円を残高試算表に集計し、答案用紙に839,492千円を転記した。
❻ 資料の表を使用しながら、B/S商品の金額3,147,650千円を計算、答案用紙に転記した。
❼ 商品の左側に売上原価のメモ書きをし、計算した。残高試算表の繰越商品3,300,235千円に仕入6,722,321千円を加算、期末の帳簿残高3,180,850千円をマイナスしその後、評価損12,350千円を加算、広告宣伝費500千円をマイナスし売上原価6,853,556千円を求めた。
❽ 問題文の指示に従い、商品減耗損などをそれぞれ答案用紙に転記した。
所要時間８分

〈後回し分〉
❶ 商品評価損12,350千円について税効果会計を適用する。
12,350千円×30％＝3,705千円を税効果の集計表②に転記した。

本試験問題

・ A商品の収益性の低下による簿価切下額は売上原価に計上する。12,350×@(9−8)=12,350

・ A商品の棚卸減耗損は原価性が認められることから、「販売費及び一般管理費」の棚卸減耗損として表示する。(14,300−12,350)×@9=17,550

・ B商品の棚卸減耗損は盗難によるものであることから、原価性は認められず、「営業外費用」の棚卸減耗損として表示する。(10,200−9,100)×@3=3,300

(続き)

(3) 期中にその他商品から500千円分の商品を見本品として使用しているが、会計上未処理である。見本品の費用は「販売費及び一般管理費」の広告宣伝費として表示する。

広告500/売原500

(4) 商品評価損は税効果会計を適用する。

8

4 投資有価証券に関する事項

(1) 当社の有価証券の評価基準及び評価方法は、満期保有目的の債券は償却原価法（定額法）、子会社株式及び関連会社株式は移動平均法による原価法によっている。また、その他有価証券については、時価があるものは時価法（評価差額は部分純資産直入法で処理し、税効果会計を適用する。）、時価がないものは原価法によっている。なお、時価が取得原価の50%以上下落した場合には減損処理を行うこととしている。

(2) 決算整理前残高試算表に計上されている投資有価証券の内訳は次のとおりである。

	銘柄	保有数	取得原価(単価)	期末時価(単価)	備考	
投	W社株式	15,000株	30,000 @2,000円	@1,980円	(注1)	29,700 −300
関	X社株式	21,000株	92,400 @4,400円	−	(注2)	33,600 −58,80
関	Y社株式	5,000株	@100英ポンド	@105英ポンド	(注3)	411,655
投	Z社社債	20,000口	19,600 @980円	@990円	(注4)	19,700
	自己株式	200株	440 @2,200円	@2,240円	(注5)	

(注1) W社は上場会社で当社の得意先であり、関係強化のために株式を保有している。なお、前期末の時価は1株当たり2,020円であった。

(注2) X社は非上場会社であり、その株式は当期以前より保有している。X社の発行済株式総数は25,000株であり、期中は投資有価証券として処理している。

なお、X社は当期において財政状態が著しく悪化し、直近（×3年12月31日現在）の貸借対照表では、資産260,000千円、負債220,000千円、資本金110,000千円、利益剰余金△70,000千円となっている。実質価額が著しく減少したため、X社株式の減損処理を行う。なお、実質価額はX社の直近の貸借対照表を基に算定する。当該減損金額については、税効果会計を適用しない。

$$(260{,}000-220{,}000)\times\frac{21{,}000}{25{,}000}=33{,}600$$

8 投資有価証券に関する事項

❶ 残高試算表に「その他有価証券評価差額金」がないことから、前期のその他有価証券に係る時価評価の仕訳は期首に振戻しを行っていることを確認した。また、その他有価証券の評価を部分純資産直入法で処理することを確認した。

❷ 資料に保有数と単価が与えられているので、まずは保有数に単価を乗じて取得原価を計算し（外貨建てのＹ社株式を除く）、表にメモをした。また、表の右側に空白があるので、期末の金額及び差額をメモした。

❸ Ｗ社株式は「その他有価証券」に該当する。期末の金額29,700千円を計算し、部分純資産直入法を適用し、差額である300千円を「投資有価証券評価損」として営業外費用に転記した。なお、税効果については後回しにしている。

❹ Ｘ社株式は保有株式数と発行済株式総数から同社の株式を84％保有していると計算し、子会社に該当することとなり、表示科目は「関係会社株式」となる。

問題文から実価法を適用し、実質価額を33,600千円と計算した。取得原価92,400千円との差額である58,800千円を「関係会社株式評価損」として特別損失に転記した。

❺ Ｙ社は問題文より完全子会社にしたとあるので、表示科目は「関係会社株式」となる。

当社は子会社であるので評価は取得原価となるが、段階取得かつ外貨であるので慎重に計算をし、表の右側にメモをした。

また、問題文に金銭債権債務及び仕入高の資料があるので、該当する金額を注記Ｇ、Ｈ、Ｉ欄に転記した。

❻ Ｚ社社債は満期保有目的の債券に該当する。問題文から償却原価法の定額法を適用する。

丁寧に償却額100千円及び約定利息400千円を計算し、合計額500千円を「有価証券利息」として営業外収益に転記した。

❼ 自己株式については、全て消却とあるので残高試算表の「その他資本剰余金」を440千円マイナスした。ここで、「その他資本剰余金」499,560千円を答案用紙に転記した。

❽ 全ての銘柄の処理を終えたところで、投資有価証券49,400千円、関係会社株式445,255千円を転記した。

所要時間10分

〈後回し分〉

❶ 部分純資産直入法の税効果の仕訳（繰延税金資産90／法人税等調整額90）を頭の中できり、集計表②において転記した。

本試験問題

8（続き）

（注３）Ｙ社はイギリスにあるカジュアルファッションの非上場の卸業者で、当社には主に女性向けインナーを卸している。

当社は関係強化のため×2年９月１日に5,000株を取得した。

当期に入り、当社ではレディースカジュアルにも力を入れていく方針であることから、その一環としてＹ社との繋がりをより深く持つべく、残りの全株式を持つ経営陣と交渉を重ね、×3年７月23日に残り全ての株式を取得し完全子会社化した。

以下は、Ｙ社株式の取得状況である。なお、発行済株式数は×2年９月１日の段階で30,000株であり、その後変動はない。

	円／英ポンド	１株当たり取得価額	取得株式数
×2年９月１日	129.2	@100英ポンド	5,000株
×3年３月31日	133.5	−	−
×3年７月23日	136.1	@102英ポンド	25,000株
×4年３月31日	137.0	−	−

64,600
347,055
計411,655

当社は当期Ｙ社株式取得時の代金を仮払金として処理したのみである。

注記　また、当社とＹ社との取引は全て円貨建て取引であり、当社は当期末にＹ社に対して、前払金8,334千円、買掛金12,542千円の金銭債権債務を有しており、完全子会社化した×3年７月23日以降の商品の仕入高は823,225千円となっている。

（注４）Ｚ社社債は満期保有目的であり、当期首に発行と同時に取得したもので、１口当たり額面は1,000円、償還期間は④年、約定利子率は年２％、利払日は３月31日である。

20,000×2%＝400

$(20{,}000-19{,}600)\times\frac{1}{4}=100$

受け取った利息は仮受金として処理している。

（注５）自己株式については、当期に取得したものであるが、取得時に投資有価証券として処理している。なお、当期中に自己株式の全てを消却し、その他資本剰余金から減額することとしたが、消却の処理は行っていない。

その他資剰440/投有440

本試験問題

5 有形固定資産に関する事項

(1) 当社の建物、器具及び備品の内訳は次のとおりである。

部門名	資産名	取得日	償却方法	耐用年数	償却率	取得価額(千円)	減
K支店	建物K	9ヶ月 ×3年7月1日	定額法	39年	0.026	450,000	8,775
L支店	建物L	6ヶ月 ×3年10月1日	定額法	39年	0.026	+10,000 112,000	1,586
その他	その他の建物	当期以前	定額法	39年	0.026	2,320,000	60,320
合計						2,882,000	(70,681)
K支店	器具及び備品K	9ヶ月 ×3年7月1日	定率法	4年	0.500	250,000	93,750
L支店	器具及び備品L	6ヶ月 ×3年10月1日	定率法	4年	0.500	110,000	27,500
その他	その他の器具及び備品	当期以前	定率法	4年	0.500	2,222,000	225,000
合計						2,582,000	(346,250)

リース 7,100 計424,

有形固定資産については、当期の減価償却計算は行われていない。減価償却計算は残存価額はゼロとし、期中に取得したものは月割計算を行う。

(2) K支店について

建物KはK支店に属する有形固定資産である。K支店については、前期に火災により旧建物が全焼しており、新たに建設し、当期7月1日に完成後、同日より営業の用に供している。なお、決算整理前残高試算表の火災未決算勘定は全て旧建物に関するものである。

仮 404,100 / 火災未 364,100
保差益 40,000

火災にあった旧建物については火災保険契約が付されていたため、当期中に保険金404,100千円の支払を受けており、自己資金45,900千円と合わせて建物Kを建てている。

当社では建物Kの取得の仕訳については適正に処理しているが、保険金の受領については仮受金と処理したのみである。保険差益相当額については積立金方式により圧縮記帳を行うものとし、減価償却相当額の取崩を実施する。なお、圧縮記帳に関しては税効果会計を適用しないものとする。

繰剰 40,000 / 圧積 40,000

$$40{,}000\times0.026\times\frac{9}{12}=780$$

圧積 780 / 繰剰 780

(3) L支店について

L支店は当期10月1日より新たに開設した支店である。

建物Lについて、テナント建物の内装工事によるものであるが、テナントとの契約により原状回復義務を負っている。原状回復に係る費用としては25,000千円と見積もられているが、資産除去債務に係る会計処理が未了である。資産除去債務の算定に当たり、割引率は2.4%とし、現在価値に割り引く際の現価係数は0.40とする。なお、時の経過による資産除去債務の調整額は「資産除去債務に関する会計基準」に準拠した適切な科目で処理する。また、資産除去債務は税効果会計を適用しない。

建 10,000 / 除去債務 10,000

利息費用 120 / 除去債務 120

9 有形固定資産に関する事項

有形固定資産の減価償却計算は行われていないとあるので、表の右側に減価償却費のメモをとることとした。

❶ K支店について、旧建物のT/B保険未決算と保険金の差額40,000千円を「保険差益」として特別利益に転記した。

次に建物Kについては、9ヶ月分の減価償却費8,775千円を計算し、メモ書きした。

また、保険差益40,000千円について積立金方式の圧縮記帳を行うとあるが、税効果会計を適用しないとあるので注意した。減価償却相当額の取崩し額を計算し、念のため仕訳をメモ書きし、固定資産圧縮積立金39,220千円を答案用紙に転記した。

❷ 建物Lについては、資産除去債務の計算をあわせて行う。当期の10月1日の資産除去債務及び取得価額に反映する金額を10,000千円と計算した。

当期分は6ヶ月ということに注意しながら、利息費用120千円を計算し販売費及び一般管理費に、資産除去債務10,120千円を固定負債に転記した。また、除去費用を含めた取得価額122,000千円をもとに減価償却費1,586千円を計算し、メモ書きをした。

❸ ファイナンス・リースについて、後払い方式かつ利息法であることを確認した。

リース資産・リース債務について、リース料総額の割引現在価値は28,400千円と問題文に与えられているので、見積購入価額30,000千円と比較し、低い方の金額28,400千円を選択する。

本問は利息法であるので、表の左側に算式をメモしながら丁寧に計算した。ファイナンス・リースにおいて計算しなければいけないのは、「支払利息」、「リース債務」、「長期リース債務」、「リース資産」、「減価償却費」となり、残高試算表及び答案用紙に転記した。

❹ 表にある残りの有形固定資産について、「器具及び備品」が定率法であることに注意しながら、丁寧に減価償却計算を行い、メモ書きした。また、販売費及び一般管理費に「減価償却費」424,031千円を転記した。

❺ 有形固定資産の貸借対照表表示が減価償却累計額を控除した残額のみ記載とあるので、表及び残高試算表を丁寧に集計、減価償却累計額の注記C、D、E欄に転記、その後、貸借対照表に転記した。

所要時間15分

(4) 当社では×3年4月1日より、輸送用トラックについてリース契約を締結しており、同日より事業の用に供している。当該リース契約の内容は次のとおりである。

支利
28,400×5%＝1,420
リース債
8,000－1,420＝6,580
(28,400－6,580)×5%
＝1,091
8,000－1,091＝6,909
長リース債
28,400－6,580－6,909
＝14,911

解約不能リース期間	④年
リース物件の経済的耐用年数	×年
リース料	年額8,000千円（総額32,000千円） 第一回支払日を×4年3月末、最終支払日×7年3月末とする毎年3月末日払いである。
所有権移転条項及び割安購入選択権	いずれも該当なし。 なお、当該リース物件は特別な仕様ではない。
リース料総額の現在価値　リース資産	28,400千円　減 7,100 → B/S 21,300 なお、貸手の計算利子率は不明であり、当社の追加借入利子率は5％である。
リース物件の見積購入価額	30,×00千円

当該リース取引については、当年度末に支払ったリース料を仮払金として処理したのみである。リース資産及びリース債務の計上額を算定するに当たっては、リース料総額から、これに含まれる利息相当額の合理的な見積額を控除する方法によることとし、当該利息相当額についてはリース期間にわたり利息法で配分する方法によることとする。

また、減価償却はリース期間を耐用年数とし、残存価額をゼロとする定額法によって行う。リース資産及びリース債務の貸借対照表表示は「リース取引に関する会計基準」に準拠し、原則的な処理によるものとする。

9（続き）

本試験問題

10

6　ソフトウェアに関する事項

×2 10/1　6　×3 3/31

決算整理前残高試算表のソフトウェアの内訳は次のとおりである。

システム名称	利用開始日	取得価額（千円）
店舗管理システム	×2年10月1日	各自推定
仮　事務管理システム	制作途中	25,000

P/L
$(142{,}000-25{,}000)\times\frac{12}{60-6}=26,$
B/S
117,000－26,000＝91,000

当期の償却計算は未了であるが、いずれも社内利用のソフトウェアであり、その利用により将来の費用削減効果が確実と認められる。償却期間は5年である。

7　借入金及び債務保証に関する事項

(1) 当社は当期首に運転資金に充てるため125,000千円を借入れており、×5年3月末に一括返済予定であるが、入金額を仮受金として処理している。支払金利は年2.5%で、期末に支払った利息は仮払金として処理している。なお、当該借入れに当たり、当社保有の土地（簿価100,000千円、時価150,×00千円）を担保に供している。125,000×2.5%＝3,125

㊗→1年以内
注記

注記　(2) 当社は、得意先の丁社の長期借入金20,000千円に対して、債務保証を行っている。

11

10 ソフトウェアに関する事項

❶ 事務管理システムは現在、製作途中とあるので「ソフトウェア仮勘定」として25,000千円を転記した。

❷ 店舗管理システムは前期に利用開始であり、6ヶ月経過していることを確認、丁寧に算式を組んで計算した。販売費及び一般管理費にソフトウェア償却のスペースがないことから減価償却に含めて計算することになる。なお、この時点では答案用紙にスペースがないことは把握できていないので、株式報酬費用のスペースに仮に転記していた。ストック・オプションの計算が終わった段階で上記の修正を行っている。

所要時間2分

11 借入金及び債務保証に関する事項

❶ 運転資金125,000千円は当期首に借入れ、翌期の3月末に一括返済であるので「短期借入金」に該当する。利息については仮払金処理しているので丁寧に計算した。この段階で残高試算表の支払利息を集計、転記した。

また、借入に当たり土地100,000千円（簿価）を担保に供しているので注記の資料を確認した。【資料4】担保に係る債務に「1年内返済予定長期借入金」と記載があるので、問題文の指示と考え、本来であれば「短期借入金」とすべきであるが、「1年内返済予定長期借入金」125,000千円を転記した。あわせて、該当する金額を注記のA、B欄にそれぞれの金額を転記した。

❷ 丁社の借入金に対して債務保証をしているので、注記のF欄に金額を転記した。

所要時間2分

8　退職給付引当金に関する事項

当社は退職給付会計の適用に当たり、原則法によって処理している。なお、退職給付に関する処理は前期末までの処理は適正に行われているが当期に係る処理については未処理である。

（単位：千円）

前期末退職給付債務	8,575,000
前期末年金資産の評価額	6,125,000
前期末に計算された未認識数理計算上の差異	（借方差異）95,000
当期の勤務費用	290,000
当期の年金掛け金の支出額	200,000
年金基金からの支払額	230,000

P/L　290,000　+68,600　−134,750　+9,500　233,350
B/S　2,355　+233　−200　2,388

(1)　未認識数理計算上の差異は、発生年度の翌年から平均残存勤務期間10年間にわたり定額法により償却計算を行っている。

(2)　割引率は0.8%、長期期待運用収益率は2.2%である。

(3)　当期の年金掛け金の支出額は仮払金で処理している。

(4)　退職給付引当金は税効果会計を適用する。

9　ストック・オプションに関する事項

当社は×1年６月に開催された株主総会において、エリア・マネージャー10名に対しストック・オプションを付与することを決議した。そのストック・オプションの条件は次のとおりである。

なお、当該ストック・オプションに係る前期末までの処理は適正に行われているが当期に係る処理については未処理である。

ストック・オプションの数	エリア・マネージャー１名当たり2,000個
ストック・オプション１個当たりに付与される株式数	１株
ストック・オプションの行使時の払込金額	１株当たり1,500円
ストック・オプション付与日のストック・オプションの公正な評価額	１個当たり600円
ストック・オプションの権利確定日	×3年６月30日
ストック・オプションの権利行使期限	×4年７月31日まで

(1)　決算整理前残高試算表の新株予約権は全てこのストック・オプションに係るものである。

2,000×10×600円＝12,000千円

P/L　12,000−10,500＝1,500

$12,000\times\frac{6}{10}=7,200$　B/S 新株予　4,800

新株予　7,200 ／ 資本　12,600
仮　18,000 ／ 資準　12,600

12

13

12 退職給付引当金に関する事項

原則的な方法であるので後回しにしても良いが、数理計算上の差異は発生年度の翌年から処理とあるので解き進めてもよい。

❶ 数理計算上の差異は前期の分であり、損失であることを確認した。

❷ 退職給付費用の計算をメモしながら丁寧に行った。

❸ その後、退職給付引当金の計算をメモしながら丁寧に行った。今回は一時金の支出がないことに注意する。退職給付費用233,350千円、退職給付引当金2,388,350千円をそれぞれ答案用紙に転記した。

所要時間２分

〈後回し分〉

❶ 退職給付引当金2,388,350千円について税効果会計を適用する。
2,388,350千円×30％＝716,505千円を税効果の集計表②に転記した。

13 ストック・オプションに関する事項

❶ 前期まで適正に処理されていることと、当期に係る処理が未処理であることを確認した。

問題文から全体の新株予約権を計算し、残高試算表の新株予約権10,500千円をマイナスし、当期の「株式報酬費用」1,500千円を計算した。この段階で「株式報酬費用」を販売費及び一般管理費に転記しようとするが、答案用紙にスペースがない。そこで「ソフトウェア償却」26,000千円を「減価償却費」に含めて計算することとした。「減価償却費」の金額を450,031千円に修正した。そのうえで「株式報酬費用」を答案用紙に転記した。

❷ 10名のうち６名が権利行使したので、丁寧に仕訳をきり、残高試算表に集計した後、答案用紙に転記した。

所要時間３分

13（続き）

(2) 権利確定日にエリア・マネージャー10名全員の権利が確定した。

(3) ×3年7月1日にエリア・マネージャー6名が権利行使を行い、権利行使に伴う払込金額全額が、当社の当座預金に振り込まれたが、仮受金として処理したのみである。なお、払込資本となる金額のうち、2分の1を資本準備金に計上する。

(4) 当該ストック・オプションに係る費用は、「ストック・オプション等に関する会計基準」に準拠した適切な科目で処理し、税効果会計を適用しない。

10　役員退職慰労引当金に関する事項

当社は規定に基づき、期末要支給額を役員退職慰労引当金として計上しており、当期末の要支給額が306,050千円である。決算整理前残高試算表の役員退職慰労引当金は前期末残高のままであり、当期首に退任した役員に対して支払った退職慰労金26,050千円は仮払金として処理している。役員退職慰労引当金は税効果会計を適用する。

B/S

P/L 306,050－(305,000－26,050)＝27,100

14

11　諸税金に関する事項

(1) 各税目とも前期末未払計上額と納付額に過不足はなかった。なお、当期に納付した事業税の前期末未払計上額は13,300千円であった。

(2) 中間納付税額及び源泉徴収税額控除前の当期の確定年税額は、法人税653,000千円、住民税123,900千円、事業税32,100千円（内、付加価値割及び資本割13,200千円）である。

(3) 決算整理前残高試算表の仮払金には法人税の中間納付額430,000千円、住民税の中間納付額54,000千円、事業税の中間納付額14,000千円、源泉徴収された所得税700千円が含まれている。

(4) 当期の消費税等の確定年税額は349,000千円である。消費税等の中間納付額320,320千円が仮払金として計上されている。なお、消費税等については、確定納付税額を未払消費税等に計上し、仮払消費税等と仮受消費税等の相殺残高との差額が出た場合、租税公課又は雑収入で処理する。

(5) 事業税の未払計上額は税効果会計を適用する。

15

B/S 未払消 349,000－320,320＝28,680
T/B　　　349,010－320,320＝28,690
雑収入10

	P/L	中間	B/S
法	653,000	430,000	
	123,900	54,000	
	32,100	14,000	297,100
	−13,200	700	
	(795,800)	(498,700)	
外	13,200	—	13,200
			310,300

本試験問題

14 役員退職慰労引当金に関する事項

役員退職慰労引当金の取崩と設定のみなので、丁寧に算式を組み、答案用紙に転記した。
所要時間１分

〈後回し分〉

❶ 役員退職慰労引当金306,050千円について税効果会計を適用する。
306,050千円×30％＝91,815千円を税効果の集計表②に転記した。

15 諸税金に関する事項

❶ 事業税で外形基準が絡んでおり、かつ外形分の中間納付額が与えられていない問題であるので慎重に問題文の余白に集計表を作成した。

また、税金の論点では、与えられた金額が「確定年税額」なのか「確定申告による納付額」なのか読取りは重要である。本問では確定年税額に下線を引き、万全を期した。なお税金を先に解く人は、源泉税の資料が「諸税金に関する事項」もしくは「現金預金に関する事項」に与えられることが多いので注意する。

❷ 消費税等については、問題文の指示から「未払消費税等」28,680千円を計算し、答案用紙に転記した。また、残高試算表の仮受消費税等と仮払消費税等の差額349,010千円から中間納付額320,320千円をマイナスした28,690千円を計算し、未払消費税等28,680千円の差額10千円を「雑収入」に集計、転記した。
所要時間４分

〈後回し分〉

❶ 問題文から未払事業税18,100千円（＝32,100千円－14,000千円）について税効果会計を適用する。18,100千円×30％＝5,430千円を税効果の集計表②に転記した。

【資料4】個別注記表（一部抜粋）

（中略）

3．貸借対照表に関する注記

(1) 担保に供している資産及び担保に係る債務

① 担保に供している資産

土　　　地	100,000 （ A ）千円
計	（ A ）千円

② 担保に係る債務

1年内返済予定長期借入金	125,000 （ B ）千円
計	（ B ）千円

(2) 有形固定資産の減価償却累計額

建物	1,190,680（ C ）千円
器具及び備品	2,118,250（ D ）千円
リース資産	7,100（ E ）千円
計	〔各自推定〕千円

(3) 偶発債務

丁社の長期借入金に対する保証債務　20,000（ F ）千円

(4) 関係会社に対する金銭債権・債務

短期金銭債権

前払金　8,334（ G ）千円

短期金銭債務

買掛金　12,542（ H ）千円

4．損益計算書に関する注記

(1) 関係会社との取引高

営業取引による取引高

仕入高　823,225（ I ）千円

（中略）

204

16 税効果会計に関する事項

後回しにしていた各論点の税効果について集計表②を利用して集計、繰延税金資産865,938千円、法人税等調整額△58,539千円を転記した。

所要時間７分

17 その他の事項

残高試算表の金額を答案用紙で空欄になっている部分に転記をした。

所要時間５分

〔計算用紙〕

集計表①貸倒引当金

	B/S	T/B	P/L	
一般	(1,559,500－844,000－11,000)×2%＝14,090 844,000 ×1%＝ 8,440	18,030	4,500	販7,500
ケ	(11,000－6,000)×60% ＝ 3,000	—	3,000	
	CF見積法 45,560	—	45,560	外
ハ	100,220－10,000 ＝90,220	—	90,220	特
	流 25,530 固 135,780			

集計表②税効果会計

繰税		法調	
T/B ~~807,399~~	~~807,399~~	807,399	48,393
48,393			90
90			3,705
3,705			716,505
716,505			91,815
91,815			5,430
5,430			
865,938			△58,539

MEMO

MEMO

税理士 財務諸表論　計算問題の解き方　第７版

2010年12月24日　初　版　第１刷発行
2023年11月10日　第７版　第１刷発行

編著者　TAC株式会社（税理士講座）
発行者　多田敏男
発行所　TAC株式会社　出版事業部（TAC出版）

〒101-8383
東京都千代田区神田三崎町3-2-18
電話 03(5276)9492(営業)
FAX 03(5276)9674
https://shuppan.tac-school.co.jp

組　版　株式会社 グラフト
印　刷　日新印刷株式会社
製　本　東京美術紙工協業組合

ISBN 978-4-300-10686-0
N.D.C. 336

乱丁・落丁による交換，および正誤のお問合せ対応は，該当書籍の改訂版刊行月末日までといたします。なお，交換につきましては，書籍の在庫状況等により，お受けできない場合もございます。
また，各種本試験の実施の延期，中止を理由とした本書の返品はお受けいたしません。返金もいたしかねますので，あらかじめご了承くださいますようお願い申し上げます。

「税理士」の扉を開くカギ

それは、合格できる教育機関を決めること!

あなたが教育機関を決める最大の決め手は何ですか?
通いやすさ、受講料、評判、規模、いろいろと検討事項はありますが、一番の決め手となること、それは「合格できるか」です。
TACは、税理士講座開講以来今日までの40年以上、「受講生を合格に導く」ことを常に考え続けてきました。そして、「最小の努力で最大の効果を発揮する、良質なコンテンツの提供」をもって多数の合格者を輩出し、今も厚い信頼と支持をいただいております。

東京会場 ホテルニューオータ

合格者から「喜びの声」を多数お寄せいただいています。

https://www.tac-school.co.jp/kouza_zeiri/zeiri_jisseki.html

2024年合格目標コース

反復学習でインプット強化！ & 豊富な演習量で実践力強化！

対象者：初学者／次の科目の学習に進む方

2023年 9月 10月 11月 12月 2024年 1月 2月 3月 4月 5月 6月 7月 8

9月入学 基礎マスター＋上級コース（簿記・財表・相続・消費・固定・事業・国徴）
3回転学習！年内はインプットを強化、年明けは演習機会を増やして実践力を鍛える！
※簿記・財表は5月・7月・8月・10月入学コースもご用意しています。

9月入学 ベーシックコース（法人・所得）
2回転学習！週2ペース、8ヵ月かけてインプットを鍛える！

9月入学 年内完結＋上級コース（法人・所得）
3回転学習！年内はインプットを強化、年明けは演習機会を増やして実践力を鍛える！

12月・1月入学　速修コース（全11科目）
8ヵ月間で合格レベルまで仕上げる！

3月入学　速修コース（消費・酒税・固定・国徴）
短期集中で税法合格を目指す！

対象者：受験経験者（受験した科目を再度学習する場合）

2023年 9月 10月 11月 12月 2024年 1月 2月 3月 4月 5月 6月 7月 8

9月入学　年内上級講義＋上級コース（簿記・財表）
年内に基礎・応用項目の再確認を行い、実力を引き上げる！

9月入学　年内上級演習＋上級コース（法人・所得・相続・消費）
年内から問題演習に取り組み、本試験時の実力維持・向上を図る！

12月入学　上級コース（全10科目）
※住民税の開講はございません
講義と演習を交互に実施し、答案作成力を養成！

※2023年7月14日時点の情報です。最新の情報は、TAC税理士講座ホームページをご確認ください。

求は
から!!

詳しい資料をお送りいたします。
右記電話番号もしくはTACホームページ
(https://www.tac-school.co.jp/)にてご請求ください。

通話無料 0120-509-117（ゴウカク イイナ）
受付時間 9:30〜19:00(月〜金) 9:30〜18:00(土・日・祝)
※営業時間短縮の場合がございます。詳細はHPでご確認ください。

全国公開模試

6月中旬実施!

全11科目実施

TACの模試はここがスゴイ!

1 信頼の母集団

022年の受験者数は、会場受験・自宅受験
わせて9,258名!この大きな母集団を分母と
た正確な成績（順位）を把握できます。

信頼できる実力判定

9,258名が受験!

※11科目延べ人数

2 本試験を擬似体験

全国の会場で緊迫した雰囲気の中「真の実力」が発揮できるかチャレンジ!

3 個人成績表

現時点での全国順位を確認するとともに「講評」等を通じて本試験までの学習の方向性が定まります。

4 充実のアフターフォロー

解説Web講義を無料配信。また、質問電話による疑問点の解消も可能です。

※TACの受講生はカリキュラム内に全国公開模試の受験料が含まれています（一部期別申込を除く）。

直前オプション講座

6月中旬〜
8月上旬実施!

最後まで油断しない!
ここからのプラス5点!

【重要理論確認ゼミ】
〜理論問題の解答作成力UP!〜

【ファイナルチェック】
〜確実な5点UPを目指す!〜

【最終アシストゼミ】
〜本試験直前の総仕上げ!〜

公開模試および直前オプション講座の詳細は4月中旬発刊予定の
国公開模試パンフレット」「直前オプション講座パンフレット」をご覧ください。

TAC出版 書籍のご案内

TAC出版では、資格の学校TAC各講座の定評ある執筆陣による資格試験の参考書をはじめ、資格取得者の開業法や仕事術、実務書、ビジネス書、一般書などを発行しています！

TAC出版の書籍

＊一部書籍は、早稲田経営出版のブランドにて刊行しております。

資格・検定試験の受験対策書籍

- 日商簿記検定
- 建設業経理士
- 全経簿記上級
- 税　理　士
- 公認会計士
- 社会保険労務士
- 中小企業診断士
- 証券アナリスト
- ファイナンシャルプランナー(FP)
- 証券外務員
- 貸金業務取扱主任者
- 不動産鑑定士
- 宅地建物取引士
- 賃貸不動産経営管理士
- マンション管理士
- 管理業務主任者
- 司法書士
- 行政書士
- 司法試験
- 弁理士
- 公務員試験(大卒程度・高卒者)
- 情報処理試験
- 介護福祉士
- ケアマネジャー
- 社会福祉士　ほか

実務書・ビジネス書

- 会計実務、税法、税務、経理
- 総務、労務、人事
- ビジネススキル、マナー、就職、自己啓発
- 資格取得者の開業法、仕事術、営業術
- 翻訳ビジネス書

一般書・エンタメ書

- ファッション
- エッセイ、レシピ
- スポーツ
- 旅行ガイド（おとな旅プレミアム/ハルカナ）
- 翻訳小説

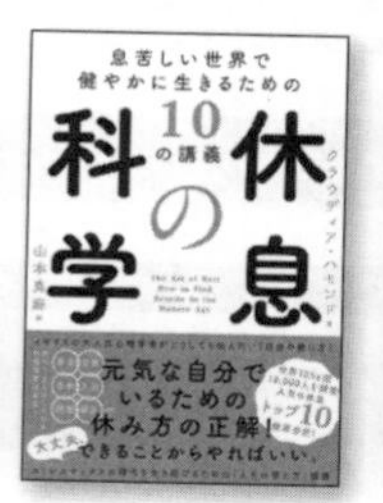

(2021年7月現在)

書籍のご購入は

1 全国の書店、大学生協、ネット書店で

2 TAC各校の書籍コーナーで

資格の学校TACの校舎は全国に展開!
校舎のご確認はホームページにて

資格の学校TAC ホームページ
https://www.tac-school.co.jp

3 TAC出版書籍販売サイトで

TAC 出版 で 検索

https://bookstore.tac-school.co.jp/

新刊情報をいち早くチェック!

たっぷり読める立ち読み機能

学習お役立ちの特設ページも充実!

TAC出版書籍販売サイト「サイバーブックストア」では、TAC出版および早稲田経営出版から刊行されている、すべての最新書籍をお取り扱いしています。
また、無料の会員登録をしていただくことで、会員様限定キャンペーンのほか、送料無料サービス、メールマガジン配信サービス、マイページのご利用など、うれしい特典がたくさん受けられます。

サイバーブックストア会員は、特典がいっぱい!（一部抜粋）

通常、1万円（税込）未満のご注文につきましては、送料・手数料として500円（全国一律・税込）頂戴しておりますが、1冊から無料となります。

専用の「マイページ」は、「購入履歴・配送状況の確認」のほか、「ほしいものリスト」や「マイフォルダ」など、便利な機能が満載です。

メールマガジンでは、キャンペーンやおすすめ書籍、新刊情報のほか、「電子ブック版TACNEWS（ダイジェスト版）」をお届けします。

書籍の発売を、販売開始当日にメールにてお知らせします。これなら買い忘れの心配もありません。

2024年度版 税理士試験対策書籍のご案内

TAC出版では、独学用、およびスクール学習の副教材として各種対策書籍を取り揃えています。学習の各段階に対応しいますので、あなたのステップに応じて、合格に向けてご活ください!

（刊行内容、発行月、装丁等は変更することがありま

●2024年度版 税理士受験シリーズ

税理士試験において長い実績を誇るTAC。このTACが長年培ってきた合格ノウハウを"TAC方式"としてまとめたのがこの「税理士受験シリーズ」です。近年の豊富なデータをもとに傾向を分析、科目ごとに最適な内容としているので、トレーニング演習に欠かせないアイテムです。

簿記論

No.	科目	書名	発行月
01	簿記論	個別計算問題集	（8月）
02	簿記論	総合計算問題集 基礎編	（9月）
03	簿記論	総合計算問題集 応用編	（11月）
04	簿記論	過去問題集	（12月）
	簿記論	完全無欠の総まとめ	（11月）

財務諸表論

No.	科目	書名	発行月
05	財務諸表論	個別計算問題集	（8月）
06	財務諸表論	総合計算問題集 基礎編	（9月）
07	財務諸表論	総合計算問題集 応用編	（12月）
08	財務諸表論	理論問題集 基礎編	（9月）
09	財務諸表論	理論問題集 応用編	（12月）
10	財務諸表論	過去問題集	（12月）
33	財務諸表論	重要会計基準	（8月）
	財務諸表論	完全無欠の総まとめ	（11月）

法人税法

No.	科目	書名	発行月
11	法人税法	個別計算問題集	（11月）
12	法人税法	総合計算問題集 基礎編	（10月）
13	法人税法	総合計算問題集 応用編	（12月）
14	法人税法	過去問題集	（12月）
34	法人税法	理論マスター	（8月）
35	法人税法	理論ドクター	（12月）
	法人税法	完全無欠の総まとめ	（1月）

所得税法

No.	科目	書名	発行月
15	所得税法	個別計算問題集	（9月
16	所得税法	総合計算問題集 基礎編	（10月
17	所得税法	総合計算問題集 応用編	（12月
18	所得税法	過去問題集	（12月
36	所得税法	理論マスター	（8月
37	所得税法	理論ドクター	（12月

相続税法

No.	科目	書名	発行月
19	相続税法	個別計算問題集	（9月
20	相続税法	財産評価問題集	（9月
21	相続税法	総合計算問題集 基礎編	（9月
22	相続税法	総合計算問題集 応用編	（12月
23	相続税法	過去問題集	（12月
38	相続税法	理論マスター	（8月
39	相続税法	理論ドクター	（12月

酒税法

No.	科目	書名	発行月
24	酒税法	計算問題+過去問題集	（2月
40	酒税法	理論マスター	（12月

書籍の正誤に関するご確認とお問合せについて

書籍の記載内容に誤りではないかと思われる箇所がございましたら、以下の手順にてご確認とお問合せをしてくださいますよう、お願い申し上げます。
なお、正誤のお問合せ以外の**書籍内容に関する解説および受験指導などは、一切行っておりません。**
そのようなお問合せにつきましては、お答えいたしかねますので、あらかじめご了承ください。

1 「Cyber Book Store」にて正誤表を確認する

TAC出版書籍販売サイト「Cyber Book Store」の
トップページ内「正誤表」コーナーにて、正誤表をご確認ください。

CYBER TAC出版書籍販売サイト BOOK STORE

URL:https://bookstore.tac-school.co.jp/

2 1の正誤表がない、あるいは正誤表に該当箇所の記載がない ⇒ 下記①、②のどちらかの方法で文書にて問合せをする

★ご注意ください★

お電話でのお問合せは、お受けいたしません。
①、②のどちらの方法でも、お問合せの際には、「お名前」とともに、
「対象の書籍名(○級・第○回対策も含む)およびその版数(第○版・○○年度版など)」
「お問合せ該当箇所の頁数と行数」
「誤りと思われる記載」
「正しいとお考えになる記載とその根拠」
を明記してください。
なお、回答までに1週間前後を要する場合もございます。あらかじめご了承ください。

① ウェブページ「Cyber Book Store」内の「お問合せフォーム」より問合せをする

【お問合せフォームアドレス】

https://bookstore.tac-school.co.jp/inquiry/

② メールにより問合せをする

【メール宛先　TAC出版】

syuppan-h@tac-school.co.jp

※土日祝日はお問合せ対応をおこなっておりません。
※正誤のお問合せ対応は、該当書籍の改訂版刊行月末日までといたします。

乱丁・落丁による交換は、該当書籍の改訂版刊行月末日までといたします。なお、書籍の在庫状況等により、お受けできない場合もございます。
また、各種本試験の実施の延期、中止を理由とした本書の返品はお受けいたしません。返金もいたしかねますので、あらかじめご了承くださいますようお願い申し上げます。

TACにおける個人情報の取り扱いについて
■お預かりした個人情報は、TAC(株)で管理させていただき、お問合せへの対応、当社の記録保管にのみ利用いたします。お客様の同意なしに業務委託先以外の第三者に開示、提供することはございません(法令等により開示を求められた場合を除く)。その他、個人情報保護管理者、お預かりした個人情報の開示等及びTAC(株)への個人情報の提供の任意性については、当社ホームページ(https://www.tac-school.co.jp)をご覧いただくか、個人情報に関するお問い合わせ窓口(E-mail:privacy@tac-school.co.jp)までお問合せください。

(2022年7月現在)

答案用紙の使い方

この冊子には、答案用紙がとじ込まれています。下記を参照し、各問題の答案用紙に分けてご利用ください。

STEP1

一番外側の色紙（本紙）を残して、答案用紙の冊子を取り外してください。

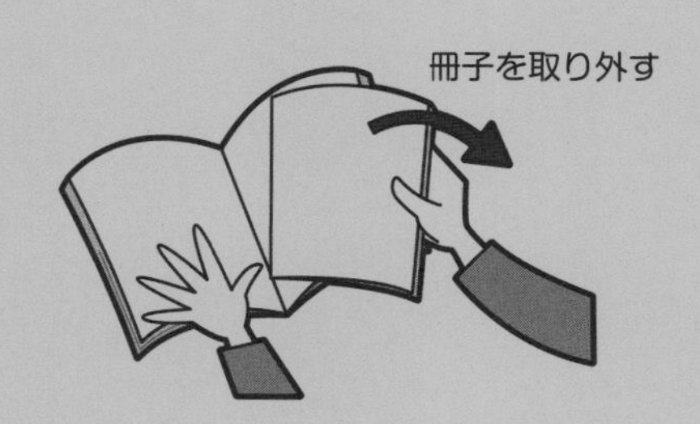

STEP2

取り外した冊子を開いて真ん中にあるホチキスの針を、定規やホチキスの針外し（ステープルリムーバーなど）を利用して取り外してください。

ホチキスの針を引き起こして

ホチキスの針を２つとも外す

- 作業中のケガには十分お気をつけください。
- 取り外しの際の損傷についてのお取り替えはご遠慮願います。

答案用紙はダウンロードもご利用いただけます。
TAC出版書籍販売サイト、サイバーブックストアにアクセスしてください。

TAC出版　検索

税理士 財務諸表論　計算問題の解き方　第7版

別冊答案用紙

基本問題 1

問1

貸借対照表

株式会社TW　×22年3月31日　(単位：千円)

科目	金額	科目	金額
資産の部			
Ⅰ 流動資産	(×××)		
現金預金			
受取手形			
売掛金			
製品			
材料			
仕掛品			

問2

損益計算書

株式会社 TW　　自 ×21年4月1日　至 ×22年3月31日　（単位：千円）

科目	金	額
Ⅰ 売上高		
Ⅱ 売上原価		×××
売上総利益		×××
Ⅲ 販売費及び一般管理費		
給料手当		
⋮		×××
営業利益		×××
Ⅳ 営業外収益		
有価証券利息		

問3

製造原価報告書

株式会社 TW　　自 ×21年4月1日　至 ×22年3月31日　（単位：千円）

科目	金	額
Ⅰ 材料費		
1 期首材料棚卸高		
2 当期材料仕入高		
合計		
3 期末材料棚卸高		
当期材料費		
Ⅱ 労務費		
⋮		
当期労務費		×××

基本問題 1　解き直し用

問1

貸借対照表

株式会社TW　×22年3月31日　(単位：千円)

科目	金額	科目	金額
資産の部			
I 流動資産	(×××)		
現金預金			
受取手形			
売掛金			
製品			
材料			
仕掛品			

問2

損益計算書

株式会社 T W　　自 ×21年4月1日　至 ×22年3月31日　（単位：千円）

科目	金	額
Ⅰ 売上高		
Ⅱ 売上原価		×××
売上総利益		×××
Ⅲ 販売費及び一般管理費		
給料手当		
⋮		×××
営業利益		×××
Ⅳ 営業外収益		
有価証券利息		

問3

製造原価報告書

株式会社 T W　　自 ×21年4月1日　至 ×22年3月31日　（単位：千円）

科目	金	額
Ⅰ 材料費		
1 期首材料棚卸高		
2 当期材料仕入高		
合計		
3 期末材料棚卸高		
当期材料費		
Ⅱ 労務費		
⋮		
当期労務費		×××

〔基本問題１　計算用紙〕

基本問題 2

問1

貸借対照表

株式会社ＡＡ商事　×19年３月31日　（単位：千円）

科目	金額	科目	金額
資産の部		負債の部	
Ⅰ 流動資産	（　　）	Ⅰ 流動負債	（　　）
現金及び預金		支払手形	656,000
受取手形		買掛金	
売掛金		短期借入金	
有価証券			
商品			
貯蔵品		未払金	40,000
短期貸付金			
貸倒引当金	△	賞与引当金	112,000
Ⅱ 固定資産	（　　）		
1 有形固定資産	（　　）	Ⅱ 固定負債	（　　）
建物		社債	

損益計算書

株式会社 AA商事　　自×18年4月1日 至×19年3月31日　　(単位：千円)

摘要	金額	
Ⅰ 売上高		7,072,000
Ⅱ 売上原価		
期首商品たな卸高	495,000	
当期商品仕入高		
合計		
期末商品たな卸高		
差引		
売上総利益		
Ⅲ 販売費及び一般管理費		
租税公課		
減価償却費		

摘要	金額	
Ⅳ 営業外収益		
受取利息	34,320	
有価証券利息		
受取配当金	155,600	
雑収入	468,400	
Ⅴ 営業外費用		
支払利息		
貸倒引当金繰入額		
雑損失		
経常利益		
Ⅵ 特別利益		
投資有価証券売却益	10,000	
Ⅶ 特別損失		

基本問題 2　解き直し用

問1

貸借対照表
×19年3月31日

株式会社ＡＡ商事　　　　　　　　　　　　　（単位：千円）

科目	金額	科目	金額
資産の部		負債の部	
Ⅰ 流動資産	(　　　)	Ⅰ 流動負債	(　　　)
現金及び預金		支払手形	656,000
受取手形		買掛金	
売掛金		短期借入金	
有価証券			
商品			
貯蔵品		未払金	40,000
短期貸付金			
貸倒引当金	△	賞与引当金	112,000
Ⅱ 固定資産	(　　　)		
1 有形固定資産	(　　　)	Ⅱ 固定負債	(　　　)
建物		社債	
車両			

損益計算書

株式会社 AA商事　　自×18年4月1日 至×19年3月31日　　(単位：千円)

摘要	金	額
Ⅰ 売上高		7,072,000
Ⅱ 売上原価		
期首商品たな卸高	495,000	
当期商品仕入高		
合計		
期末商品たな卸高		
差引		
売上総利益		
Ⅲ 販売費及び一般管理費		
租税公課		
減価償却費		

摘要	金	額
Ⅳ 営業外収益		
受取利息	34,320	
有価証券利息		
受取配当金	155,600	
雑収入	468,400	
Ⅴ 営業外費用		
支払利息		
貸倒引当金繰入額		
雑損失		
経常利益		
Ⅵ 特別利益		
投資有価証券売却益	10,000	
Ⅶ 特別損失		

〔基本問題２　計算用紙〕

応用問題 1

1　昭和産業株式会社（第25期）の貸借対照表及び損益計算書

貸借対照表

昭和産業株式会社　　×20年３月31日　　（単位：千円）

科目	金額	科目	金額
資産の部		負債の部	
Ⅰ 流動資産	（　　）	Ⅰ 流動負債	（　　）
現金預金		支払手形	5,881
受取手形		買掛金	53,225
売掛金		短期借入金	
製品		未払金	31,500
材料		預り金	24,000
仕掛品			
未収入金	2,500	未払法人税等	
短期貸付金	10,000	未払消費税等	
		賞与引当金	
貸倒引当金		Ⅱ 固定負債	（　　）
Ⅱ 固定資産	（　　）	社債	
1 有形固定資産	（　　）		

損益計算書

昭和産業株式会社　自 ×19年4月1日　至 ×20年3月31日　（単位：千円）

科目	金	額
Ⅰ 売上高		
Ⅱ 売上原価		
売上総利益		
Ⅲ 販売費及び一般管理費		
営業利益		
Ⅳ 営業外収益		
受取利息及び配当金		
雑収入	4,647	
Ⅴ 営業外費用		
支払利息		

2 販売費及び一般管理費の明細

（単位：千円）

科目	金額
減価償却費	
租税公課	
賞与手当	
通信費	
事務用消耗品費	
貸倒引当金繰入額	
賞与引当金繰入額	
退職給付費用	
その他の販売管理費	

3

株主資本等変動計算書

自 ×19年4月1日
至 ×20年3月31日

昭和産業株式会社　　（単位：千円）

	株主資本						
	資本金	資本剰余金			利益剰余金		
		資本準備金	その他資本剰余金	資本剰余金合計	利益準備金	その他利益剰余金	
						別途積立金	繰越利益剰余金
当期首残高	80,000	17,500	800	18,300	2,410	331,097	85,131
当期変動額							
剰余金の配当							
当期純利益							
自己株式の取得							
自己株式の処分							
株主資本以外の項目の当期変動額（純額）							
当期変動額合計						―	
当期末残高						331,097	

4

(1) 貸借対照表等に関する注記

①	千円
②	千円
③	千円
④	千円

(2) 損益計算書に関する注記

①	千円
②	千円

(3) 株主資本等変動計算書に関する注記

①	株
②	株
③	千円
④	千円

応用問題　1　解き直し用

1　昭和産業株式会社（第25期）の貸借対照表及び損益計算書

貸借対照表

昭和産業株式会社　×20年3月31日　（単位：千円）

科目	金額	科目	金額
資産の部		負債の部	
Ⅰ 流動資産	（　　）	Ⅰ 流動負債	（　　）
現金預金		支払手形	5,881
受取手形		買掛金	53,225
売掛金		短期借入金	
製品		未払金	31,500
材料		預り金	24,000
仕掛品			
未収入金	2,500	未払法人税等	
短期貸付金	10,000	未払消費税等	
		賞与引当金	
貸倒引当金		Ⅱ 固定負債	（　　）
Ⅱ 固定資産	（　　）	社債	
1 有形固定資産	（　　）		

損益計算書

昭和産業株式会社　自 ×19年4月1日　至 ×20年3月31日　(単位：千円)

科目	金額	
Ⅰ 売上高		
Ⅱ 売上原価		
売上総利益		
Ⅲ 販売費及び一般管理費		
営業利益		
Ⅳ 営業外収益		
受取利息及び配当金		
雑収入	4,647	
Ⅴ 営業外費用		
支払利息		
手形売却損	250	

2　販売費及び一般管理費の明細

(単位：千円)

科目	金額
減価償却費	
租税公課	
賞与手当	
通信費	
事務用消耗品費	
貸倒引当金繰入額	
賞与引当金繰入額	
退職給付費用	
その他の販売管理費	
合計	

3

株主資本等変動計算書

自 ×19年4月1日
至 ×20年3月31日

昭和産業株式会社　　　　（単位：千円）

	株主資本						
	資本金	資本剰余金			利益剰余金		
		資本準備金	その他資本剰余金	資本剰余金合計	利益準備金	その他利益剰余金	
						別途積立金	繰越利益剰余金
当期首残高	80,000	17,500	800	18,300	2,410	331,097	85,131
当期変動額							
剰余金の配当							
当期純利益							
自己株式の取得							
自己株式の処分							
株主資本以外の項目の当期変動額（純額）							
当期変動額合計						―	
当期末残高						331,097	

株主資本	評価・換算差額等

4

(1) 貸借対照表等に関する注記

①	千円
②	千円
③	千円
④	千円

(2) 損益計算書に関する注記

①	千円
②	千円

(3) 株主資本等変動計算書に関する注記

①	株
②	株
③	千円
④	千円

〔応用問題１　計算用紙〕

応用問題 2

問

(1)

貸借対照表

株式会社レッド商事　×28年3月31日現在　（単位：千円）

科目	金額	科目	金額
資産の部		負債の部	
Ⅰ 流動資産	（　　）	Ⅰ 流動負債	（　　）
現金預金		支払手形	22,296
受取手形		買掛金	
売掛金		短期借入金	
商品			
貯蔵品		未払金	28,100
未収金		未払法人税等	
前払費用		未払消費税等	107,012
未収収益		未払費用	
		預り金	
貸倒引当金	△	賞与引当金	51,207

損益計算書

株式会社レッド商事　自 ×27年4月1日 至 ×28年3月31日　（単位：千円）

科目	金	額
Ⅰ 売上高		2,320,190
Ⅱ 売上原価		
売上総利益		
Ⅲ 販売費及び一般管理費		
営業利益		
Ⅳ 営業外収益		
受取利息・配当金		
雑収入	165	
Ⅴ 営業外費用		
支払利息	1,550	
社債利息		
雑損失		
経常利益		

(2) 販売費及び一般管理費の明細　　(単位：千円)

科目	金額	
荷造運搬費		
広告宣伝費	70,773	
給料手当		
役員報酬	25,000	
賞与引当金繰入額	51,207	
退職給付費用		
法定福利費		
旅費交通費		
支払保険料		
租税公課		
減価償却費		
ソフトウェア償却		
ソフトウェア導入費		
貸倒引当金繰入額		
その他	74,075	

応用問題 2

解き直し用

問

(1)

貸借対照表

株式会社レッド商事　　×28年3月31日現在　　(単位：千円)

科目	金額	科目	金額
資産の部		負債の部	
Ⅰ 流動資産	(　　)	Ⅰ 流動負債	(　　)
現金預金		支払手形	22,296
受取手形		買掛金	
売掛金		短期借入金	
商品			
貯蔵品		未払金	28,100
未収金		未払法人税等	
前払費用		未払消費税等	107,012
未収収益		未払費用	
		預り金	
貸倒引当金	△	賞与引当金	51,207

損 益 計 算 書

株式会社　　　　　　自　×27年4月1日
レッド商事　　　　　至　×28年3月31日　　　　（単位：千円）

科　　目	金　　額	
Ⅰ 売上高		2,320,190
Ⅱ 売上原価		
売上総利益		
Ⅲ 販売費及び一般管理費		
営業利益		
Ⅳ 営業外収益		
受取利息・配当金		
雑収入	165	
Ⅴ 営業外費用		
支払利息	1,550	
社債利息		
雑損失		
経常利益		

(2) 販売費及び一般管理費の明細

(単位：千円)

科目	金額	
荷造運搬費		
広告宣伝費	70,773	
給料手当		
役員報酬	25,000	
賞与引当金繰入額	51,207	
退職給付費用		
法定福利費		
旅費交通費		
支払保険料		
租税公課		
減価償却費		
ソフトウェア償却		
ソフトウェア導入費		
貸倒引当金繰入額		
その他	74,075	

〔応用問題２　計算用紙〕

本試験問題

問1　貸借対照表及び損益計算書

貸借対照表
×4年3月31日現在

（単位：千円）

資産の部		負債の部	
科目	金額	科目	金額
Ⅰ 流動資産	(　　)	Ⅰ 流動負債	(　　)
〔　　〕	(　　)	電子記録債務	(　　)
売掛金	(　　)	買掛金	(　　)
商品	(　　)	短期借入金	(　　)
貯蔵品	(　　)	〔　　〕	(　　)
前払費用	(　　)	〔　　〕	(　　)
前払金	(　　)	未払金	(　　)
貸倒引当金	(　　)	未払費用	(　　)
Ⅱ 固定資産	(　　)	〔　　〕	(　　)
有形固定資産	(　　)	〔　　〕	(　　)
建物	(　　)	預り金	(　　)
器具及び備品	(　　)	前受収益	(　　)
土地	(　　)	Ⅱ 固定負債	(　　)
〔　　〕	(　　)	長期借入金	(　　)
無形固定資産	(　　)	長期リース債務	(　　)
ソフトウェア	(　　)	退職給付引当金	(　　)

損益計算書

自 ×3年4月1日
至 ×4年3月31日

(単位：千円)

科目	金額	
売上高		(　)
売上原価		(　)
売上総利益		(　)
販売費及び一般管理費		(　)
営業利益		(　)
営業外収益		
受取利息	(　)	
有価証券利息	(　)	
受取配当金	(　)	
〔　〕	(　)	
雑収入	(　)	(　)
営業外費用		
支払利息	(　)	
〔　〕	(　)	
棚卸減耗損	(　)	

問２　販売費及び一般管理費の明細

（単位：千円）

科目	金額
販売手数料	（　　）
広告宣伝費	（　　）
役員報酬	（　　）
報酬及び給料手当	（　　）
〔　　〕	（　　）
賞与	（　　）
消耗品費	（　　）
棚卸減耗損	（　　）
租税公課	（　　）
減価償却費	（　　）
修繕費	（　　）
貸倒引当金繰入額	（　　）
役員退職慰労引当金繰入額	（　　）
退職給付費用	（　　）

本試験問題

解き直し用

問1　貸借対照表及び損益計算書

貸借対照表

×4年3月31日現在

（単位：千円）

資産の部		負債の部	
科目	金額	科目	金額
Ⅰ 流動資産	（　）	Ⅰ 流動負債	（　）
〔　〕	（　）	電子記録債務	（　）
売掛金	（　）	買掛金	（　）
商品	（　）	短期借入金	（　）
貯蔵品	（　）	〔　〕	（　）
前払費用	（　）	〔　〕	（　）
前払金	（　）	未払金	（　）
貸倒引当金	（　）	未払費用	（　）
Ⅱ 固定資産	（　）	〔　〕	（　）
有形固定資産	（　）	〔　〕	（　）
建物	（　）	預り金	（　）
器具及び備品	（　）	前受収益	（　）
土地	（　）	Ⅱ 固定負債	（　）
〔　〕	（　）	長期借入金	（　）
無形固定資産	（　）	長期リース債務	（　）
ソフトウェア	（　）	退職給付引当金	（　）

損 益 計 算 書

自 ×3年4月1日
至 ×4年3月31日

（単位：千円）

科目	金額	
売上高		（　　）
売上原価		（　　）
売上総利益		（　　）
販売費及び一般管理費		（　　）
営業利益		（　　）
営業外収益		
受取利息	（　　）	
有価証券利息	（　　）	
受取配当金	（　　）	
〔　　〕	（　　）	
雑収入	（　　）	（　　）
営業外費用		
支払利息	（　　）	
〔　　〕	（　　）	
棚卸減耗損	（　　）	

問２　販売費及び一般管理費の明細

（単位：千円）

科目	金額
販売手数料	（　　）
広告宣伝費	（　　）
役員報酬	（　　）
報酬及び給料手当	（　　）
〔　　〕	（　　）
賞与	（　　）
消耗品費	（　　）
棚卸減耗損	（　　）
租税公課	（　　）
減価償却費	（　　）
修繕費	（　　）
貸倒引当金繰入額	（　　）
役員退職慰労引当金繰入額	（　　）
退職給付費用	（　　）

〔本試験問題　計算用紙〕

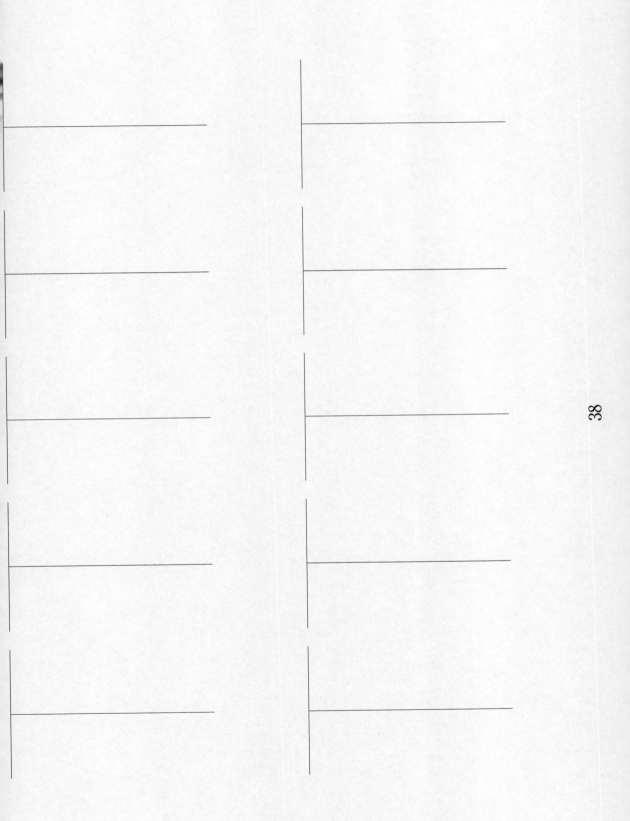

衛生費	(　　　)
業務委託費	(　　　)
その他	(　　　)
合計	(　　　)

問３　個別注記表（一部抜粋）

A		B	
C		D	
E		F	
G		H	
I			

特　別　利　益		
〔　　　　　　〕	(　　　　)	(　　　　)
特　別　損　失		
〔　　　　　　〕	(　　　　)	
貸倒引当金繰入額	(　　　　)	(　　　　)
税引前当期純利益		(　　　　)
〔　　　　　　〕	(　　　　)	
〔　　　　　　〕	(　　　　)	(　　　　)
当　期　純　利　益		(　　　　)

出資金	(　　)	Ⅰ 株主資本	(　　)
長期貸付金	(　　)	資本金	(　　)
〔　　〕	(　　)	資本剰余金	(　　)
繰延税金資産	(　　)	資本準備金	(　　)
敷金及び保証金	(　　)	その他資本剰余金	(　　)
貸倒引当金	(　　)	利益剰余金	(　　)
		利益準備金	(　　)
		その他利益剰余金	(　　)
		〔　　〕	(　　)
		繰越利益剰余金	(　　)
		Ⅱ〔　　〕	(　　)
		純資産合計	(　　)
資産合計	(　　)	負債及び純資産合計	(　　)

衛生費	(　　　　)
業務委託費	(　　　　)
その他	(　　　　)
合計	(　　　　)

問３　個別注記表（一部抜粋）

A		B	
C		D	
E		F	
G		H	
I			

特　別　利　益		
〔　　　　　　〕	(　　　　)	(　　　　)
特　別　損　失		
〔　　　　　　〕	(　　　　)	
貸倒引当金繰入額	(　　　　)	(　　　　)
税引前当期純利益		(　　　　)
〔　　　　　　〕	(　　　　)	
〔　　　　　　〕	(　　　　)	(　　　　)
当　期　純　利　益		(　　　　)

出資金	(　　)	Ⅰ 株主資本	(　　)
長期貸付金	(　　)	資本金	(　　)
〔　　〕	(　　)	資本剰余金	(　　)
繰延税金資産	(　　)	資本準備金	(　　)
敷金及び保証金	(　　)	その他資本剰余金	(　　)
貸倒引当金	(　　)	利益剰余金	(　　)
		利益準備金	(　　)
		その他利益剰余金	(　　)
		〔　　〕	(　　)
		繰越利益剰余金	(　　)
		Ⅱ〔　　〕	(　　)
		純資産合計	(　　)
資産合計	(　　)	負債及び純資産合計	(　　)

貸倒引当金繰入額		
ソフトウェア廃棄損		
税引前当期純利益		
法人税、住民税及び事業税		
法人税等調整額		
当期純利益		

備品		純資産の部	
土地	200,000	Ⅰ 株主資本	(　　)
建設仮勘定	719,946	1 資本金	810,000
2 無形固定資産	(　　)	2 資本剰余金	(　　)
ソフトウェア		(1) 資本準備金	70,250
3 投資その他の資産	(　　)	(2) その他資本剰余金	11,480
投資有価証券		3 利益剰余金	(　　)
		(1) 利益準備金	41,560
前払年金費用		(2) その他利益剰余金	(　　)
長期貸付金		新築積立金	200,000
		別途積立金	77,759
長期預金		繰越利益剰余金	
破産更生債権等		4 自己株式	
金利スワップ		Ⅱ 評価・換算差額等	(　　)
		1 その他有価証券評価差額金	
繰延税金資産		2 繰延ヘッジ損益	
貸倒引当金	△	純資産の部合計	
資産の部合計		負債及び純資産の部合計	

貸倒引当金繰入額		
ソフトウェア廃棄損		
税引前当期純利益		
法人税、住民税及び事業税		
法人税等調整額		
当期純利益		

備　　品		純資産の部	
土　　地	200,000	Ⅰ 株主資本	(　　)
建設仮勘定	719,946	1 資本金	810,000
2 無形固定資産	(　　)	2 資本剰余金	(　　)
ソフトウェア		(1) 資本準備金	70,250
3 投資その他の資産	(　　)	(2) その他資本剰余金	11,480
投資有価証券		3 利益剰余金	(　　)
		(1) 利益準備金	41,560
前払年金費用		(2) その他利益剰余金	(　　)
長期貸付金		新築積立金	200,000
		別途積立金	77,759
長期預金		繰越利益剰余金	
破産更生債権等		4 自己株式	
金利スワップ		Ⅱ 評価・換算差額等	(　　)
		1 その他有価証券評価差額金	
繰延税金資産		2 繰延ヘッジ損益	
貸倒引当金	△	純資産の部合計	
資産の部合計		負債及び純資産の部合計	

①

②

③

当期変動額							
剰余金の配当							
当期純利益							
自己株式の取得							
自己株式の処分							
株主資本以外の項目の当期変動額（純額）							
当期変動額合計							
当期末残高							

Ⅵ 特 別 損 失		
税引前当期純利益		
法人税、住民税及び事業税		
法人税等調整額		
当 期 純 利 益		

土　　地	13,240	Ⅰ　株 主 資 本	(　　　)
2　投資その他の資産	(　　　)	1　資　本　金	
投資有価証券		2　資本剰余金	(　　　)
関係会社株式		(1)　資本準備金	
		(2)　その他資本剰余金	
長期貸付金	10,000	3　利益剰余金	(　　　)
		(1)　利益準備金	
繰延税金資産		(2)　その他利益剰余金	(　　　)
貸倒引当金		別途積立金	331,097
		繰越利益剰余金	
		4	
		Ⅱ　評価・換算差額等	(　　　)
		その他有価証券評価差額金	
		Ⅲ	
		純資産の部合計	
資産の部合計		負債及び純資産の部合計	

① [ ] ② [ ] ③ [ ]

当期変動額							
剰余金の配当							
当期純利益							
自己株式の取得							
自己株式の処分							
株主資本以外の項目の当期変動額（純額）							
当期変動額合計							
当期末残高							

税引前当期純利益		
法人税、住民税及び事業税		
法人税等調整額		
当期純利益		

土　　　地	13,240	Ⅰ　株 主 資 本	(　　　　)
2　投資その他の資産	(　　　　)	1　資　本　金	
投資有価証券		2　資本剰余金	(　　　　)
関係会社株式		(1)　資本準備金	
		(2)　その他資本剰余金	
長期貸付金	10,000	3　利益剰余金	(　　　　)
		(1)　利益準備金	
繰延税金資産		(2)　その他利益剰余金	(　　　　)
貸倒引当金		別途積立金	331,097
		繰越利益剰余金	
		4	
		Ⅱ　評価・換算差額等	(　　　　)
		その他有価証券評価差額金	
		Ⅲ	
		純資産の部合計	
資産の部合計		負債及び純資産の部合計	

退職給付費用	44,000	
その他販売管理費		
営業利益		

法人税等調整額		
当期純利益		

問２

〈貸借対照表等に関する注記〉

①
②
③
④

〈損益計算書に関する注記〉

土　　地		純資産の部	
2　無形固定資産	(　　　)	I　株主資本	(　　　)
商標権		1　資本金	
		2	
3　投資その他の資産	(　　　)	3　資本剰余金	(　　　)
投資有価証券		(1)　資本準備金	
		(2)　その他資本剰余金	
		4　利益剰余金	(　　　)
		(1)　利益準備金	140,000
長期貸付金		(2)　その他利益剰余金	(　　　)
		役員退職慰労積立金	300,000
		別途積立金	951,456
繰延税金資産		繰越利益剰余金	
貸倒引当金	△	純資産の部合計	
資産の部合計		負債及び純資産の部合計	

退職給付費用	44,000	
その他販売管理費		
営業利益		

法人税等調整額		
当期純利益		

問2

〈貸借対照表等に関する注記〉

①
②
③
④

〈損益計算書に関する注記〉

土　　地		純資産の部	
2　無形固定資産	(　　　)	Ⅰ　株主資本	(　　　)
商　標　権		1　資　本　金	
		2	
3　投資その他の資産	(　　　)	3　資本剰余金	(　　　)
投資有価証券		(1)　資本準備金	
		(2)　その他資本剰余金	
		4　利益剰余金	(　　　)
		(1)　利益準備金	140,000
長期貸付金		(2)　その他利益剰余金	(　　　)
		役員退職慰労積立金	300,000
		別途積立金	951,456
繰延税金資産		繰越利益剰余金	
貸倒引当金	△	純資産の部合計	
資産の部合計		負債及び純資産の部合計	

5

支払利息		
⋮		×××
経常利益		×××
⋮		

当期経費		×××
当期総製造費用		×××
期首仕掛品棚卸高		
合計		×××
期末仕掛品棚卸高		
当期製品製造原価		×××

：			
3　投資その他の資産	（　　　×××）		
：			
資産の部合計	×××	負債及び純資産の部合計	×××

（貸借対照表等に関する注記）

支　払　利　息		
⋮		×××
経　常　利　益		×××
⋮		

当　期　経　費		×××
当期総製造費用		×××
期首仕掛品棚卸高		
合　計		×××
期末仕掛品棚卸高		
当期製品製造原価		×××

・			
3　投資その他の資産	（　　×××）		
⋮			
資　産　の　部　合　計	×××	負債及び純資産の部合計	×××

（貸借対照表等に関する注記）

（注）この答案用紙は TAC株式会社（税理士講座）の責任において作成したものです。

TAC出版
TAC PUBLISHING Group